Heisserer · Wo die Geister wandern

FÜR DAVID

UNTERWEGS IM SCHWABING
DER WANDERNDEN GEISTER
AUF DEN SPUREN DER
"STUBENWEIßE BOHÈME"
EINES GEWISSEN THOMAS MANN
MIT HERRLICHEN GRÜßEN

    DIRK HEISSERER

    16. V 2002.

DIRK HEISSERER

WO DIE GEISTER WANDERN

EINE TOPOGRAPHIE DER SCHWABINGER
BOHÈME UM 1900

für David

unterwegs in Schwabing
der wandernden Geister
auf den Spuren der
„Stubenreine Bohème"
eines gewissen Thomas Mann
mit herzlichen Grüßen

DIEDERICHS

[signature]
16.V.202[?]

Die Deutsche Bibliothek – CIP-Einheitsaufnahme
Heisserer, Dirk:
Wo die Geister wandern : eine Topographie der Schwabinger Bohème
um 1900 / Dirk Heisserer. – 3. Aufl. – Kreuzlingen;
München : Hugendubel, 2001 (Diederichs)
ISBN 3-424-01170-3

Dritte Auflage 2001
© Heinrich Hugendubel Verlag, Kreuzlingen / München 1993
Alle Rechte vorbehalten

Umschlaggestaltung: Ute Dissmann, München
Produktion: Maximiliane Seidl
Satz: Uhl + Massopust, Aalen
Druck und Bindung: Huber, Dießen
Printed in Germany

ISBN 3-424-01170-3

INHALT

EINLEITUNG 9
Schwabing: Ort und Legende

IM ZIRKUS DER MORAL 19
Frank Wedekind
Prolog 19 · Der falsche Student 21
Frühlings Erwachen 25 · Die Büchse der Pandora 30
Simplicissimus 32 · Elf Scharfrichter 35
Prinzregentenstraße 50 41 · Epilog 45

DIE ERSTE ADRESSE DER SATIRE 47
Rund um den Simplicissimus
Der Verleger Albert Langen und seine Mitarbeiter 47
Drei Zeichner: Th.Th.Heine 55, Olaf Gulbransson 58,
Karl Arnold 65 · Zwei Autoren: Ludwig Thoma 71,
Gustav Meyrink 78

EINE WIRTIN UND IHR HAUSDICHTER 85
*Kathi Kobus, die Künstlerkneipe Simplicissimus und
Joachim Ringelnatz*

IN KLEINEN JUNGGESELLENWOHNUNGEN 99
Wo Thomas Mann die Buddenbrooks schrieb
Stubenreine Bohème 99
Frau Permaneder (Theresienstraße 82) 101
Der Kleiderschrank (Marktstraße 5) 104

Wo Buddenbrooks beendet wurden (Feilitzschstraße 5) 108
Gladius Dei am Odeonsplatz 113
Etabliert: Franz-Joseph-Straße 2 116
In der »besseren Gesellschaft«: Die Zeit im Herzogpark
(1910-1933) 117

UNSTET 121
Heinrich Manns Wohnungen in München

DIE INSEL 131
Otto Julius Bierbaum, Alfred Walter Heymel, Rudolf Alexander Schröder

KOSMOS FÜR EINGEWEIHTE 143
Kreise um Stefan George
Pilgerfahrten 144 · »Kosmiker« in München 146
Maximin 151 · Im Kugelzimmer 157
Beim Propheten: Thomas Mann besucht Ludwig Derleth 163
Bücher, Bücher, Bücher, Bücher: Karl Wolfskehl 167

WAHNMOCHING 174
Franziska Gräfin zu Reventlow
Herkunft 175 · Befreiung 177 · Das Kind 180
Mutter und Hetäre 181 · Im Eckhaus 183
Abstieg und Flucht 189 · In Ascona 191

UM DIE TRAUMSTADT PERLE 195
Alfred Kubin

DER BLAUE REITER 207
Wege zur Abstraktion: Wassily Kandinsky und
Gabriele Münter 209 · Mitstreiter: Franz Marc 222

Wirkungen: Hugo Ball und die Kammerspiele 229
Marcel Duchamp 231 · Im eigenen Kreis 232

LICHTFORM 235
Paul Klee

Lehrzeit 236 · Zwischenzeit 239
Im Dunkel der Ainmillerstraße 32 239 · Ins Freie 242
Im Licht der Farbe 245 · Krieg 248
Atelier im Schloß Suresnes 249

IN FREMDEN ZIMMERN 257
Rainer Maria Rilke

Der Student 257 · Lou Andreas-Salomé 260
Unterwegs 261 · Wieder in München 262
Wächter am Picasso (Widenmayerstraße 32) 264
Am Englischen Garten (Keferstraße 2) 266
Ins Eigene (Ainmillerstraße 34) 269

ORTE DER GEWALT 275
Revolution der Schriftsteller in München 1918/19

Hinter der Tapetentür: Ernst Toller 278

WAR EINMAL EIN REVOLUZZER 284
Erich Mühsam

Widerspenstig 285 · Der Revoluzzer 287
Café Stefanie und die Jungen: Heinrich F. S. Bachmair,
Johannes R. Becher, Klabund, Marietta 290
Anfang vom Ende 295 · Revolution der Worte 298
Auf verlorenem Posten 301

Literaturhinweise 306

Bildnachweis 316

Register 317

Einleitung
Schwabing: Ort und Legende

*Es ist doch so viel Schwabinger Schicksal, daß man immer
auf Trümmerhaufen sieht und an Gewesenes denkt.*
Franziska Gräfin zu Reventlow, Brief an Roderich Huch,
München, Februar 1906

In Schwabing wandern die Geister. Das hat schon der Ahnherr der Surrealisten, der französische Dichter Guillaume Apollinaire (1880-1918), bei seinem kurzen Besuch in München zwischen März und Mai 1902 festgestellt, als er in der Neuturmstraße 3/III hinter dem Hofbräuhaus wohnte. In seinem Gedicht *La maison des morts* aus dem Gedichtband *Alcools* (1913) läßt er tote Bürger aus dem Leichenschauhaus im alten Nördlichen Friedhof an der Arcisstraße auferstehen und durch die Straßen zum Englischen Garten promenieren. Sie treffen Freunde und Verwandte und sind so ausgelassen fröhlich, *Daß nur ein ganz Schlauer fähig gewesen wäre / Tote und Lebende auseinanderzuhalten*. Sie tanzen und trinken miteinander, auf einer Parkbank und während einer Kahnpartie auf dem Kleinhesseloher See verlieben sich gar einige ineinander – ein reizvolles Spiel, bis sie alle wieder ihrer verschiedenen Wege gehen, die einen ins Bierlokal und zum Abendessen in die Stadt, die anderen auf den Friedhof ins Vergessen. Denn nur den Lebenden bleibt die Erinnerung an die geliebten Toten, eine Erinnerung, die ihr Leben adelt.

Was Apollinaire in Schwabing sah, weitete der Dichter Stefan George (1868-1933) auf München insgesamt aus. In seinem Gedicht *München* fand er 1907 *Mauern wo geister noch zu wandern wagen* – und damit den Ausgangspunkt zu einer nicht ganz unproblematischen Beschäftigung mit der Vergangenheit. Während er schon 1899 in »Isar-Athen«, also der »Kunststadt«

des 19. Jahrhunderts mit ihrer imitierten griechischen Antike am Königsplatz und der imitierten Renaissance zwischen Odeonsplatz und Siegestor, noch eine *vorahnung neuer hellenischer tage und nächte* bekam, fand Apollinaire dagegen für das derbe Treiben in der Stadt während der Starkbierzeit den Namen *Pappdekkel-Athen aus Stein* angemessener.

Lange danach, als das künstlerische Schwabing der Jahrhundertwende bereits nur noch Legende war, ließ der Dichter Peter Paul Althaus (1892-1965), selbsternannter *Bürgermeister* der sehr frei aus Alfred Kubins Roman *Die andere Seite* (1909) entlehnten *Traumstadt* Schwabing, 1958 in der Festschrift *Vom Dorf zur Künstlerfreistatt* die Schwabinger Größen von einst in der ihnen mittlerweile einzig angemessenen Erscheinungsform als Geister noch einmal auftreten und zu Worte kommen.

Der Ort, wo die Geister wandern, ist allerdings weit älter als sie. Ein Fluß, eine Kirche, ein Gehöft – so stellt Philipp Apian den Ort *Schwebing* 1568 auf einer seiner Landtafeln erstmals im Bild dar. Doch diese frühe poetische Namensvariante weist nicht auf das spätere Künstlerviertel mit seinen unsicheren Dachkammerexistenzen voraus, sondern leitet sich vom noch älteren Ur-Geist Schwabings namens Swapo oder Swapilo ab, was auf einen Schwaben als ersten Siedler um 500 n. Chr. hindeutet. Wenigstens darin ging Swapo den meisten seiner legendären Nachkommen voraus: Er war fremd, war zugereist, aber blieb und machte sich und seinem Ort einen Namen.

Schwabing ist urkundlich viel früher erwähnt (782) als München (1158). Über Jahrhunderte wahrt die spätere »schönste Tochter« der Kunststadt (nach anderen Stimmen auch: ihr Kopf) die dörfliche Eigenständigkeit des nächsten Vororts; Bauernhöfe in ländlicher Idylle, Edelsitze, erst spät auch Rittergüter bestimmen ihr Gesicht. Als sich München in der ersten Hälfte des 19. Jahrhunderts nach Norden auszudehnen beginnt, das Schwabinger Tor am heutigen Odeonsplatz abgebrochen und am Ende der Ludwigstraße als Siegestor wieder aufgebaut wird, läuft die

Schwabinger Landstraße noch lange auf das Dorf und daran vorbei Richtung Ingolstadt zu, bevor sie 1892 bzw. 1911 den neuen Namen Leopoldstraße bekommt.

Münchens Aufschwung zwischen 1890 und 1914 ließ die Bevölkerung – besonders durch die verschiedenen Eingemeindungen – von 350.000 auf 645.000 Einwohner anwachsen. Aus heutiger Sicht unglaublich, aber wahr ist dabei die große Zahl von leerstehenden Münchener Mietwohnungen, allein 10.000 im Jahr 1903. Die Felder und Wiesen zwischen dem Siegestor und Schwabing wichen der expandierenden Großstadt. Schwabing selbst, von 1887 für vier Jahre sogar unabhängige Stadt mit eigenem Wappen und Magistratsgebäude, wurde am 1. Januar 1891 Stadtteil Münchens.

Die »Kunststadt« München fand im alten Dorf Schwabing den Ort für ihre Bohème: *Er war lange die ästhetische Experimentierstation der Kulturstadt München*, schreibt 1946 der Schriftsteller René Prévot (1880-1955) in seinem Buch *Seliger Zweiklang. Schwabing/Montmartre*. Das »bayerische Montmartre«, von ähnlichen Begriffen wie *Wahnmoching* (Gräfin Reventlow), *Welt-Vorort* (Ludwig Klages), *Schwabylon* (Roda Roda) und *Traumstadt* (Peter Paul Althaus) stilisiert und unter einer dicken Anekdotenkruste der Jahrzehnte fast verschwunden, hat allgemeine und ganz konkrete Bedingungen für seine Anfänge um 1900.

Ex oriente lux: Der Begriff Bohémien steht im Französischen für den Böhmen und den Zigeuner; die Bohème meint allgemeiner die ungebundene und freizügige Künstlerwelt. In Entsprechung dazu gibt es um 1900 in Österreich und Bayern den umgangssprachlichen Ausdruck Schlawiner; abgeleitet ist er vom Slowenen bzw. Slowaken, besonders von den slowenischen Hausierern, die im Handel mit Mausefallen als besonders geschäftstüchtig galten. In München fiel unter den Begriff Schlawiner – so Viktor Mann in seinen Erinnerungen *Wir waren fünf* (1949) – *alles, was hinter den tausend Schwabinger Atelierfenstern malte und Ton knetete, in den Mansarden dichtete, sang oder Noten schrieb, in kleinen Gasthäusern Schulden machte und in Cafés Nihilismus oder Ästhetentum verkündete. Voraussetzung war nur, daß sich der Künstler in Kleidung und Gehaben unbürgerlich gab. Tat er dies, so war er eben auch als geborener Mecklenburger, Franzose, Rheinländer, Norweger oder Thüringer ein Schwabinger Schlawiner.*

Wie auf dem Montmartre entstand auch die Schwabinger Bohème in direktem Kontakt und Kontrast zu den bürgerlichen Bedingungen, von denen sie sich grundsätzlich abzusetzen versuchte. Franz Blei hat dieses Phänomen in ein treffendes Bild gebracht: [...] *der Bohémien ist eine bürgerliche Erscheinung, was nicht dasselbe ist wie eine Erscheinung des Bürgertumes. Er gehört zu ihm wie die Flöhe zum Hund. Ich glaube, daß sich auch die Flöhe über den Hund lustig machen, trotzdem sie von ihm leben und er nicht von ihnen.*

In Schwabing fand die Bohème günstigere Wohnungen bei Kleinbürgern und Bauern als im großbürgerlichen Zentrum Münchens; frisch verheiratet beklagt beispielsweise Paul Klee 1906 nach dem Einzug mit seiner Frau in das Gartenhaus der Ainmillerstraße 32, daß sie hier *leider nicht in bester Lage, sondern in Schwabing* wohnen. Aber so verschieden die Wohn- und Lebensmöglichkeiten der Bohème in Schwabing waren, so jeweils unterschiedlich muß dieser Begriff selbst von Fall zu Fall bei jedem Künstler neu gedeutet werden.

Zur Bohème gehörten neben den Wohnungen vor allem ihre Treffpunkte in Caféhäusern und Wirtschaften, oft in Kombination mit Kleinkunstbühnen. Im Café Luitpold an der Briennerstraße 8 (eröffnet 1888), im Café Noris an der Leopoldstraße 41 (1890), im Café Stefanie (genannt Größenwahn) an der Amalienstraße 25 (1896) lagen Zeitungen und Zeitschriften aus, die aktuell und billig informierten; es war Raum da für Gespräche, Spiele und Flirts. Lokale wie die Dichtelei in der Türkenstraße 81 (1891), besonders aber die selbsternannte Künstlerkneipe Simplicissimus (1903; Gedenktafel seit 1969) der ehemaligen Dichtelei-Wirtin Kathi Kobus setzten bereits entschieden auf einen neuen Trend. Dazu kamen die Kleinkunstbühnen wie die des Tenors Josef (José bzw. »Papa«) Benz in der Gaststätte Leopold, Leopoldstraße 50 (1900; Gedenktafel seit 1971), die Bühne der *Elf Scharfrichter* im Hinterhaus des Gasthauses zum Goldenen Hirschen, Türkenstraße 28 (1901), oder der Saal von Georg »Papa« Steinicke in der Adalbertstraße 15 (1914; Gedenktafel seit 1972).

Schon an diesen Adressen zeigt sich, daß das künstlerische Schwabing nicht auf das ehemalige Dorf beschränkt blieb. Im Gegenteil: Die Grenzen des historischen Stadtteils müssen bewußt aufgehoben werden, um die Ausdehnungen des künstlerischen zu ermessen. So geht es von Altschwabing zwischen Sylvester-Kirche und Nikolaiplatz, Englischem Garten und Leopoldstraße nicht nur ins westliche Schwabing der Gründerzeit zwischen Ursulakirche und Georgenstraße hinüber oder in die Maxvorstadt zwischen Kunstakademie und Odeonsplatz hinein; es wird vielmehr den Bedingungen und den Folgen Schwabings auch außerhalb von München Beachtung geschenkt. Auf diese Weise zeigt sich, daß Schwabing sogar *die Weite, die Dehnbarkeit eines Kontinents* besitzt, freilich in einem etwas anderen als dem hier von René Prévot gemeinten Sinn.

Denn Schwabing begann in Paris. Zunächst im übertragenen Sinn 1715 durch den Bau des Schlößchens Suresnes an der heutigen Werneckstraße, das in ähnlicher Verbindung zu Schloß Nymphenburg stehen sollte wie das Schloß Suresnes bei Paris zu Versailles. Im 19. Jahrhundert gibt die Pariser Bohème – seit Henri Murgers bürgerlichem Kitschroman *Scènes de la Vie de Bohème* (1851) und spätestens seit Puccinis Oper (1896) salonfähig geworden – mit dem Viertel Montmartre schon äußerlich das Vorbild für Schwabing ab.

Schwabing begann aber auch ganz konkret in Paris durch die dortige Gründung des Verlags Albert Langen 1893. Der Verlag und seine satirische Zeitschrift *Simplicissimus* – eine Kopie des französischen Vorbilds *Gil Blas illustré* – wurden in München die beiden wichtigsten Arbeitgeber der Bohème, ob sie nun *stuben-*

rein war wie bei Thomas Mann oder erotisch wie bei Frank Wedekind oder gar anarchistisch wie bei Erich Mühsam. Paris ist dazu entscheidend für Stefan George, der sich am symbolistischen Dichter Stéphane Mallarmé orientiert. Frank Wedekind entwickelt in Paris die Idee seines Lulu-Dramas. Zugleich lernt er dort die Wirkung guten Kabaretts kennen, das ihm – ebenfalls nach Pariser Vorbildern – ab 1901 im Kreis der *Elf Scharfrichter* den Lebensunterhalt sichert.

Das künstlerische Schwabing begann also in Paris. Und es endete in Etappen an verschiedenen Orten. Schon 1907 ging für den Münchener Schriftsteller Josef Ruederer (1861-1916) seine Bohèmezeit im Lokal der Künstlergesellschaft *Die Nebenregierung* im Café Minerva (Akademiestraße 9) zu Ende:

Vorbei – vorbei! In dem kleinen Hofe ist's nicht mehr so stimmungsvoll. Die Kastanienbäume sind zwar dicker geworden in den zwölf Jahren, aus dem Kneiplokal riecht's noch genauso stickig wie damals, aber die Literaten sind andere geworden. Vornehmer, abgeklärter, wie die alte Vorstadt Schwabing selber. Da grünen, wenn man jetzt weitergeht um Neureuthers neue Akademie herum, zum Siegestor hinaus, nicht mehr verwilderte Gebüsche auf breiten Wiesen: ein Riesenbau, ein Familienhaus prangt neben dem andern, und mit der Noblesse der Bauten wuchs auch die Noblesse der Dichter, die dieses Viertel, den Norden, nach wie vor als ihre Domäne betrachten. Nur noch mit zartem Schamgefühl werden sie jener Zeiten gedenken, da sie als stramme Vereinsmitglieder am Stammtisch saßen und die Monatsbeiträge schuldig blieben.

Im Jahr 1913 erscheinen zwei Bücher, die geradezu prototypisch für die beiden Gesichter Schwabings als historischer und als künstlerisch-legendärer Ort stehen. Im Alter von 29 Jahren setzt Theodor Dombart (1884-1969) dem alten, verschwindenden Schwabing in seiner bescheiden als *Briefliche Plaudereien* ausgegebenen Dokumentation ein inspiriertes Denkmal, das nicht zuletzt durch seine Photographien die alte Zeit bewahrt. Ebenfalls 1913 erscheinen *Herrn Dames Aufzeichnungen oder Begebenheiten aus einem merkwürdigen Stadtteil*, der Schwabing-Roman der Gräfin Reventlow (1871-1918). Ein Ort, zwei Welten. Dombart ist das ländliche, dörfliche Schwabing wichtig, das sich nach dem Abriß der Nikolaikirche 1898 immer mehr zum Viertel der Großstadt wandelt. Im Roman der Gräfin geht es dagegen zwischen ihrem Eckhaus in der Kaulbachstraße und der Wohnung Karl Wolfskehls und Stefan Georges an der Leopoldstraße um abgehobene »kosmische« Ideen, und es werden dionysische Feste gefeiert. Der Name *Wahnmoching* im Roman für den Stadtteil kombiniert genial den dörflichen mit dem ideellen Charakter Schwabings, wobei das Dorf schon fast verschwunden ist.

Der Erste Weltkrieg setzte die erste große Zäsur auch für das künstlerische Schwabing; auf dem Münchener Waldfriedhof bei der Beerdigung Frank Wedekinds und wenige Monate später in Ascona bei der Beerdigung der Gräfin Reventlow ging 1918 mit zwei herausragenden Namen der Schwabinger Zeit zugleich eine Epoche zu Ende. Wenige Jahre später ist Schwabing den beiden *Simplicissimus*-Redakteuren Peter Scher und Hermann Sinsheimer in ihrem *Buch von München* (1925) nur mehr *ein Phantom*; Schers Freund Ringelnatz antwortet etwas später auf eine Rundfrage des *Zwiebelfisch*, was man noch von Schwabing erhoffen könne: *Ich habe ausgehofft*. Das künstlerische Schwabing endete spätestens nach dem Machtantritt der Nazis in den weltweiten Exilorten der Emigranten; und es endete in Vernichtungslagern wie dem KZ Oranienburg, wo Anfang Juli 1934 der anarchistische Humanist Erich Mühsam von bayerischer SS erhängt wurde.

Nach der Zerstörung der »Hauptstadt der Bewegung« - Schwabing wurde bei den Bombenangriffen 1943/44 zu 70 % zerstört – dauerte es einige Zeit, bis überhaupt der Wunsch nach Besinnung weitere Kreise zog. Im Februar 1956, so berichtet der erste Schwabinger Adressensammler Kristian Bäthe, konnte ein Adreßbuch des Zeichners Rolf von Hoerschelmann (1885-1947) aus dem Papierkorb gerettet werden; erst dieser Fund gab den Anstoß, den Ort einmal systematisch zu erkunden. So entstand im Lauf der Jahre das Buch *Wer wohnte wo in Schwabing? Wegweiser für Schwabinger Spaziergänge* (1965). Diese bis heute umfangreichste Adressensammlung, ergänzt durch erläuternde Textpassagen zu den wichtigeren Namen, ist zwar in vielem revisionsbedürftig, bleibt aber dennoch eine unverzichtbare Quelle. Mehr statistisch ausgerichtet ist Gerdi Hubers Dissertation *Das klassische Schwabing. München als Zentrum der intellektuellen Zeit- und Gesellschaftskritik an der Wende des 19. zum 20. Jahrhundert* (1973). Rudolf Reiser stellt in seinem Buch *Alte Häuser – Große Namen. München* (1978; ²1988) prominente Bewohner anhand heute noch bestehender Häuser vor; seine Vielfalt der kurzen Darstellungen ist aber eher impressionistisch als historisch angelegt. Daneben erschien bis heute eine große Zahl von Erinnerungen und Textsammlungen zum Thema Schwabing. Im Potpourri der Stimmen geht dabei meist ebenfalls der historische Zusammenhang verloren; das künstlerische Schwabing wird auf das bürgerliche Klischee eines lustigen Völkchens mit viel Lebenslust und Festfreude reduziert.

Die Auswahl und Anordnung der Namen im vorliegenden Buch erfolgt in Anlehnung an das Programm des literarischen Spaziergangs, der seit 1988 unter dem Titel *Vom ›Blauen Reiter‹ bis zur ›Weißen Rose‹* angeboten wird. Die Konzentration auf Schwabings frühe Epoche zwischen 1884/85 (der Ankunft Wedekinds in München) bis 1919 (dem Ende der bayerischen Räterepublik) hat dabei mehrere Gründe. Es geht zum einen um Zusammenhänge zwischen Kunst, Literatur und Politik, zum anderen um die Verdeutlichung unterschiedlicher künstlerischer Ansätze. Frank Wedekind und Erich Mühsam sind eher an einem Tisch vorstellbar als Rainer Maria Rilke und Ernst Toller. Versucht wird also, aus einem konkreten topographischen Anlaß heraus innerhalb eines zeitgeschichtlichen Rahmens mehrere, bei aller Individualität exemplarische Entwicklungen vorzustellen.

Diese lokale Anlaßforschung kann und will nicht damit dienen, die vielen Anekdoten, Schwänke und Legenden an der Stelle noch stehender oder einst vorhandener Häuser bloß zu wiederholen; vielmehr will sie von diesen Orten aus sichtbar machen, was sie biographisch und thematisch für die jeweiligen Personen bedeuteten, um auf diese Weise sowohl einen historischen wie auch, und das vor allem, einen zeitgeschichtlichen Bezug zur unmittelbaren Gegenwart herstellen zu können. Diese Topographie ist sowohl für konkrete wie für imaginierte Flanerien gedacht.

Trotz der Zerstörungen durch den Zweiten Weltkrieg und der Baufrevel in den Jahren danach hat Schwabing viele der Winkel bewahrt, an denen der Zugang zur Vergangenheit leichter fällt. Wer dort ins Lesen kommt, kann sich im Wechsel von literarischer Gestaltung und konkreter Anschauung vielleicht etwas besser vorstellen, wo die Geister wandern, und darauf achten, ob sie uns überhaupt noch etwas zu sagen haben.

Alle nicht näher nachgewiesenen Angaben zu den Wohnungen der einzelnen Personen sind ihren Meldebögen im Stadtarchiv München entnommen. Zu bedenken ist dabei ein Wort von Karl Valentin, der in *Das Aquarium* von sich sagt, er habe *früher in der Sendlinger Straße gwohnt, nicht* in *der Sendlinger Straße, das wär ja lächerbar,* in *der Sendlinger Straße könnt man ja gar nicht wohnen, weil immer die Straßenbahn durchfährt, in den Häusern hab ich gwohnt in der Sendlinger Straße.* Für die freundliche Unterstützung meiner Arbeit im Stadtarchiv danke ich den Mitarbeiterinnen und Mitarbeitern im Lesesaal und in der Fotostelle. Den angegebenen Verlagen ist für die freundliche Erlaubnis zur Übernahme der weitgehend kenntlich gemachten Zitate zu danken. Mehrere Bibliotheken und Archive erlaubten freundlicherweise den Abdruck von Photographien aus ihrem Bestand. Wertvolle Hinweise gaben Prof. Dr. Golo Mann, Zürich, und Inger Gulbransson, Beatrice del Bondio-Reventlow, Dr. Hans Arnold und Karlheinz Meißner, München, wofür ihnen sehr herzlich gedankt sei. Hans Hammerstein, München, danke ich die großzügige Bereitstellung seltener Bücher aus seinem Antiquariat. Vor allem aber danke ich all jenen, die bisher an den literarischen Spaziergängen durch Schwabing teilgenommen haben, für viele anregende Gespräche.

IM ZIRKUS DER MORAL
Frank Wedekind

Prolog

Brunnenplätschern am Wedekindplatz. Kleine Zeitinsel aus alten Bäumen, nostalgischen Laternen und einem alten Schreibwarengeschäft am ehemaligen Marktplatz. Von keinem Ort in Schwabing geht es direkter in die Vergangenheit. Hier beginnt die Marktstraße, wo der junge Thomas Mann 1898 wohnte. Und hier beginnt seit 1891 die Occamstraße, benannt nach dem englischen Philosophen Wilhelm von Ockham (1285-1350), der als Nominalist erstmals streng zwischen Denken und Glauben unterschied, so die moderne Philosophie mitbegründete und, vom Papst gebannt, 1329 nach München floh, wo er sich unter den Schutz des bayerischen Kaisers Ludwig IV. (1287-1347) stellte. Die Occamstraße mündet seit 1961 in den Artur-Kutscher-Platz, der an den ersten Professor für Theaterwissenschaft in München und langjährigen Freund Frank Wedekinds (1864-1918) erinnert. Artur Kutscher (1878-1960) gab zusammen mit Joachim Friedenthal Wedekinds Werke aus dem Nachlaß heraus und schrieb dessen erste und bis heute umfassendste Biographie. Die Occamstraße mit ihren beiden Plätzen bildet so die Schwabinger Achse einer zeitunabhängigen Moderne.

Zur Einweihung des Wedekindplatzes 1959 schuf der Bildhauer Ferdinand Filler eine sitzende weibliche Brunnenfigur mit wallendem Haar – laut Tilly Wedekind eine griechische Nymphe –, die sich mit einer Hand an die Stirn greift und mit der anderen eine Lyra hält, aus der ein dünner Wasserstrahl fällt. Nach den eingemeißelten Worten auf der Stele könnte hier aber auch Alma gemeint sein, die Tochter des Königs Nicolo aus dem

Ferdinand Filler, Brunnenfigur (1959), Wedekindplatz

gleichnamigen Stück Wedekinds (1901, UA München 1902), das zusätzlich den Titel trägt *So ist das Leben*. Als König und Tochter aus ihrem Land Umbrien vertrieben worden sind, müssen sie sich auf dem Jahrmarkt durchschlagen. Dort wird der König als Komiker engagiert; Alma bietet sich als jugendlicher Bajazzo an, steigt auf einen Felsen und deklamiert:

Seltsam sind des Glückes Launen, / Wie kein Hirn sie noch ersann, / Daß ich meist vor lauter Staunen/ Lachen nicht noch weinen kann! // Aber freilich steht auf festen / Füßen selbst der Himmel kaum, / Drum schlägt auch der Mensch am besten / Täglich seinen Purzelbaum. // Wem die Beine noch geschmeidig, / Noch die Arme schmiegsam sind, / Den stimmt Unheil auch so freudig, / Daß er's innig liebgewinnt!

Wer mag, kann in der Brunnenfigur und ihren Versen sogar eine Reminiszenz an die *Loreley* Heinrich Heines erkennen, dem Wedekind zum 50. Todestag 1906 eine große Huldigung darbrachte, wobei er die gemeinsame Verachtung der Politik und die Hochachtung der sinnlichen Liebe betonte. Die Gemeinsamkeit mit Heine, durch den er nach eigener Aussage seine kindliche Unschuld verloren habe, markiert zugleich den besonderen Rang Wedekinds an der Epochenwende vom 19. zum 20. Jahrhundert: Stilistisch, vor allem durch die verschiedenen Grade der

Ironie, können Wedekinds eingängige Lieder die Herkunft aus dem 19. Jahrhundert nicht verleugnen, doch sind sie frecher, direkter; und thematisch erobern sie Neuland, komprimieren sie die Themen der Dramen: die Probleme der Sexualität in der Pubertät, die Rolle der »femme fatale« Lulu als mehrfaches Objekt der Männerwelt, die Liebe in allen Varianten.

Wedekind entlarvt prüde Moral als Machtmittel einer Gesellschaft, die mit der Sexualität alles freie Leben unterdrückt; die Gründe dafür, vor allem die fehlende eigene Aufklärung und damit Selbstbewußtheit, stellt Wedekind deutlich bereits in seinem Drama *Frühlings Erwachen* heraus, das 1890/91 in München geschrieben wird, 1891 als Buch erscheint – aber erst 1906 in Berlin uraufgeführt werden kann.

Wenn jemand der Emanzipation die Bahn gebrochen hat, dann war es Frank Wedekind mit seinen Stücken und seinen Liedern; Bert Brecht, der in vielem an Wedekind anknüpfte, zählte ihn mit Tolstoi und Strindberg *zu den großen Erziehern des neuen Europa*. Doch ist Wedekind tatsächlich bekannt? Die massiven Behinderungen seinerzeit durch Zensur und Verbote scheinen bis heute zu bewirken, daß sein Werk, wenn überhaupt, so nur in Ausschnitten wahrgenommen wird. Noch weniger ist über das Leben dieses exemplarischen Außenseiters seiner Epoche bekannt, dessen Münchener Wohnungen und Schauplätze mit wichtigen Stationen seiner künstlerischen Entwicklung verbunden sind.

Der falsche Student

Geboren wurde Benjamin Franklin Wedekind 1864 in Hannover als zweites von sechs Kindern des Arztes Friedrich Wilhelm Wedekind (1816-1888) und seiner Frau Emilie Kammerer (1840-1915). Der Vater, linksliberaler Kondeputierter (Ersatzmann) im Parlament der Frankfurter Paulskirche, war nach dem

Scheitern der ersten deutschen Revolution 1849 nach Amerika ausgewandert. Emilie Kammerer folgte 1856 ihrer Schwester nach Südamerika, wo beide als Sängerinnen von Liedern, Arien und Duetten durch die Hafenstädte tingelten. Nach dem Tod der Schwester mußte Emilie die Familie des Schwagers mit Konzert-, Theater- und schließlich Varieté-Auftritten durchbringen, die sie bis ans Deutsche Theater nach San Francisco führten. Dort lernten sich Friedrich Wedekind und die um fast 25 Jahre jüngere Frau kennen und heirateten 1862. Der Übersiedelung nach Hannover 1864 folgte – auch als Reaktion auf die deutsche Reichsgründung – 1872 der Umzug in die Schweiz, wo Friedrich Wedekind die Lenzburg im Kanton Aaargau erwarb. Hier wuchs Franklin Wedekind auf; erst 1891 ließ er seinen zweiten Vornamen offiziell in Frank umändern.

Nach dem Abitur gewährt der Vater seinem Sohn ein Probesemester Germanistik und französische Literatur in Lausanne, drängt dann aber auf ein solides Jurastudium. Frank und sein Bruder Armin, der Medizin studiert, kommen deshalb zum Wintersemester 1884/85 nach München und wohnen zunächst im Rückgebäude der Türkenstraße 30 bei einer freundlichen Wirtin namens Böhringer, der Frau eines herzoglichen Lakais. Die ersten Eindrücke sind überwältigend: *München ist eine pompöse Stadt, in der ich die ersten drei Tage wie ein Träumender umherirrte und vor lauter Eindruck nicht zum Ausdruck kam. (...) Jetzt hab ich mich schon ein wenig besser hineingefunden, besuche tagtäglich einige Kirchen und mehrere Paläste, ohne damit zu Ende zu kommen. Die Krone von allem ist aber doch das Theater* (an Frau Jahn, 6. XI. 1884). Im ersten Winter in München geht Wedekind tatsächlich 84mal ins Theater – eine lebenslange Leidenschaft ist geweckt. Neben dem juristischen Colleg, zu dem ihn alles andere als Begeisterung hinzieht, belegt er noch Vorlesungen in Philosophie, Literatur und Kunstgeschichte.

Während sein Bruder vom Sommersemester 1885 an in Zürich weiterstudiert, bleibt Frank in München und zieht in die

Schellingstraße 27/III, wo noch drei andere Studenten wohnen. Dem Vater berichtet er, seine Wirtin gefalle ihm *sehr gut. Sie ist Wittwe und besorgt mir sehr pünktlich selber meine Wäsche und die Ausbesserung der Kleider.* Wedekind ist viel in der Stadt und ihrer Umgebung unterwegs, geht in die Museen und in Konzerte, zeichnet selbst und hört weiter juristische und kunstgeschichtliche Vorlesungen. Seine eigene Muse schläft dabei etwas ein; erst als ihn eine sogenannte »falsche Rose« (Rotlauf) am Bein ins Krankenhaus zwingt, lebt sie wieder auf: Er schreibt Gedichte, beginnt zwei Balladen und vollendet ein (nicht erhaltenes) Trauerspiel sowie zwei Novellen.

Damit gerät er auf seine eigene Spur. Dem Wunsch des Vaters, das Studium in Zürich fortzusetzen, folgt er nicht. Nach einem kurzen Besuch in Lenzburg ist Wedekind Anfang November 1885 wieder in München – unter der gleichen Adresse – und beginnt jetzt, seine Eltern über seine Studien zu täuschen. Anstatt, wie er vorgibt, weiter fleißig Jura zu studieren, belegt er nur Vorlesungen über die Kulturgeschichte des 18. und 19. Jahrhunderts, sowie über Staatswissenschaft und Politik.

Um sich keine Blöße zu geben, schreibt der junge Wedekind ausführliche Briefe über alle möglichen Erlebnisse nach Hause. Dieser »Verlegenheit« - Wedekind betrachtet sowohl die Briefe wie seine Tagebuch-Eintragungen in dieser Zeit als Stilübungen – ist ein hochinteressantes Zeitzeugnis anläßlich des Todes von König Ludwig II. zu verdanken. Wedekind ist ebenso unabhängiger wie genauer Beobachter der auffälligen polizeilichen Reaktionen in der Stadt gegenüber den vielen, die ihrem Zweifel an der offiziellen Todesursache Ausdruck geben, und befindet: *Die Bestürzung über die Todesnachricht war eine furchtbare, man glaubte nirgends mehr an die Geistesstörung des Königs, man sprach von List, Gewalt und Mord.*

Schon vorher, am Karfreitag 1886, hat er sein erstes erhaltenes Drama, die *Große tragikomische Originalcharakterposse in drei Aufzügen* mit dem Titel *Der Schnellmaler oder Kunst und Mammon* vollendet. Das Stück erscheint 1889 in Zürich und wird erst 1916 in den Münchner Kammerspielen uraufgeführt. Anlaß dafür ist die kurze, durch Selbstmord beendete Künstlerkarriere eines Schulfreundes von Wedekind. Doch das Thema Kunst und Kommerz geht weit über diesen Anlaß hinaus; es wird zu einem Grundthema der künstlerischen Entwicklung Wedekinds.

Bald schon betrifft es ihn selbst hautnah. Zurück in Lenzburg, kann er im Spätherbst 1886 vor den Eltern nicht länger seine wahren Studienabsichten verbergen; es kommt zum Krach mit dem Vater, sogar zu einer Tätlichkeit des Sohns – und Wedekind sieht sich buchstäblich auf einen Schlag ohne weitere Unterstützung. Die Rettung naht in Person des jungen Dichters Karl Henckell (1864-1929), dem der junge Wedekind nicht nur *die Schätzung aller modernen Bestrebungen*, besonders des von Wedekind heftig angegriffenen Naturalismus verdankt, sondern auch seine erste bezahlte Stelle als Lohndichter bei der Firma Maggi in Kempttal bei Zürich. Wedekind arbeitet dort als Chef des Reklame- und Pressebüros von November 1886 bis Juli 1887. Von den bislang kaum bekannten Texten aus dieser Zeit verdient ein kleines Gedicht nähere Beachtung, weil es Wedekinds zentrales Thema mit der Suppenwürze verbindet:

Was dem Einen fehlt, das findet / in dem Andern sich bereit; / Wo sich Mann und Weib verbindet / keimen Glück und Seligkeit. // Alles Wohl beruht auf Paarung / Wie dem Leben Poesie / Fehle Maggi's Suppen-Nahrung / Maggi's Speise-Würze nie!

Immerhin gelingt es ihm, seiner Arbeit nicht nur prägnante Werbesprüche abzugewinnen, sondern auch einen Aufsatz *Der Witz und seine Sippe*, der bei seinem Erscheinen Anfang Mai 1887 in der *Neuen Zürcher Zeitung* zu Recht als kleine Kulturgeschichte des Witzes einiges Aufsehen erregt. Ebenso gewährt ihm die Zeitung Ende Juni Raum für seine wichtigen *Zirkusgedanken*. So kann er die neue Einnahmequelle Feuilleton mit zentralen Einsichten verbinden wie etwa der Elastizität als vorbildlichem

Prinzip der Manege oder den zwei Formen des Idealismus, personifiziert im stabilen Gleichgewicht der Trapezkünstlerin und dem labilen Gleichgewicht der Seiltänzerin. Doch diese Arbeiten können Wedekinds materielle Not nicht wenden – im September bittet er daher demütig seinen Vater um Verzeihung und Hilfe, bekommt beides huldvoll gewährt und muß dafür im Sommersemester 1888 das Jurastudium in Zürich wieder aufnehmen. Da stirbt der Vater überraschend am 11. Oktober. Der Sohn erbt reich und kann sein Glück erneut versuchen.

FRÜHLINGS ERWACHEN

Wedekind setzt alles daran, sich als Schriftsteller voranzubringen. Dazu fährt er im Mai 1889 ins naturalistische Zentrum der deutschen Literatur nach Berlin, kann sich dort jedoch polizeilich nicht anmelden, weil ihm das Zeugnis über seine amerikanische Staatsbürgerschaft fehlt. So fährt er Anfang Juli weiter nach München, wo er sich offenbar problemlos anmelden kann. Er findet eine Wohnung im Rückgebäude der Adalbertstraße 41/IV bei Frau Erhard. Sein Eindruck ist jetzt, im Vergleich mit der Euphorie des Studenten, kritisch nüchtern. Am 5. Juli vertraut er dem Tagebuch an:

München erscheint mir auf den ersten Blick das reine Buxtehude. Die Straßen schmutzig und eng. In einem Zigarrengeschäft sehe ich noch die nämliche Auslage stehen, die ich vor 3 Jahren dort gesehen. Ich gehe in den Franziskaner, der mich durch sein schmieriges Äußere und Innere anekelt. Dann auf die Wohnungssuche. (...) Schließlich miete ich mich Adalbertstraße 41,IV ein bei einer alten Frau, die Vorausbezahlung wünscht. Nach Auseinandersetzung meiner Verhältnisse sieht sie davon ab.

Als er am Abend mit seinem Koffer vom Bahnhof durch die Luisenstraße geht, wird er *Paul Heyses ansichtig, der seinen Apollo-*

kopf zum Fenster hinausstreckt. Paul Heyse (1830-1914), an den heute in München eine Straße mit einer gesundheitsschädlichen Bahnunterführung erinnert, war einer der führenden Köpfe im Kreis der Dichter und Künstler um König Maximilian II. und mit Emanuel Geibel und Hermann Lingg renommiertes Mitglied im Dichterkreis der *Krokodile*; 1910 bekam er den Nobelpreis für Literatur verliehen und wurde in den Adelsstand erhoben. Sein Haus in der Luisenstraße 49 stand in der Nachbarschaft der Villa seines Freundes, des Malers Franz von Lenbach (1836-1904). Für einen Augenblick treffen sich also mit Wedekind und Heyse alte und neue Zeit en passant.

Wedekind vergleicht weiter: Das renovierte Hofbräuhaus ist zwar *nicht mehr der klassische Schweinestall von früher, aber doch noch sehr gemütlich* (Tagebuch, 13.VIII.1889); der Vorteil von München gegenüber Berlin liegt wie eh und je in der Lage: *Unvergleichlich reinere Luft und eine herrliche Umgebung* (an die Mutter, 10.VII.1889). So kann Wedekind hier auch, wie er schreibt, viel besser arbeiten.

Dennoch ist er nach zwei Wochen mit seiner Wirtin nicht mehr zufrieden und zieht am 18. Juli kurzerhand in die Akademiestraße 21/III zu Frau Anna Mühlberger (1838-1902), einer Schneiderin und Tierfreundin. Hier findet Wedekind *eine Bude nebst Alkoven mit freier Aussicht auf einen sehr großen Platz und darüber hinaus auf die ganze Umgegend, zur Rechten die prachtvolle Front des Akademiegebäudes für 15 Mark. Dabei ist nur der eine Uebelstand, daß meine Wirthin mit einer kleinen Menagerie, zwei Katzen und zwei Hunde, zusammenwohnt, die ihren sämmtlichen Lebensbedingungen in der Wohnung selber gerecht werden, woraus dann manchmal ein geradezu infernalischer Gestank resultirt. Somit werd ich auf den Winter, wenn ich noch hier bin, wahrscheinlich wieder umziehen* (an Armin Wedekind, 13.VIII.1889). Doch Wedekind bleibt – trotz wiederholter Zankereien wegen des Tiergestanks – mehr als zwei Jahre lang; und noch später, als Frau Mühlberger in die Türkenstraße 69 verzieht, mietet er sich wieder bei ihr ein. Das

Akademiestraße 21 und 23 (um 1900)

hat, wie zu zeigen ist, seine Gründe.   Amüsant und aufschlußreich porträtiert Wedekind seine Zimmerwirtin in *Bella. Eine Hundegeschichte*, die 1920 im achten Band der Gesammelten Werke aus dem Nachlaß veröffentlicht wurde. Da der Anlaß für die Geschichte mit einem Tagebucheintrag vom 6. September 1889 übereinstimmt, muß folgenden nur Adalbertstraße in Akademiestraße verbessert werden: *In ihrer Jugendzeit war sie einmal Schneiderin in der Garderobeverwaltung Ihrer Majestät der Königin von Hannover gewesen. Ihre Zimmer vermietete sie in der Adalbertstraße. Die Wohnung lag parterre und uns gegenüber, nur durch den Treppenflur geschieden, hauste eine vornehme Jugendschriftstellerin, eine Fräulein von Sanden, die ebenfalls einen Zimmerherrn bei sich beherbergte, aber nur einen einzigen, den man selten zu Gesicht bekam.*

Von ihrer weißen Spitzhündin Bella begleitet, schaut sich Frau Mühlberger eine pompöse Hochzeit in der Ludwigskirche an. Auf dem Weg macht sich ein weißer Pinscher – er bekommt den Namen Flocki – an Bella heran, die ihm auch erst kokett Avancen macht, ihn zuhause aber gnadenlos verbellt und beißt. Tapfer und standhaft verbringt Flocki von nun an Tag und Nacht vor Bellas Tür. Und wird belohnt: *Unsere Wirtin war kein so empfindungsarmes und verständnisloses Geschöpf, wie es alte Jungfern sonst zu sein pflegen; dazu hatte sie schon zu viele Zimmerherren und hatten ihre Zimmerherren schon zu viele Verhältnisse gehabt*. Frau Mühlberger läßt Flocki in die Wohnung, nimmt ihn vor der beißenden Bella in Schutz und, laut Tagebuch, *treibt die Menschlichkeit so weit, daß sie Bella den Kopf festhält*, damit Flocki ans Ziel seiner Wünsche gelangen kann – *aber Flocki war kein Gianettino Doria, er war kein Tier, wie es unter Menschen schon so viele gegeben hat; weit davon entfernt, sich die Sachlage zunutze zu machen, wich er scheu zurück und sah bald mich, bald meine Wirtin mit Blicken voll unendlicher Schwermut an*. Dann nimmt er Bella, der Frau Mühlberger ein paar Klapse versetzt, bellend in Schutz.

Bei solch einer Wirtin nimmt Wedekind einiges in Kauf. Im Winter plagen ihn dann auch statt stinkender Tiere mehr seine kalten Füße, die ihm am 12. Oktober 1889 ein Sockengedicht in Briefform an seine Mutter abfordern:

Liebe Mama! // Womit soll ich meine Socken / Aus des Schlosses Mauern locken? / Soll ich laute Klagen führen, / Daß mich meine Füße frieren? / Hat denn [Schwester] *Mieze meinen Brief / Letzte Woche nicht bekommen, / Drin ich schmerzlich und beklommen / Nach den wollnen Socken rief? // Jammer Jammer ohne Ende, / Wenn wir frieren an die Hände, / Weil wir mit dem besten Willen / Nicht den Trieb zur Arbeit stillen! / Aber namenlose Pein, / Wenn vereisen unsre Wadel; / Menschenliebe, Seelenadel, / Alles friert mit ihnen ein. / Hiemit send' ich tausend Grüße. / Denkt in Liebe meiner Füße, / So wie liebevoll auch ich / Euer denke ewiglich / Franklin, Akademiestraße 21/III.*

Wedekind ist wieder viel unterwegs, in den Museen, mehr noch in den Cafés – das Café Luitpold (Briennerstraße 8) wird ihm *ein zweites Heim* -, erlebt die Abenteuer des einsamen Streuners, besucht die Tingeltangel, hat immer das Notizbuch dabei – und arbeitet vor allem nachts zielstrebig an zwei größeren Dramen: an *Kinder und Narren* (später *Die junge Welt*) (1891, UA München 1908), einem Stück zur Frauenemanzipation, zugleich eine scharfe Satire auf den Naturalismus; und vor allem von Herbst 1890 bis Ostern 1891 an *Frühlings Erwachen* (1891, UA 1906). In dieser ersten *Kindertragödie* der deutschen Literatur entspricht, nach Wedekinds eigener Aussage, *jede Szene (...) einem wirklichen Vorgang*. Das Stück spiegelt die tragischen Folgen unaufgeklärter Triebnöte der Jugendlichen ebenso wie der abgestumpften Erwachsenen, gewinnt aber, laut Wedekind, seine eigentliche Dimension erst, wenn der Humor ins Spiel kommt: *Ich glaube, daß das Stück um so ergreifender wirkt, je harmloser, je sonniger, je lachender es gespielt wird* (an Fritz Basil, 3.1.1907).

Während der Arbeit an *Frühlings Erwachen* träumt Wedekind oft von seinem Vater, hat Angst vor ihm, versucht sich zu rechtfertigen. Zwischen Anfällen von Melancholie, ja Depression vertieft er seine Bekanntschaft mit dem führenden Naturalisten Michael Georg Conrad (1846-1927) und tritt 1891 in die von Conrad mitgegründete »Gesellschaft für modernes Leben« ein, die als Beginn der Münchner Moderne angesehen werden kann. Er ist mit den Schriftstellern Otto Julius Bierbaum (1865-1910), und Oskar Panizza (1853-1921) zusammen und lernt den künstlerischen Tausendsassa Rudinoff (alias Willy Morgenstern, 1866-?) sowie den Musiker Hans Richard Weinhöppel (1867-1928) kennen, die zu engen und langjährigen Freunden werden. Wenn man animiert aus dem Café Luitpold oder der Trinkhalle Dichtelei (Türkenstraße 81) nach Hause geht und dort weiterfeiert, kann es schon einmal zu einer – von den Nachbarn lancierten – Beschwerde von Frau Mühlberger kommen, die ihrem Mieter am 14. August 1891 einen Brief auf den Tisch legt mit einer originellen Aufstellung dreier Möglichkeiten: entweder Ruhe, oder Auszug des Mieters, oder – Auszug der Vermieterin!

Die Büchse der Pandora

In den Jahren 1892 bis 1896 setzt Wedekind seine intensiven Lebensstudien in Paris und London fort. In Paris besucht er Zirkus, Varietés und Balletts und lebt mit verschiedenen Kokotten zusammen. Für eine von ihnen, Alice, schreibt er sein berühmtes Gedicht *Ilse*, das 1901 dem Eröffnungsabend des Kabaretts der *Elf Scharfrichter* in der Türkenstraße 28 zum durchschlagenden Erfolg verhelfen wird:

Ich war ein Kind von fünfzehn Jahren, / Ein reines unschuldsvolles Kind, / Als ich zum erstenmal erfahren, / Wie süß der Liebe Freuden sind. // Er nahm mich um den Leib und lachte / Und flüsterte: O welch ein Glück! / Und dabei bog er sachte, sachte / Den Kopf mir auf das Pfühl zurück. // Seit jenem Tag lieb ich sie alle, / Des Lebens schönster Lenz ist mein; / Und wenn ich keinem mehr gefalle, / Dann will ich gern begraben sein.

Ilse ist bereits in *Frühlings Erwachen* die in der Liebe erfahrene junge Frau – und noch weiter zurück taucht sie bereits in Heinrich Heines *Harzreise* auf: Am kleinen Beispiel wird deutlich, wie Wedekind einen privaten Anlaß zum Typus stilisiert.

In Paris lernt Wedekind Emma Herwegh, die Witwe des revolutionären Dichters Georg Herwegh (1817-1875) kennen und gewinnt durch sie Zugang auch zur höheren Pariser Gesellschaft. Folgenreicher wird für ihn jedoch die Begegnung mit dem dänischen Maler, Kunsthändler und Kunstfälscher Willy Grétor (1867-1927). Er unterstützt Wedekind finanziell und bringt ihn mit dem reichen Fabrikantensohn Albert Langen (1869-1909) zusammen, der 1893 in Paris seinen Verlag gründet, auf Vermittlung von Grétor übrigens mit der deutschen Erstausgabe von Knut Hamsuns *Mysterien*. Und Grétor soll auch die Idee zum *Simplicissimus* gehabt haben, eine Idee, die für Langen der größte geschäftliche Erfolg, für Wedekind dagegen zum künstlerischen Desaster werden sollte.

Seit ihm am 12. Juni 1892 auf den Champs-Elysées *die Idee zu einer Schauertragödie* gekommen ist, arbeitet Wedekind intensiv an seinem Drama *Die Büchse der Pandora*, das in der fünfaktigen Urfassung erst ein Jahrhundert später (1990) veröffentlicht wurde. Die Geschichte dieses Lulu-Dramas ist symptomatisch für Wedekinds mühevollen Werdegang und sei daher kurz skizziert.

Umgearbeitet erschien der erste Teil unter dem Titel *Der Erdgeist* 1895 bei Albert Langen, München, und wurde 1898 in Leipzig erfolgreich uraufgeführt. Die Münchener Erstaufführung Ende Oktober 1898 scheiterte dagegen und fiel noch dazu mit dem für Wedekind verheerenden, weiter unten näher dargestellten *Simplicissimus*-Skandal zusammen. Bahnbrechend war der Erfolg der Berliner Erstaufführung 1902 an Max Reinhardts Kleinem Theater mit Gertrud Eysoldt als Lulu. Doch Wedekind arbeitete weiter an dem Stück.

Die Neufassung als Fortsetzung von *Der Erdgeist* erschien Anfang 1904 als *Die Büchse der Pandora* bei Bruno Cassirer in Berlin. Der Uraufführung Anfang Februar 1904 in Nürnberg folgte sofort die Beschlagnahme des Buches Ende März. In einer geschlossenen Vorstellung brachte Karl Kraus am 29. Mai 1905 in Wien *Die Büchse der Pandora* zu einer legendären Aufführung, bei der er selbst, Wedekind und die junge Tilly Newes (1886-1970) mitwirkten, die ein Jahr später Wedekinds Frau wurde. Karl Kraus hat die tragische Dimension der Lulu treffend in seiner Einleitung zu dieser Aufführung charakterisiert; sie ist für ihn das Weib, *das zur Allzerstörerin wurde, weil es von allen zerstört ward*. Zudem sieht er in Wedekind selbst eine *Urkraft, die hier Stoff und Form zugleich gebar* und so eine literarische Epochenwende im Abschied vom Naturalismus einleitet: *Er ist der erste deutsche Dramatiker, der wieder dem Gedanken den langentbehrten Zutritt auf die Bühne verschafft hat. Alle Natürlichkeitsschrullen sind wie weggeblasen. Was über und unter den Menschen liegt, ist wichtiger, als welchen Dialekt sie sprechen.*

Doch bis zu dieser Anerkennung und dem durchschlagenden Erfolg von *Frühlings Erwachen* in Berlin 1906 ist noch ein weiter Weg. Im Winter 1895/96 muß Wedekind als Rezitator von Ibsen-Dramen durch die Schweiz tingeln; er gibt sich das Pseudonym Cornelius Mine-Haha. Dieser indianische Name, dem Naturkind in Longfellows Epos *The song of Hiawatha* (1855) entlehnt, bedeutet *Lachendes Wasser;* so jedenfalls heißt es am Ende von Wedekinds reizvollem Romanfragment *Mine-Haha oder Über die körperliche Erziehung der jungen Mädchen* (1901).

SIMPLICISSIMUS

Als im April 1896 in München die Zeitschrift *Simplicissimus* begründet wird, gehört Wedekind zu den ersten Beiträgern, allerdings eher unfreiwillig, denn die Tantiemen seiner Stücke, die Langen verlegt, erreichen bei weitem nicht die Vorschüsse, die der Verleger ihm gezahlt hat. Besonders durch seine, meist pseudonym veröffentlichten, politischen Gedichte avanciert Wedekind zum wichtigsten Mitarbeiter dieser neuen, in Bild und Text satirische Maßstäbe setzenden Zeitschrift. Wedekind selbst verhält sich jedoch gerade zu diesen Gedichten künstlerisch distanziert: *Meine Specialität war nur der Radauton. Ich sehne mich nicht danach zurück, bin aber froh, daß ich eine gewisse Uebung und anderseits Popularität darin erlangt habe, derart, daß ich jetzt überall zu gutem Preis damit ankommen werde* (an Beate Heine, 2.XI.1899).

So zieht er 1896 zunächst wieder nach München und wohnt ab März einige Zeit in der Adalbertstraße 34/0, bevor er im August zu seiner *guten Wirthin* Frau Mühlberger in die Türkenstraße 69/II wechselt. Im Sommer schließt sich ihm die zweite Frau August Strindbergs, die junge Wienerin Frieda Uhl an, und im August 1897 kommt außerehelich der gemeinsame Sohn Friedrich zur Welt, den der Papa ab und an bei der Mutter in Tutzing besucht.

Im gleichen Jahr erscheint die Prosa- und Lyriksammlung *Die Fürstin Russalka*; außerdem entsteht der erfolgreiche Einakter *Der Kammersänger* (EA und UA 1899).

Von München geht Wedekind 1897 nach Leipzig und erlebt dort im Februar 1898 die Uraufführung von *Der Erdgeist*. Danach übernimmt das dortige Ibsen-Theater unter Carl Heine das Stück und geht mit ihm und dem Autor als Theatersekretär auf Tournee. Erst im Mai 1898 ist Wedekind wieder in München und trifft sein Zimmer bei Frau Mühlberger unverändert an. Dieses Jahr scheint die Wende zum Besseren zu bringen. Zwar ist seine *Hauptbeschäftigung (...) der Simplizissimus, für den ich täglich arbeite in Witzen, Gedichten und anderem Mist* (an Beate Heine, 14.VIII.1898). Doch bekommt er ein Engagement als Dramaturg, Regisseur und Schauspieler ans Münchner Schauspielhaus und hat damit wieder eine feste Stelle. Die Münchener Premiere von *Der Erdgeist* wird vorbereitet – da passiert der Schlag, der alle weiteren Pläne Wedekinds, alle Hoffnungen auf allmähliche Anerkennung zunichte macht; es ist *der Zusammenbruch eines ganzen großen Gebäudes* (an Beate Heine, 12.XI.1898). Was ist geschehen?

Im *Simplicissimus* Nr. 31 vom 23. Oktober 1898 war Wedekinds Gedicht *Im Heiligen Land* unter dem Pseudonym Hieronymos als satirische Verhöhnung der mit viel Pomp und Polizeiaufgebot unternommenen Reise Kaiser Wilhelms II. nach Palästina erschienen; das Titelbild *Palästina* von Thomas Theodor Heine attestierte dem preußischen Tropenhelm, in Palästina *keinen Zweck* zu haben. Die Nummer wurde beschlagnahmt und eine Anklage wegen Majestätsbeleidigung erhoben. Wedekind war davon ausgegangen, daß die Handschrift seines Gedichts, wie vereinbart, vernichtet würde, zumal der Rechtsberater des Verlags vor einer Veröffentlichung gewarnt hatte. Doch das Gedicht fand sich sofort, so daß neben dem Verleger und dem Zeichner auch der Dichter unter Anklage gestellt werden konnte. Wedekind blieb immer der festen Überzeugung, Langen habe diesen

Eklat mit Absicht provoziert, um die Auflage zu steigern – tatsächlich verdoppelte der Skandal die Auflage des *Simplicissimus* 1899 um über 100% auf 55.000 Exemplare.

Albert Langen entzog sich einer Verurteilung durch Flucht in die Schweiz und nach Paris, von wo aus er bis 1903 den Verlag über seinen Prokuristen Korfiz Holm leitete, der wiederum Thomas Mann eine Lektorstelle am *Simplicissimus* verschaffte. Th. Th. Heine stellte sich den Behörden (er hatte mit Langen eine vertragliche Absicherung für den Fall einer Verurteilung getroffen) und trat seine Gefängnisstrafe an. Wedekind hatte keine Absicherung getroffen, stand plötzlich mit leeren Händen da – und sah sich genötigt, gleichsam von der mißratenen Premiere seines *Erdgeist* weg nach Zürich zu fliehen, wo er sich *von allen Seiten verraten und verkauft* vorkam, mehr denn je die ungeliebte *Sklavenfessel ›Simplicissimus‹ am Fuß* verflucht und sich verzweifelt nur *vorwärts, vorwärts* sagt, um nicht verrückt zu werden (an Richard Weinhöppel, 14.XI.1898).

Von da an fühlt sich Wedekind mehr auf Verderb denn Gedeih an das *Ungeheuer*, den *Plagegeist* Albert Langen ausgeliefert. Während ihm Willy Grétor in Paris *Champagner für meine Stimmung* ist, legt ihn *Langens hundschnauzigkalte unkünstlerische Zappeligkeit geradezu lahm* (an Beate Heine, 15.XII.1989). Dennoch, wie zum Trotz, beginnt Wedekind einen Tag nach der Ankunft in Zürich mit seinem Stück *Der Marquis von Keith* (EA und UA 1901), für das Willy Grétor Modell stand. Diese auf den Spätsommer 1899 datierten *Münchner Szenen* sind eine Persiflage auf den Naturalismus, besser auf Salonstück und Bürgerwelt. Wedekind selbst lag das Stück *von allem, was ich geschrieben habe, am meisten am Herzen* (an die Mutter, 6.V.1904); er hielt es – laut einer Nachlaßnotiz – für sein *künstlerisch reifstes und geistig gehaltvollstes Stück, den Keith selbst für die beste Rolle, die ich geschrieben habe.* Nach dem Abschluß des Stücks im Mai 1899 stellt sich Wedekind den Behörden in Leipzig – und überarbeitet sein Stück während der Haft auf der Festung Königstein bei Dresden vom September 1899 bis zum Februar 1900. Teile daraus kann er im ersten Jahrgang der neuen Zeitschrift *Die Insel* veröffentlichen. Während der Haft geht es ihm körperlich so gut, daß er nach der Entlassung darüber klagt, zu dick geworden zu sein.

ELF SCHARFRICHTER

Nach der Haftentlassung im Februar 1900 kehrt Wedekind zurück nach München. Eine Wohnung mit wenig Komfort findet er für die nächsten Jahre bis 1906 in der Franz-Joseph-Straße 42/II; Anfang Mai schildert er seiner Mutter, er sitze *in einer entzückenden Wohnung in einer Vorstadt Münchens, durchaus modern eingerichtet, freilich mit wenig Möbeln, aber die muß die Zeit bringen*. Anfang September beklagt er sich jedoch bei Beate Heine über die *Wüstenei, die sich meine Wohnung nennt, in der es mir an jeder Art menschlichen Comforts mangelt* und in der er, was am schlimmsten wiegt, nicht zum Arbeiten kommt. Doch im November hat er sich arrangiert, aus der Not eine Tugend gemacht: *Meine Wohnungseinrichtung ist nämlich mein Stolz. Ich habe auf dem allerbeschränktesten Raum und mit den allergeringsten Mitteln Effecte erzielt, über die Jedermann in Staunen geräth* (an Beate Heine, 7.XI.1900). Vom Geld für ein Engagement in Rotterdam (als Schauspieler im eigenen *Kammersänger*) hat er sich sogar, der Mode folgend, wie Thomas Mann ein Rad angeschafft und viel Freude damit: *Ich radle täglich mit Max Halbe, dem Dichter der Jugend, in der Umgebung von München herum. Das prachtvolle Herbstwetter kommt uns dabei ungemein zustatten. Ueberhaupt habe ich das Gefühl, als ob ich jetzt wol einigermaßen den Ertrag meiner langjährigen Mühen und Arbeit erndte, erst richtig jung wurde* (an die Mutter, 10.X.1900).

❋

Mit dem Dichter Max Halbe (1865-1944) verband Wedekind zeitlebens eine anekdotenreiche Haßliebe. Halbe war als Erfolgsautor des Liebesdramas *Jugend* (UA Berlin 1893) bekannt geworden; der Titel des Stück wurde zum Stichwort für die gleichnamige Zeitschrift (ab 1896) wie für den Jugend-Stil der Epoche insgesamt. Als Pubertätsdrama in vielen Zügen mit Wedekinds *Frühlings Erwachen* vergleichbar, entsprachen seine melodramatisch vorgeführten Konflikte von Trieb und Moral offenbar genau dem naturalistischen Trend, den Wedekind attackierte. Beinahe ebenso bekannt wie sein Erfolgsstück wurde Halbes noch vor der Jahrhundertwende in München begründete literarische Kegelgesellschaft *Unterströmung* in der Türkenstraße 34, wo sich alle größeren und kleineren Namen des literarischen München versammelten. In München wohnte Max Halbe am längsten in der Wilhelmstraße 2/II (von 1904 bis 1936); an seinem letzten Wohnhaus in der Martiusstraße 6/II erinnert seit 1965 eine Tafel an ihn; in Oberföhring gibt es einen Max-Halbe-Weg.

Ein halbes Jahr später, im April 1901, stellt sich auch für Wedekind der erste wirkliche materielle Erfolg ein, freilich »nur« als Kabarettist. Hatten schon französische satirisch-illustrierte Zeitschriften wie *La Caricature* (1830-1835), *Le Charivari* (1832-1937), besonders aber der *Gil Blas illustré* von 1891 den *Simplicissimus* bis in die Namenswahl hinein beeinflußt, so wirkte auch das französische Cabaret, etwa des *Chat noir* (seit 1881), als Vorbild für die deutsche sogenannte Überbrettl-Bewegung. Schon 1895 hatte Wedekind die Idee zu einem reisenden Tingeltangel mit Otto Julius Bierbaum (1865-1910) erörtert. Der propagierte 1897 in seinem Roman *Stilpe* ganz im Sinne Wedekinds die *Renaissance aller Künste und des ganzen Lebens vom Tingeltangel her!* Die Parole lautete: *Angewandte Lyrik!* Zu dieser Bewegung gehörte natürlich auch die Übernahme des Chansons als neuer Liedform.

Letzter Auslöser für die deutschen Kabaretts war eine Protestbewegung gegen die sogenannte »Lex Heinze«, einen Gesetzentwurf zur Eindämmung von Kuppelei mit dem bayerischen Zusatzantrag gegen erotische Abbildungen und Darstellungen. Aus Protest gegen diese Form von Zensur schlossen sich im März 1900 in München alle noch so kontroversen dichterischen und künstlerischen Kräfte zusammen und gründeten den »Goethebund zum Schutze freier Kunst und Wissenschaft«. Noch nicht ein Jahr später folgte diesem Signal die künstlerische Aktion.

Das erste deutsche Kabarett gründete Ernst von Wolzogen als *Ueberbrettl* in Berlin im Januar 1901, etwa zeitgleich mit Max Reinhardts Brettlbühne *Schall und Rauch*, aus der sich nach und nach das berühmte *Kleine Theater* Reinhardts entwickelte. München folgte am 13. April 1901 mit der Gründung des Kabaretts *Die Elf Scharfrichter* im Wirtshaus Zum Goldenen Hirschen, Türkenstraße 28, genauer auf einem alten Fechtboden im Hinterhaus. Drahtzieher waren hier zwei Franzosen. Der künstlerische Direktor war Marc Henry (eigtl. Achille Georges d'Ailly-Vaucheret, 1872-?), ehemals Conférencier im *Chat noir* und seit 1899 Mitherausgeber der *Revue Franco-Allemande,* Seine Lebensgefährtin, die aus Lothringen stammende Chansonnière Marya Delvard (1874-1965) übernahm den Part der »Muse von Montmartre«, Yvette Guilbert. Bis 1904 dauerte ihr Engagement für die *Elf Scharfrichter*; danach gründeten sie 1906 in Wien das *Nachtlicht,* traten dort jedoch unautorisiert mit Texten von Frank Wedekind auf und leisteten sich noch dazu den Skandal einer öffentlichen Tätlichkeit gegenüber dem Herausgeber der *Fackel*, Karl Kraus.

Die ersten elf Scharfrichter traten unter Pseudonymen auf; so Wedekinds Freund Richard Weinhöppel, *die musikalische Seele der elf Scharfrichter* (Wedekind an Martin Zickel, 27.IV.1901) als Hannes Ruch; Leo Greiner – von ihm stammt *Der Elf-Scharfrichter-Marsch: Erbauet ist der schwarze Block/ Wir richten scharf und herzlich...* - als Dionysius Tod; Marc Henry als Balthasar Starr oder Otto Falckenberg (1873-1947), der berühmte Regisseur und spätere Leiter der Münchner Kammerspiele als Peter Luft. Er hob rühmend hervor, daß der kleine Raum, der etwa hundert Zuschauern Platz bot (auf der Bühne konnten, laut Wedekind, gerade fünf Personen agieren), ebenso ein versenkbares Orchester hatte wie das Bayreuther Festspielhaus und das Prinzregententheater; außerdem wurde modernste Beleuchtung verwendet und – zum erstenmal in der Theatergeschichte überhaupt – der sogenannte ›runde Vorhang‹ auf zwei halbrunden Eisenschienen. Und so schildert Peter Luft das Interieur:

Glatte Wände, bis zu halber Höhe mit Holz getäfelt, darüber mit Stoff bespannt, in ruhigen, vornehmen Farben und mit den Porträtsmasken der ›Elf‹ sowie auserlesenen Gemälden, Lithographien, Radierungen und Zeichnungen moderner Meister geschmückt; zu beiden Seiten des Eingangs je eine behagliche Loge, deren eine von dem ›Schandpfahl‹ mit dem Wahrzeichen der ›Scharfrichter‹ flankiert wird (einem zopfperükkengekrönten Totenschädel, in dem noch das Henkerbeil sitzt); einfache, aber sehr bequeme Stühle und Tische und, dem Eingang gegenüber, die Bühne – das ist das Scharfrichtertheater.

Wedekinds Gedicht *Ilse*, vorgetragen von Marya Delvard, verhalf dem Eröffnungsabend zum durchschlagenden Erfolg. Kurz darauf schied Willy Rath (Willibaldus Rost) aus; für ihn kam jetzt Wedekind in persona hinzu, verzichtete selbstbewußt auf einen neuen Namen, sang seine eigenen Lieder zu eigenen Kompositionen und eröffnete sich und dem Ensemble eine einträgliche neue Einnahmequelle. Heinrich Mann hat den Auftritt Wedekinds trefflich beschrieben: *Damals war sein Auftreten nie gesehen, von nahezu schauriger Niegesehenheit. Die bebänderte Laute in schwerfälligen Händen, trat er vor die schöne Welt jenes ästhetisierenden Zeitabschnittes, eine mit allen Wassern gewaschene Erscheinung …Klimpern, wie gereizt dann der Vortrag. Nasal, scharf, schallend.* Walter Kiaulehn ergänzt: *Er sang von Lebemännern und armen Mädchen, von harten Geldmenschen und von frivolen Kokotten. Und das eigentlich Schlimme war, er beklagte seine Figuren nicht, klagte sie auch nicht an, er gab ihnen recht und knallte mit der Peitsche dazu. Er führte den Menschen die Menschen vor.* Zunächst wollte Wedekind *den Cultus des Ueberbrettels gerne und vielleicht immer als wohlthuenden Nebenberuf pflegen und hegen* (an Martin Zickel, 6. VIII. 1901). Aber obwohl das Ensemble nach Berlin engagiert wurde, die Anfangsszene aus *Der Erdgeist* aufführte und sogar die Pantomime *Die Kaiserin von Neufundland* 1902 zur Uraufführung brachte, konnte Wedekind das Kabarett künstlerisch bald nicht mehr genügen. Bereits im Juli 1901 hing ihm *das Balladensingen (...) schon gewaltig zum Hals heraus,* und nachdem er sich Anfang August 1902 *die absolute Erfolglosigkeit* seines *Marquis von Keith* eingestehen mußte, zerstritt er sich mit dem Ensemble der *Elf Scharfrichter* im Winter 1902/03, trat jedoch weiterhin bis 1905 im Kabarett auf, so in der 1903 gegründeten Kneipe *Simplicissimus* der Kathi Kobus in der Türkenstraße 57 oder zwischen 1904 und 1906 im Kabarett der *Sieben Tantenmörder* (nach Wedekinds berühmtem Gedicht *Der Tantenmörder)* des Singspieldirektors Josef Vallée (1867-1927) in einem Keller am Karlstor. Vallée hatte übrigens schon 1901 das Kabarett *Zwölf Scharfrichterinnen* im Café Wittelsbach (Herzog-Wilhelm-Straße 32) gegründet und leitete seit April 1905 in der Türkenstraße 5 zusammen mit Sigismund Goldstein (gen. Stein) ein *Intimes Theater.*

Uraufgeführt wird 1902 im Münchner Schauspielhaus das im Vorjahr entstandene Stück *König Nicolo oder So ist das Leben*, mit dem Gedicht, das heute den Wedekind-Brunnen ziert. In einer schlechten Stunde kanzelt Wedekind sein Stück – mit einem Seitenhieb auf den Kegelbruder Max Halbe – ab: *Das Stück hat den Kegelbahn Horizont der Münchner Dichter Zunft* (an Karl Roeßler, 20. XI. 1903). Nach der Premiere von *Der Erdgeist* 1902 im Berliner *Kleinen Theater* Max Reinhardts schreibt Wedekind einen überschwenglich dankbaren Brief an die Darstellerin der Lulu, Gertrud Eysoldt, und hofft wohl insgeheim auf den künstlerischen Durchbruch. Doch der läßt noch vier Jahre auf sich warten.

Einen fundamentalen Grund dafür sieht Wedekind, der sich *jeden Fußbreit mit übermenschlicher Anstrengung erkämpfen* mußte (an Martin Zickel, 21.IX.1901), im Mangel an Liebe als überzeugend revoltierender Lebenskraft in seinen Stücken. Seine Bilanz ist schonungslos radikal: *In allem, was ich bis jetzt geschrieben habe, fehlt mir die große Liebe, der Hauptmann seine gewaltige Wirkung zu danken hat. Und diese Liebe läßt sich nicht vorgaukeln, auch wenn man es noch so durchtrieben anstellt. Als Mittel zur Unterhaltung, zur Bekämpfung der Langeweile ist sie mir auch schon gekommen, aber ich sehe zu meiner Enttäuschung, daß meine Begriffsverdrehungen keinen Glauben finden. Die wahre Liebe ist es nicht* (an Beate Heine, 28.VII.1904).

Verständlicher wird nun der Enthusiasmus, mit dem der mittlerweile einundvierzigjährige Wedekind nach der Wiener Aufführung von *Die Büchse der Pandora* 1905 der Hauptdarstellerin der Lulu, der neunzehnjährigen Tilly Newes, einen ähnlich überschwenglichen Brief wie seinerzeit der Eysoldt schreibt. Er ist sicher, daß *das Publikum mein abscheuliches Stück ohne dein kluges und zugleich so madonnenhaftes Spiel nicht so geduldig hingenommen hätte* (4.VI.1905). Die Beziehung wird inniger, setzt sich durch gemeinsames Auftreten in Wedekinds Stücken fort und erlebt ihren Höhepunkt – nach einem Selbstmordversuch der jungen Frau – mit der Eheschließung am 1. Mai 1906 in Berlin. Privat und künstlerisch beginnt so für Wedekind ein neuer Abschnitt. Noch im November des gleichen Jahres gelingt mit der Uraufführung von *Frühlings Erwachen* in den Berliner Kammerspielen unter der Regie von Max Reinhardt der entscheidende Durchbruch, und im Dezember kommt die Tochter Anna Pamela (gest. 1986) zur Welt.

Doch weiterhin behindert die Zensur Wedekinds künstlerische Freiheit und Entwicklung. Gegen die erzwungenen Auflagen für seine Stücke wehrt er sich 1908 mit dem Stück *Die Zensur*. Prompt wird *Frühlings Erwachen* 1910 in Königsberg verboten; nach massiven Interventionen Wedekinds und seiner

Kollegen muß das Stück jedoch 1912 wieder freigegeben werden.

Einen Erfolg verbucht Wedekind auch in seiner jahrelangen Fehde mit dem Verleger Albert Langen, der für die Figur des Rudolf Launhart in *Hidalla oder Sein und Haben* (später: *Karl Hetmann, der Zwergriese*) (1903, UA München 1905) Modell stand. Durch das Stück *Oaha,* laut Untertitel *die Satire der Satire* (1907/08), die das Thema Kunst versus Mammon explizit als literarische Karikatur des Langen-Kreises vorstellt, kommt es zur Auflösung der Verlagsverträge; kurzfristig bei Bruno Cassirer in Berlin unter Vertrag, wechselt Wedekind schließlich in den Verlag von Georg Müller in München. Während Artur Kutscher *Oaha* eine *Posse in Steckbriefen* nennt, kontern Wedekinds Kollegen Ludwig Thoma, Th.Th.Heine und Olaf Gulbransson die Attacke im *Simplicissimus* vom Oktober 1908 und machen sich darin über Wedekinds Korpulenz und seine dritten Zähne lustig.

Prinzregentenstrasse 50

Tatsächlich beklagt Wedekind 1907 seine Körperfülle und ist bemüht, durch Dampfbäder, *Spazirenrennen* und Fasten wieder in Form zu kommen. Im Juli 1907 sucht er – Tilly und die Tochter sind noch in Berlin – nach einer passenden Wohnung für seine Familie in München; Ende Mai 1908 ist er fündig geworden, hat auch schon die Tapeten ausgesucht, besonders die roten für sein Arbeitszimmer, schreibt aber seiner Frau, daß die Wohnung erst Anfang Oktober beziehbar sei. Dann aber ist es soweit, wie Tilly Wedekind schildert:

Unsere neue Wohnung lag im dritten Stock des Hauses Prinzregentenstraße 50, nahe der Isar. Die Wirtschaftsräume und zwei Schlafzimmer gingen nach Süden mit einem ziemlich weiten Ausblick über den kasta-

Prinzregentenstraße 50 mit der Gedenktafel für Frank Wedekind

Frank Wedekind mit seinen Töchtern (1915)

nienbestandenen Garten eines kleinen Nonnenklosters, in dem die Kinder aus der Klosterschule sangen und spielten; es war lustig und sonnig und grün. Vorne nach Norden, wo die großen repräsentativen Räume zur Straße hin lagen, war alles mehr kalte Pracht. Wie schon in Berlin, richtete sich Frank das größte Zimmer, das geradezu ein Saal war, als Arbeitszimmer ein: mit rotem Teppich und roter Tapete, roten Vorhängen aus billigem Stoff, mit gelben Borten eingefaßt, gelb gebeizten und rot gestrichenen Bücherregalen und Sesseln, auch möglichst rot, in einem großen Kreis arrangiert, mit seinem Büroschreibtisch im Hintergrund. Darüber das Gemälde von mir als Lulu, an den Wänden die Laute, die Gitarre, die Mandoline, die Flöte, die stumme Geige, Cinellen, und was er sonst noch an Instrumenten spielte. Dazwischen unzählige Rollenbilder von mir, Familienfotos, aber auch Ausschnitte aus ›La Vie Parisienne‹, die er hatte rahmen lassen. Zu beiden Seiten eines hohen rotgerahmten Spiegels waren die Kugel und die Trommel aufgestellt. Das Ganze wirkte wie eine mit Büchern und Büroutensilien ausgestattete Zirkusarena.

Das Haus liegt direkt gegenüber der damaligen preußischen Gesandtschaft (heute: Bayerische Staatskanzlei) und schräg gegenüber der 1909 fertiggestellten Schack-Galerie, die im Auftrag von Kaiser Wilhelm II. errichtet und von ihm mit großem Pomp eingeweiht wurde. Wedekind ließ sich die Gelegenheit nicht nehmen, die von ihm einst beleidigte Majestät bei ihrem Auftritt aus nächster Nähe zu erleben, lud viele Freunde und Bekannte ein und erlebte mit ihnen das Schauspiel von den Fenstern seiner Wohnung aus. Hier wohnt die Familie, zu der 1911 noch die zweite Tochter Fanny Kadidja kommt, die nächsten Jahre.

Nach dem gemeinsamen Mittagessen, nachmittags um zwei Uhr, beginnt für die beiden Mädchen die schönste Zeit des Tages: Zwei Stunden spielt, musiziert, tanzt und singt ihr Papa dann mit ihnen, wie Pamela Wedekind berichtet; sie begleitet ihn, der mit der Mandoline im Zimmer auf- und abgeht und seine Lieder singt, auf der Gitarre, über die sie anfangs kaum hinwegsehen kann.

Ein wichtiger Treffpunkt werden in dieser Zeit die Torggelstuben am Platzl. Am Stammtisch im hinteren Teil des Weinlokals ist Frank Wedekind bald der Mittelpunkt. Wie Erich Mühsam vermutet, hatte Hanns von Gumppenberg das Weinlokal im Zentrum *als Refugium vor dem Schwabinger Künstlertum ausgemacht* [...]. *Das geistige Niveau der Torggelstuben-Gesellschaft überragte hoch das der bloßen Vergnügungsstätten oder des Cafés Stefanie* [...]. Hier tratzt Wedekind den jungen Oskar Kokoschka, kommen aber auch der Verleger Georg Hirth und der Justizrat Max Bernstein an den Tisch. Einen weiteren Ort mit Wedekind als Mittelpunkt der Gespräche bietet das unorthodoxe Seminar des »Theaterprofessors« Artur Kutscher im Hotel Union an der Barerstraße 7; Erich Mühsam gehört zu diesem Kreis ebenso wie der junge Dichter Klabund.

Doch es ist eine Endzeit, allgemein und privat. Äußere Erfolge sind Wedekind-Zyklen in Berlin 1912 und 1914. Weitgehend auf Unverständnis stößt *Franziska. Ein modernes Mysterium* (1912), worin, unter anderem, das Christentum wieder mit der Sinnenfreude der Antike versöhnt werden sollte. Der 50. Geburtstag, gefeiert mit einer Festschrift prominenter Kollegen, fällt ins Jahr des Ersten Weltkriegs. Wedekind reagiert darauf mit einem Bismarck-Drama, das bis heute völlig unterschätzt wird. Ende des Jahres stellen sich die ersten Blinddarmbeschwerden ein, mit denen eine dreijährige Leidenszeit beginnt.

Im März 1915 stirbt Wedekinds Mutter; einen Monat später muß er sich einer Blinddarmoperation unterziehen, bei der die Wunde nicht vernäht werden kann. Es besteht Bruchgefahr; Wedekind erholt sich nur langsam. Im Jahr darauf werden die Stücke *Überfürchtenichts* und das erste Drama *Der Schnellmaler* aus dem Jahr 1886 in Berlin bzw. München uraufgeführt. Im Januar 1917 ist die erste Bruchoperation nötig; Wedekind schont sich aber nicht und geht anschließend gleich auf Gastspielreise nach Berlin und in die Schweiz, wo er als Akteur in Zürich ohne Tilly seine letzte Uraufführung zu Lebzeiten mit *Schloß Wetterstein* erlebt.

Massive Eheprobleme führen im Dezember 1917 während der Trennung erneut zu einem Selbstmordversuch Tilly Wedekinds, den sie mit Glück überlebt. Wedekind ist sofort nach München zurückgekehrt. Obwohl er vor dem Risiko eines erneuten Eingriffs gewarnt ist, wechselt er den Arzt und entschließt sich Anfang März 1918 zu einer zweiten Operation. Auf der Treppe im Hausflur habe er sich, so Tilly Wedekind, seinen kleinen Koffer in der Hand, noch einmal umgedreht und mit verzweifeltem Gesichtsausdruck gesagt: *Vielleicht werde ich doch noch einmal gesund!*

Die große Schwächung des Körpers nicht nur durch die Krankheit, sondern vor allem durch den Mangel an Wärme und Nahrung in dieser Kriegszeit, führt nach der Operation zu einer Lungenentzündung, von der sich Wedekind nicht mehr erholen kann. Seine letzte Bitte ist ein Schluck Sekt von den Lippen seiner Frau. Die Geste wiederholt die Bitte in Wedekinds letztem Gedicht, geschrieben in Vorahnung und Resignation Ende Februar im Anschluß an den gemeinsamen Besuch von Shakespeares *Wintermärchen*. Das Gedicht steht in einem kleinen Ringbuch, das die Handschriftenabteilung der Stadtbibliothek München bewahrt. Der notorisch eifersüchtige Wedekind gibt seine Frau frei:

An Tilly // Und so reißt des Geschickes Wut / Grausam uns auseinander. / Wenn auch jeder sein Liebstes tut, / Wir ersticken selbander. / Tilly gib mir noch einen Kuß / Es kommt ja doch, wie es kommen muß. // Du bist jung. Und dein Herzblut wallt / Mächtig dem Glück entgegen. / Keinem grämlichen Aufenthalt / Widme dich meinetwegen. / Tilly gib mir noch einen Kuß / Es kommt ja doch, wie es kommen muß. // Ich bin alt. Des Gebrechens Last / Zwingt mich zum Eigenbrödeln / Nimmer wollt mit dem siechen Gast / Ich meine Zeit vertrödeln. / Tilly gib mir noch einen Kuß / Es kommt ja doch, wie es kommen muß.

Epilog

Frank Wedekind stirbt am 9. März 1918. Seine Beerdigung drei Tage später auf dem Münchner Waldfriedhof ist durch ihre tragisch-grotesken Züge schon bald zur Legende geworden. Erich Mühsam, Kurt Martens und Otto Falckenberg geben die besten und eindringlichsten Schilderungen, besonders vom Ausbruch der Geisteskrankheit bei dem Dichter Heinrich Lautensack (1881-1919), einst Faktotum und Henkersknecht bei den *Elf Scharfrichtern*. Lautensack versuchte mit einem Helfer, die Beerdigung zu filmen, hatte auch ein genaues Exposé entworfen und brach in der Aufregung mit dem Schrei *Frank Wedekind! Dein letzter Schüler – Lautensack!* am offenen Grab zusammen: *Der Wahnsinn war ausgebrochen. Es war die erschütterndste Szene, die ich erlebt habe. Mir brachen die Tränen hervor, daß ich gestützt werden mußte. Lautensack kam einige Tage danach ins Irrenhaus, wo er nur noch wenige Monate lebte* (Erich Mühsam). An der Beerdigung nahm auch der junge Brecht teil, der, wie gesagt, Wedekind in einem Artikel für die Augsburger Zeitung *zu den großen Erziehern des neuen Europa* gezählt hatte.

Ob Lehrer, Erzieher oder eben, wie Thomas Mann befand, *in einer teils senilen, teils puerilen, teils femininen Epoche der einzige Mann* – Frank Wedekind hat wie kein zweiter deutscher Autor seine Epoche mit Humor, Satire und Ironie über die diversen Praktiken erotischer, finanzieller und politischer »Moral« aufgeklärt; er hat die Fenster aufgerissen, durch die wir heute wie selbstverständlich blicken können.

DIE ERSTE ADRESSE DER SATIRE
Rund um den Simplicissimus

DER VERLEGER ALBERT LANGEN UND SEINE MITARBEITER

Um gleich mit dem Ende zu beginnen: Zwischen November 1908 und Mai 1909 sterben in München die *Simplicissimus*-Zeichner Rudolf Wilke (1873-1908) und Ferdinand von Reznicek (1868-1909) sowie ihr Verleger Albert Langen (1869-1909). Ludwig Thoma, am 1. März 1900 in die Redaktion des *Simplicissimus* eingetreten und dort mit dem bereits 1907 verstorbenen Münchener Zeichner Josef Benedikt Engl (1867-1907) der einzige Bayer, läßt 1919 seine *Erinnerungen* mit diesen Todesfällen enden; lange vor 1914 und dem Schwenk der wichtigsten satirischen Stimme der Epoche hin zur Kriegspropaganda ist damit, Thoma sieht das ganz richtig, ein Endpunkt erreicht.

Der Erfolg der Wochenzeitschrift *Simplicissimus* - ihren Namen leitete sie ab von Grimmelshausens satirischem Hauptwerk des Barock *Der abenteuerliche Simplicissimus Teutsch* (1668) – beruhte bis dahin auf mehreren Komponenten, auf seiner freimütigen Kritik an politischen und sozialen Mißständen ebenso wie auf dem Versuch, einen Querschnitt durch die moderne, aktuelle Literatur zu bieten; vor allem aber war es die Kombination brillanter Zeichnungen und Texte, die den *Simplicissimus* bald nach seiner ersten Nummer am 4. April 1896 weit über seine französischen und deutschen Vorbilder wie den *Gil Blas illustré* (nach dem barocken Roman *Histoire de Gil Blas de Santillane,* (1715–1735) des Alain-René Lesage, 1668–1747) oder die *Fliegenden Blätter* heraushob und ihn zur *Hochburg der Karikatur*, zum *größten Karikaturenblatt der Welt* machten, wie der junge Karl

Arnold nach seiner Aufnahme 1907 in den Mitarbeiterstab seinen Eltern stolz verkündete.

Eduard Thöny (1866-1950) aus Südtirol, zwischen 1901 und 1916 wohnhaft in der Franz-Joseph-Straße 18/IV, nahm Aristokraten, Offiziere und Großbürger aufs Korn, zeigte aber auch gesellschaftliche Randgruppen. Hauptsächlich Bettler und Landstreicher machte sich wiederum Rudolf Wilke zum Thema, der seit 1896 an der *Jugend*, seit 1899 am *Simplicissimus* mitarbeitete und von Mai 1901 bis Dezember 1902 bei seinem Kollegen Thöny in der Franz-Joseph-Straße 18/IV wohnte. Aufgrund seiner meisterlichen Linie wird Wilke zu Recht als einer der besten Zeichner der Zeitschrift gerühmt. Wenige Monate nach Wilke starb 1909 Ferdinand Freiherr von Reznicek, der nicht karikierte, sondern auf galanten Blättern jugendlich eleganten Frauen meist kontrastierende Männertypen entgegenstellte. Albert Langen gewährte Reznicek am Ende seines Lebens im Oktober und November 1908 Logis in den Wohnungen Mandlstraße 3a/0 und Kaulbachstraße 91/0. Seine letzte Wohnung war am Habsburgerplatz 3/II. Bruno Paul (1874-1968) profilierte sich sowohl als Karikaturist bestimmter Typen wie als Innenarchitekt von Typenmöbeln (1906); er schaffte danach den Aufstieg zum Leiter der Unterrichtsanstalt am Berliner Kunstgewerbemuseum und zum Professor an der Kunstakademie. Wilhelm Schulz (1865-1952) pflegte mehr das romantische Genre; seine oft von Gedichten begleiteten märchenhaften Zeichnungen wirkten jedoch gerade durch den Mangel an karikierenden Elementen oft um so schärfer. Erwähnt sei noch Erich Schilling (1885-1945), der sich während der zwanziger Jahre zu einem der schärfsten Kritiker besonders der Nationalsozialisten entwickelte, nach 1933 jedoch ganz auf die Seite des ehemaligen Gegners umschwenkte.

Dieser feste Stab wurde noch von hochkarätigen freien Mitarbeitern ergänzt, zu denen anfangs die älteren Künstler Hermann Schlittgen, Käthe Kollwitz und Heinrich Zille ebenso gehörten wie später die jungen George Grosz und Rudolf Schlichter. Dazu schrieben Autoren wie Frank Wedekind, Ludwig Thoma oder Gustav Meyrink satirische Gedichte und Prosa, die, jedenfalls zu Beginn, den Illustrationen und Zeichnungen in nichts nachstanden. Dreh- und Angelpunkt des *Simplicissimus* aber war bis zur Palastrevolte der Mitarbeiter 1906 sein Verleger Albert Langen, der in Antwerpen geborene Sohn einer vermögenden Zuckerbäckerdynastie aus Köln. Nach dem Tod der Mutter (1884) und des Vaters (1890) war Langen als reicher Erbe nach Paris gegangen, um sein Leben in vollen Zügen zu genießen. *Le petit Langène,* wie er bald von tout Paris genannt wurde, geriet dort an den rich-

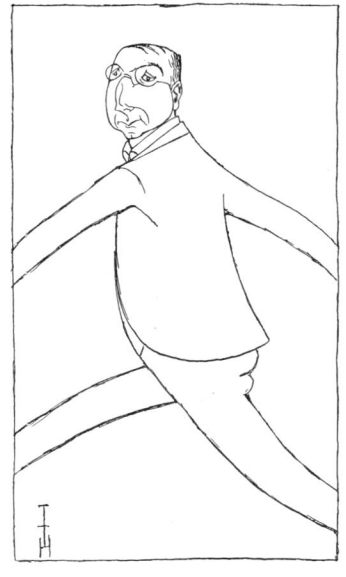

Th. Th. Heine, Albert Langen (1904)

tigen Sachwalter seines Vermögens, den dänischen Maler und Kunstfälscher Willy Grétor, bereits bestens bekannt als wichtiger Freund auch für Frank Wedekind. Mit Grétor führte Langen ein aufwendiges Leben als Dandy und Playboy, ließ sich eine beachtliche Kunstsammlung anlegen (bei deren späterer Versteigerung sich manches gute Stück als gefälscht erwies) und brauchte sich nicht zu wundern, daß er in gleichem Maße ärmer wurde wie Grétor reicher. Das Ritardando dieser Entwicklung bildete Langens Versuch, sich als Künstler zu profilieren; er malte – eine Waldlandschaft der Pariser Zeit hing später, laut

Korfiz Holm, im Münchener Verlag und gefiel weder Holm noch Langen – und schrieb eine Erzählung, die als Schlafmittel wirkte -; bis er die eine zündende Idee hatte zu dem Projekt, das zur Keimzelle des überregional bedeutsamen, ja kosmopolitischen Schwabing werden sollte: des Buch- und Kunstverlags, den er Ende 1893 in Paris gründete.

Sein Ziel war, skandinavische und französische Literatur nach Deutschland zu vermitteln. Langen fühlte sich dazu gut gewappnet: Für die skandinavischen Titel – Willy Grétor vermittelte als erstes Buch Knut Hamsuns *Mysterien* - waren keine Urheberrechte zu bezahlen; und in der französischen Literatur glaubte er durch seine eigenen Erfahrungen in Paris ein sicheres Gespür zu haben. Das waren die Voraussetzungen, abgesehen von dem kleinen Quentchen Glück, das sowohl der Hasardeur als auch das Genie benötigen, um ihr Talent entfalten zu können – und Langen hatte Glück. Mit dem erfolgreichen Erzähler psychologischer Sitten- und Gesellschaftsromane Marcel Prévost (1862-1941) gewann er den Autor für seinen Verlag, der für sicheren hohen Absatz sorgte; am zweitbesten verkauften sich die Bücher des kritisch-realistischen Norwegers Björnstjerne Björnson (1832-1910), den Langen 1894 kennenlernte; zwei Jahre später wurde Björnson Langens Schwiegervater. Für eine internationale Profilierung des Verlags sorgten neben deutschen Autoren wie Hermann Bahr, Otto Julius Bierbaum, Heinrich Mann, Ludwig Thoma und Frank Wedekind besonders Gabriele d'Annunzio, Hendrik Ibsen, Knut Hamsun, Selma Lagerlöf, Anatole France, Guy de Maupassant, Maxim Gorki und Anton Tschechow.

Nach kurzem Aufenthalt in der Buchmetropole Leipzig verlegte Langen Ende August 1895 seinen Verlag in die bayerische Residenzstadt und konnte daher unter der Bezeichnung *Paris – Leipzig – München* firmieren. Langen wohnte zu diesem Zeitpunkt in der Steinsdorfstraße 10/0; die Verlagsräume befanden sich (bis 1897) in der Kaulbachstraße 51a. Am 10. März 1896 heirateten bei einer Doppelhochzeit in München Albert Langen und die neunzehnjährige Dagny Björnson – die, wie ihr Vater sagte, *zarteste Blüte, die unsere Ehe getrieben hat –,* sowie Dagnys Bruder Einar und Langens Schwester Elsbeth. (Am Rande: Aus dieser Ehe ging 1901 die Tochter Dagny hervor, die 1923 Olaf Gulbranssons dritte Frau wurde.)

Einen Monat später, am 4. April 1896, erschien die erste Nummer des *Simplicissimus,* in Konkurrenz zu der bereits am 1. Januar des Jahres im Verlag Georg Hirth aufgelegten *Jugend,* deren Titel, von Max Halbes Erfolgsdrama (1893) abgeleitet, der Epoche des Jugendstil den Namen gab.

Das Ehepaar Langen zog Anfang März 1897 in die Leopoldstraße 7/III und Anfang August in die Schackstraße 4/0, wo auch die neuen Verlagsräume eingerichtet wurden. In Bad Tölz kam am 17. Juni 1897 das erste Kind Arne zur Welt; ihm folgte am 9. Oktober 1898 sein Bruder Björnstjerne Albert. Kurz darauf entzog sich Langen der Anklage wegen eben jener Majestätsbeleidigung durch den *Simplicissimus* Nr. 31 *(Palästina),* die dem Zeichner Th. Th. Heine und dem Dichter Frank Wedekind Gefängnisstrafen einbrachte, durch Flucht mit der Familie ins Ausland.

Über Wien und Zürich ging es in ein viereinhalbjähriges Exil nach Paris, wo das Ehepaar Langen mit seinen zwei Söhnen trotz enormer Schulden ein luxuriöses Hotelleben führte. In dieser Zeit mußte Korfiz Holm als Prokurist aus München umfangreiche, nach Stichpunkten geordnete Briefe schreiben, die den tatenhungrigen Verleger so gut es ging auf dem laufenden hielten. Wie eine Bestätigung des Argwohns von Frank Wedekind, Langen habe die Majestäts-Beleidigung für eine Auflagensteigerung des *Simplicissimus* inszeniert, aber auch als ein kräftiger Durchhalte-Appell an sich selbst lesen sich Langens Worte an seinen Schwiegervater vom 30. Oktober 1898: *Je toller desto besser! Der Simplicissimus kommt seinem nächsten Ziel (die 100.000!) dadurch immer näher. Wenn die in München diese 2. Konfiskation* [auch die folgende Nr. 32 war noch vor Erscheinen wegen eines weiteren

Wedekind-Gedichts beschlagnahmt worden] *nur richtig auszunützen verstehn. Jetzt sollte ich da sein!* Tatsächlich steigerte der Skandal die Auflage um 100% von 26.000 Exemplaren 1898 auf 55.000 im Jahr darauf. Auch wenn es bis zu den ersten 100.000 Exemplaren noch eine Weile dauerte (noch 1904 betrug die Auflage erst 85.000), rührt Albert Langen mit seinen euphorischen Worten an das Geheimnis seines geschäftlichen Erfolges mit dem *Simplicissimus* – an den Zusammenprall eines nicht mehr zeitgemäßen, dafür umso anmaßenderen Herrschaftsdünkels mit einem wendigen kapitalistischen Geschäftsinteresse, das jedes Verbot und jede Anklage in kostenlose Werbung umzumünzen wußte. Erst die argwöhnisch auf »Beleidigungen« und »Vergehen« oder »Verstöße« lauernde Obrigkeit machte den *Simplicissimus* interessant und förderte das Gelächter ebenso wie die Auflagen. Die erbittertsten Gegner des *Simplicissimus* bezahlten und vergoldeten durch ihre Attacken eben jenen Spiegel, worin sie sich als überzeichnete Typen einer Zeitenwende widerwillig erkennen mußten.

Nach seiner Rückkehr im Frühjahr 1903 – Langen hat 20.000 Mark *Bezeigungssumme* zahlen müssen – freut er sich, keinerlei Konzessionen gemacht zu haben oder machen zu müssen; noch am Tage seines ersten Besuchs in der Kaulbachstraße 91, wo sich die Verlagsräume von 1902 bis 1913 befinden, wird ein Heft des *Simplicissimus* wegen einer mißliebigen Titelzeichnung beschlagnahmt: Das Geschäft blüht! In diesem Jahr 1903 erreicht die Politisierung der Zeitschrift zwar ihren Höhepunkt, aber es bahnen sich auch wichtige Veränderungen an, zunächst im privaten Leben Langens. Während seine Frau mit den Kindern in Paris bleibt, geht der Verleger, der für Mitte Juni 1903 im Hotel Leinfelder gemeldet ist, mit der Norwegerin Josefine Rensch fremd; die gebrochene Ehe mit Dagny Björnson wird im Februar 1906 offiziell getrennt, jedoch nicht geschieden.

Im gleichen Monat revoltiert der Mitarbeiterstab des *Simplicissimus* unter Anführung von Thomas Theodor Heine, dem Mann der ersten Stunde, gegen Langens Alleinbesitz; man hat die

Strategie des Unternehmers erkannt und will von dem einträglichen Geschäft profitieren. Am Ende der Revolte steht die Gründung einer Gesellschaft m.b.H. (sie besteht bis 1942), der Anteil am *Simplicissimus* wird zwischen Verleger und Mitarbeitern halbiert. Einen Monat später, im März 1906, kauft Albert Langen für 97.500 Mark in Schwabing die Anwesen Mandlstraße 3 und 3a (heute: Nr. 8). Die Gesellschaft und der Verlag ziehen 1913 nach Neuhausen in die Hubertusstraße 27 (ab 1934: Nr. 4).

Alles andere als enttäuscht oder resigniert wendet sich Langen dennoch vom *Simplicissimus* ab und schmiedet neue Pläne. Er setzt auf eine neue Halbmonatszeitschrift, die, in Erinnerung an die Revolution von 1848, *März* genannt wird und sich besonders für die deutsch-französische Verständigung einsetzen soll. Herausgeber sind anfangs Ludwig Thoma, Hermann Hesse, Albert Langen und Kurt Aram (Hans Fischer), ab 1913 Theodor Heuss. Laut Ankündigung ist das Ziel weiterhin die Konfrontation mit der Reaktion, jedoch viel konkreter als beim *Simplicissimus* soll der *März in dieser Zeit des Übergangs vom persönlichen Regiment zu gesicherten politischen Verhältnissen* Stellung nehmen. Das sind mutige, zukunftsweisende Worte in einer Zeit, in der nationalistische Kreise Langen allen Ernstes vorwerfen, den *Simplicissimus* an den »Erbfeind« Frankreich verkauft zu haben, weil er dort eine Ausgabe mit aufgeklebten Übersetzungen angeboten hatte.

Doch der rastlose Langen wird, buchstäblich aus heiterem Himmel, ein Opfer seiner Umtriebigkeit und Neugier. Als Graf Zeppelin im April 1909 mit seinem Luftschiff vergeblich versucht, auf der Theresienwiese zu landen – ein Zeitzeuge hört ein feierliches Summen vom Himmel wie in Wagners *Parsifal* - fährt ihm Albert Langen als stolzer Besitzer eines Automobils 70 km hinterher. Er kommt gerade noch rechtzeitig zur Landung, aber hat sich bei der Fahrt, wie sich bald herausstellt, eine Mittelohrentzündung zugezogen, die ihn das Leben kostet: Eiter gerät in die Blutbahn, alles geht ganz schnell. Wie Korfiz Holm berichtet, bestellt Albert Langen im Wissen um das nahe Ende sein

Das Wohn- und Sterbehaus von Albert Langen, heute Mandlstraße 8

Haus und sorgt dafür, daß das Geschäft in seinem Sinne weitergeführt wird. Noch am Tag seines Todes, dem 30. April 1909, kommt dementsprechend der Verlagsvertrag mit einem neuen Autor zur Unterschrift. Das Haus in der Mandlstraße wird im Namen der Kinder Langens am 6. April 1910 für 130.000 Mark verkauft; der Käufer ist, laut Meldebogen, ein gewisser Theodor Heuss. An den Verleger erinnert seit 1953 eine Albert-Langen-Straße in München-Pipping.

DREI ZEICHNER

Am Beispiel der drei Zeichner Thomas Theodor Heine, Olaf Gulbransson und Karl Arnold lassen sich Tendenzen und Entwicklungen des Simplicissimus zwischen 1896 und 1933 besonders gut aufzeigen; die drei festen Mitarbeitern garantierten den künstlerischen und den finanziellen Erfolg der Zeitschrift. Dabei wurden Heine und Gulbransson durch ihre Arbeit Hausbesitzer, Karl Arnold bezog eine großzügige Mietwohnung in Neuhausen. Gemeinsam waren allen drei eine solide künstlerische Ausbildung an einer Akademie, Schwabinger Wohnorte und die satirische Zeichnung; verschieden verlief ihr Leben nach 1933.

Thomas Theodor Heine

Wie kein zweiter Künstler steht Thomas Theodor Heine (1867-1948) für den Beginn des Langen-Verlags wie des *Simplicissimus*: In beiden Unternehmen war er von Anfang an dabei. Seine Umschlagzeichnungen und Illustrationen prägten das Erscheinungsbild des Verlags; als Satiriker erfand er das Wappentier des *Simplicissimus,* die rote Bulldogge, die sich zähnefletschend von der Kette losgerissen hat – Modell stand dafür Heines asthmatischer Mops –, und war, wie Olaf Gulbransson später sagte, *die Seele des Blattes*.

Der Sohn eines jüdischen Fabrikanten aus Leipzig beginnt seine Karriere als Satiriker stilgerecht: er fliegt wegen pikanter Zeichnungen von der Schule. Darauf geht er ab 1884 an die Düsseldorfer Kunstakademie und kommt 1887 erstmals nach München. In sieben Wohnungen – unterbrochen von einem Aufenthalt in der Malerkolonie Dachau – ist er bis 1891 immer für kurze Zeit gemeldet. Erst in der Zieblandstraße 16/IV bleibt er von November 1891 bis Ende September 1894 länger wohnen; wechselt dann in die Theresienstraße 148/III und bleibt dort bis ins Jahr 1906. Er richtet sich behaglich mit Biedermeiermöbeln

Olaf Gulbransson, Th. Th. Heine (1904)

ein; sein Mops sitzt auf einem schwarz-grün gestreiften Lehnsessel. Zielstrebig gestaltet er seinen Aufstieg: Im Verlag Albert Langen entwirft er Buchumschläge in der Nachfolge Toulouse-Lautrecs und Aubrey Beardsleys; dem *Simplicissimus* gibt er mit seinen treffsicheren Zeichnungen, zu denen er auch den Text beisteuert, das markante Gesicht; für die *Elf Scharfrichter* entwirft er schlagkräftig werbende Plakate – er hat Erfolg. Dazu kommt die von Heine 1906 angeführte Palastrevolte gegen den Alleinbesitz Albert Langens am *Simplicissimus* und die Gründung der Gesellschaft.

So ist mehr als die Zukunft gesichert: Ende Mai 1906 heiratet er Magdalena Kirsch, und am 22. Juni 1906 zieht das Paar als Eigentümer in das Haus Klugstraße 18 in Gern. Vermutlich aufgrund von Umbauarbeiten ist Heine den Winter über bis zum Juni 1907 in der eigenen Wohnung Amortstraße 2/I gemeldet und kann sich Mitte Juli 1907 endgültig als Hausbesitzer an der Klugstraße 18 (ab 1916: Nr. 58) eintragen lassen. Mit seiner Frau und der Tochter Johanna, die schon 1896 zur Welt kam, lebt Heine in diesem Haus bis zum April 1917, dann zieht die Familie nach Dießen am Ammersee. Das Haus an der Klugstraße wird zunächst noch beibehalten, schließlich aber im Frühjahr 1919 für 20.000 Mark an ein Direktorsehepaar aus Stuttgart verkauft.

Für Heine und sein Verhältnis zum *Simplicissimus* werden die zeitgeschichtlichen Einschnitte von 1914 und 1933 entschei-

Th. Th. Heine mit seiner Frau Magdalena und der Tochter Johanna vor seinem Haus in der Klugstraße 18 (20. September 1906)

dend. Die Zäsur, die schon äußerlich die Rolle des *Simplicissimus* als satirische Opposition zum Kaiserreich beendet, liefert Heine nach Ausbruch des Ersten Weltkriegs noch im August 1914 mit der Zeichnung *Zwei Deutsche,* auf der sich die politischen Gegner Bismarck und Bebel die Hand reichen. Die Zeitschrift hat sich überlebt, fördert politisch zahnlos das billige Feindbildschema plumper Kriegspropaganda.

Erst in den zwanziger Jahren gewinnt der *Simplicissimus* besonders durch den Zeichner Karl Arnold und den Redakteur Hermann Sinsheimer ein neues Profil. Doch nach der Machtübernahme der Nazis 1933 muß Heine aufgrund seiner jüdischen Abstammung emigrieren; seine Flucht führt ihn über Prag, Brünn und Oslo 1942 nach Stockholm. Im Gepäck hat er ein Manuskript, das 1941 in Oslo geschrieben wurde und 1945 unter dem Titel *Ich warte auf Wunder* erscheint. Ausdrücklich weist Heine im Vorwort darauf hin, daß das Buch *keine Selbstbiographie und kein Schlüsselroman* sei. Der Roman ist statt dessen eine durchaus simplicianische Lebensgeschichte, in der wohl Personen und Stationen aus Heines eigener Lebensgeschichte durchschimmern, jedoch übertragen in einen überpersönlichen Lebenslauf, der jedes anekdotische Detail verweigert, gemäß dem Schlußsatz, mit dem er 1926/27 – anläßlich der bevorstehenden großen Retrospektive zum 60. Geburtstag im Münchener Glaspalast – einen knappen anekdotischen Rundumschlag abschließt: *Tragik ist Privatsache*. Heine macht den Ich-Erzähler seines Buches, einen vielfach mit der Politik verstrickten Künstler, wieder zum Typus und reiht ihn so in die Schar derer ein, die er zeitlebens mit der Zeichenfeder vorgeführt hatte. Vielleicht muß der Satz *Tragik ist Privatsache* in sein Gegenteil verkehrt werden: Humor ist Allgemeingut. Da läßt sich in Heines Roman München als Stadt der 5000 Kunstmaler erkennen, bei denen Tarock und Jagd mehr zählen als künstlerisches Talent; da wird der Schlawiner als schwadronierender Literat im Hinterstübchen eines Kramerladens ausgemacht; da scheitern Revolution und Rätezeit an der süddeutschen Mentalität – und durch die Kunstfigur wird mehr sichtbar als durch die Anekdote: Heine bleibt auch als Schriftsteller seinem künstlerischen Prinzip der entlarvenden Typisierung treu. Typisch auch, daß heute keine Tafel und keine Straße in München an Th. Th. Heine erinnern?

Olaf Gulbransson

Im Leben des norwegischen Zeichners Olaf Gulbransson (1873-1958) – Thomas Mann nennt ihn einmal *das humoristische Genie* - spielt Albert Langen eine wichtige Rolle. Aufmerksam gemacht durch seinen Schwiegervater Björnson auf den talentierten jungen Zeichner aus Christiania, dem heutigen Oslo, der schon mit 19 Jahren prägnante Karikaturen vorlegte, holte Langen das außerordentliche Talent 1902 für 200 Mark monatlich als Zeichner an den *Simplicissimus* nach München. In seinen Erinnerungen *Es war einmal* (1934) schreibt Gulbransson, die Stadt sei ihm bei seiner Ankunft im November gleich vertraut vorgekommen: *Hier waren lauter gefrorene Pfützen – wie daheim.* Zu diesem Zeitpunkt ist Gulbransson bereits seit fünf Jahren verheiratet mit Inga Liggeren (1875-1954) und hat zwei Töchter, Liv (1898-1953) und Inga Lisa (1901-1986); zwar kommt seine Frau Anfang 1903 mit den beiden Töchtern ebenfalls

Th. Th. Heine, Olaf Gulbransson (1904)

nach München, doch setzt eine Entfremdung ein, die 1905 zur Scheidung führt.

Als Zweck seines Aufenthalts in München gibt Gulbransson auf seinem Meldebogen *Kunststudium* an; er wohnt zunächst in der Hohenzollernstraße 82/II, ab Februar 1903 in der Barerstraße 40/II, im März in der Ungererstraße 90/II und ab Mai für fast zwei Jahre in der Biedersteinerstraße 11/II. Nach anfänglichen Schwierigkeiten setzt er sich am *Simplicissimus* mit seiner *Galerie berühmter Zeitgenossen* durch, die noch heute überzeugt; 1903 schafft er sein erstes Titelbild – er gehört dazu. Der gewichtige, eher einem Eisbär oder Eskimo ähnelnde Mann mit einem faszinierenden Erfolg bei Frauen, bildet schon zu diesem Zeitpunkt als künstlerischer Naturbursche einen betonten Gegensatz zum Salonleben der Großstadt und ihrer Bewohner. Korfiz Holm erzählt dazu die beispielhafte Geschichte von Gulbranssons Versuchen, in seinem zweiten bayerischen Winter 1903 bei einem Besuch Ludwig Thomas in Finsterwald am Tegernsee seinen literarischen Kollegen Holm, Otto Julius Bierbaum und Franz Blei die Geheimnisse des nordischen Skilaufs beizubringen – Welten prallen hier aufeinander.

Als 1906 die Palastrevolution im *Simplicissimus* ausbricht, versucht Albert Langen, Gulbransson auf seine Seite zu bringen, der damals, so erzählt er selbst, schon bei Langen im Haus Mandlstraße 3a (ab 1956: Nr. 8) wohnte, das Langen kurz danach kaufte: *Den oberen Stock hatte ich, den unteren Langen. Wir waren befreundet und er wollte mich auf seiner Seite haben. Er versprach mir, eine große Summe auf der Bank zu hinterlegen und garantierte mir dreißigtausend Mark im Jahr. Ich sagte, er müßte das begreifen – ich könnte es nicht wegen meiner Kameraden. Ich lehnte seine Anträge ab, und da ich kein Streiter in Worten bin, hatte ich plötzlich einen Stuhl in der Hand und setzte mit dem geschwungenen Stuhl Langen durch das ganze Haus nach – er ist mir entschlüpft und verschwand.* Diese spontane Direktheit wird Gulbranssons Markenzeichen; freilich muß er sich neue Bleiben suchen – Ende Juli zieht er eine Woche in die Kirchenstraße 10/0 und dann in die Ohmstraße 7/0.

Nach der Scheidung von seiner ersten Frau im Juni 1906 heiratet Gulbransson im August die Dichterin Grete Jehly (1882-1934), Tochter eines Kunstmalers aus Vorarlberg. Sie läßt 1914 und 1922 eigene Gedichtbände mit Buchschmuck von Olaf Gulbransson erscheinen; außerdem korrespondiert sie unter anderen mit Rainer Maria Rilke, der ihr ein Gedicht widmet, und mit Leo Tolstoi. Mit ihr bezieht Gulbransson am 25. Oktober 1906 das berühmte *Kefernest* am Schwabinger Bach, das eigene Haus in der Keferstraße 10.

Es ist eine ehemalige Herberge, die Gulbransson kauft, weil auf ihrem Grund sechs heimatlich anmutende Birken stehen, von denen sich bis heute noch eine erhalten hat. Er läßt das Haus nach seinen eigenen Wünschen umbauen und richtet sein Atelier in einer »alten Mühle« ein, die ebenfalls zum Grundstück gehört.

Das Kefernest *(um 1925)*

Damit dürfte der 1766 erbaute Wasserturm gemeint sein, der 1923 zu einem Wohnhaus umgebaut wurde und heute als spitzgiebliger Teil im angrenzenden Gästehaus aufgegangen ist. Das alte, baulich mehrmals veränderte *Kefernest* fiel 1982, trotz massiver Bürgerproteste, der Spitzhacke zum Opfer; doch das neue *Kefernest* hat auch als mondäne Herberge etwas vom Charme des alten bewahrt.

In ihrem Band *Gedichte* (Berlin: S. Fischer 1914) entwirft Grete Gulbransson den Moment der ersten Begegnung:

Unser Haus // Es schläft allein am grünen Bach / Mit dunklem, wettermüdem Dach. // Es weiß nichts von der großen Stadt, / Weil's kleine, schiefe Fenster hat, // Jetzt aber kommen ich und du / Und schieben seinen Riegel zu.

Das Haus, im Juni 1909 auf die Ehefrau überschrieben, wird für die nächsten Jahre eine idyllische Bleibe. Aufgelöst in eine Reihe von Anekdoten, läßt sich noch einiges vom damaligen Treiben im *Kefernest* erinnern.

Ungeniert und unbehelligt kann Gulbransson in Haus und Garten nackt herumlaufen oder sich auf der großen Terrasse sonnen, angetan nur mit einem schmalen Handtuch längs über dem kahlen Schädel, einem *Sonnenspalter*, wie er ihn nennt. Rührend nimmt er sich verwaister Entenküken an und erfährt, lange vor Konrad Lorenz, alle Freuden und Qualen einer Ersatzmutter; nur mit einem Trick, einem weißen Bademantel als Ersatz-Olaf, wird er sie wieder los. Ein anderes Mal rettet er einen kleinen Jungen aus dem Schwabinger Bach.

Eine weitere Anekdote weist mit einem Scherz voraus auf Rainer Maria Rilke, den späteren Nachbarn der Gulbranssons in der Keferstraße 11. Im Frühling 1913 wollte Gulbransson seine Frau dafür entschädigen, daß sie nicht mit ihm in der feuchtfröhlichen Runde seiner *Simplicissimus*-Kollegen sein konnte. Karl Arnold kam auf die Idee, sie gemeinsam zu besuchen und vorher als besonderen Gast Rilke anzukündigen, den Grete Gulbransson, wie schon gehört, besonders schätzte, aber noch nicht persönlich kennengelernt hatte. Kurzum – Karl Arnold übernahm die Rolle Rilkes bei dem Besuch:

Wir stellten ihn vor. Arnold war klein, rein persönlich angezogen, und so absolut kein Lyriker, mit einer harten Torbogenstimme. Es ging alles gut, bloß hat es ihr einen Ruck gegeben, als sie seine Stimme hörte. Die war wie ein Peitschenknall. Grete brachte aus dem Bücherständer Gedichtsammlungen von ihm. Sie wollte, er solle sie signieren. Er schrieb in ›Das Stundenbuch‹ von Rilke: ›Die Ruhe ist so schön – man sollte gar nichts sagen. / Rainer Maria Rilke / 16. Mai 1913‹

Sie fragte etwas weich und unsicher: ›Ja, sind Sie wirklich der Rilke?‹ – ›Gnädige Frau, kennen Sie denn nicht die Fotos von mir in den Zeitungen?‹ – ›Nein, ich kenne nur Ihre Werke.‹ Dann platzte Thoma in Lachen aus, der verzweifelt die Hände vors Gesicht gehalten hatte, und wir brüllten alle. Die verblüffte Grete lachte von Herzen mit. Später kam Rilke, der eine Zeitlang unser Nachbar war, oft herüber, und die Verehrung wurde gegenseitig.

Obwohl 1916 der Sohn Olaf Andreas, genannt Olemann zur Welt kommt, leben sich Gulbransson und seine Frau auseinander. An Weihnachten 1920 lernt Gulbransson Dagny Björnson kennen, die 1901 geborene Tochter aus der Ehe von Einar Björnson mit Elsbeth Langen, der Schwester des Verlegers. Die beiden kommen sich näher; Gulbransson muß schweren Herzens aus dem *Kefernest* ausziehen, nimmt ein Zimmer in der Innenstadt und reicht die Scheidung ein. Am 23. April 1923 ist er, wie er in einem Gedichtbrief jubelt, *frei*, und am 5. Juni 1923, nach dem Polterabend in Bernried, heiraten Olaf Gulbransson und Dagny Björnson in München.

Durch Aufenthalte in Berlin und Norwegen, verbunden mit mehreren Sonderausstellungen, lockern sich in den zwanziger Jahren Gulbranssons Kontakte zum *Simplicissimus*. Erst im Frühjahr 1927 kommen die beiden Gulbranssons wieder nach Bayern, bleiben zunächst im geliebten Bernried, wohin sie schon nach ihrer Hochzeit am liebsten ganz hingezogen wären, und ziehen Anfang Oktober nach München in die Franz-Joseph-Straße 18/0 (Ecke Friedrichstraße), wo vorher schon die Kollegen Eduard Thöny und Rudolf Wilke gewohnt hatten, und seit 1924 (bis 1933) die *Simplicissimus=Verlag G.m.b.H & Co. KG* im zweiten Stock ihre Redaktionsräume hat; Chefredakteur ist zu diesem Zeitpunkt (bis 1929) Hermann Sinsheimer. Doch Gulbransson fühlt sich nicht wohl in der Stadt, er will hinaus, ins Freie.

Ostern 1928 kommen Gulbranssons erstmals zum sogenannten Schererhof am Tegernsee und sehen ein 500 Jahre altes, arg verwahrlostes Anwesen. Nach zwei Jahren können sie den Hof kaufen und mit großem eigenen Einsatz nach ihren Vorstellungen umbauen; von hier ziehen sie nicht mehr weg. Gulbransson ist mittlerweile Professor an der Akademie der bildenden Künste geworden, eine Auszeichnung, die seinen Kollegen Arnold,

Heine und Thöny noch 1927 mit der Begründung, sie seien als Zeichner des *Simplicissimus* nicht genügend staatskonform, verweigert worden war.

Die politische Zäsur Anfang 1933 bringt definitiv das Ende des alten *Simplicissimus*, auch wenn er noch bis 1944 weitererscheint. Th. Th. Heine muß infolge einer Intrige aus der Redaktion und auch aus der Gesellschaft ausscheiden; er emigriert. Olaf Gulbransson unterschreibt sodann, was er später sehr bedauert, neben berühmten Honoratioren wie Hans Knappertsbusch, Hans Pfitzner und Richard Strauss den skandalösen *Protest der Richard-Wagner-Stadt München*, der Thomas Mann zur Emigration zwingt. Die Verweigerung der Unterschrift durch Gulbranssons Kollegen Karl Caspar zeigt, daß auch eine andere Haltung möglich war. Gulbranssons Opportunismus bewahrte ihn jedoch nicht davor, vom *Völkischen Beobachter* am 10. August 1933 mit einem *Nationalen Protest gegen Olaf Gulbransson* bedacht zu werden; Anlaß dafür war eine aus Berlin übernommene Ausstellung zu seinem 60. Geburtstag, die in München am Tag nach der Eröffnung schließen mußte. Dagny Gulbransson bemerkt dazu: *Olaf war zwischen die Mühlsteine geraten.*

Mit dem *Simplicissimus* geht es entsprechend bergab; 1936 übernimmt ihn der mächtige Verlag Knorr & Hirth, Sendlingerstraße 80. Die Gesellschaft wird 1942 aufgelöst, das Blatt 1944 endgültig eingestellt. Seine Wiederbelebung ab 1954 (bis 1967) trug eher peinliche Züge.

Am Ende dieser Epoche steht ein Freundschaftszeugnis, das die künstlerische Qualität Gulbranssons in besonderer Weise dokumentiert und seine zweifelhafte Haltung zu Beginn der Nazizeit hinter einem gnädigen Vorhang verschwinden läßt. In einem Brief zu Gulbranssons 80. Geburtstag Ende Mai 1953 entwirft der Verleger Ernst Rowohlt (1887-1960) anläßlich der eigenen Portraitsitzung auf dem Schererhof ein schönes Portrait des Zeichners bei der Arbeit: *Du wolltest ein Porträt von mir machen. Und das waren nun wirklich köstliche Stunden, wie Du mich immer wieder von allen Seiten mit Deinen listigen Augen betrachtetest, vor Dich hin summtest und mich immer wieder animiertest, Witze und Anekdoten zu erzählen, und wie Dein Gesicht vor Vergnügen immer wieder aufleuchtete. Das alles begleitet von einem fortdauernden Gesumme. Deine Arbeit setztest Du dann in Deinem Wohnraum fort, in dem alle möglichen alten Kostbarkeiten zu finden sind, wie sie nur ein Mensch mit Deinem Geschmack und Deinem Sinn für das Echte zusammentragen konnte.*

Ich war von dem gewaltigen und unwiderstehlichen Fluidum, das von deinem mächtigen Körper, Deinem Summen und Deinen gar nicht leicht zu verstehenden Worten – einem mit norwegischen Brocken durchsetzten Deutsch – ausging, ungeheuerlich fasziniert. Aber wie staunte ich, als ich Dich nun – es war ja das erste Mal – bei Deiner zeichnerischen Arbeit beobachtete und Deine schwere Hand mit der größten Leichtigkeit über das Zeichenpapier hinweghuschen sah! Das unter fröhlichem Summen zusammengesuchte Arbeitsmaterial bestand aus einem Wischer, einem Radiergummi, zwei verschieden kurzen Bleistiftstummeln und etwas Rötelfarbe. Die listigen Blicke, mit denen Du Dein Objekt schmunzelnd und summend betrachtetest, trafen mitten in mein Herz. Ich spürte, daß Du nicht nur ein großer Porträtist bist, sondern beim Zeichnen ein toller Seelen- und Menschenkenner wirst. Fünf Jahre später ist Olaf Gulbransson im 86. Lebensjahr auf dem Schererhof gestorben. In der Parkstadt Solln trägt eine von vielen Straßen mit Künstlernamen seit 1964 auch den von Gulbransson.

Karl Arnold

Wenn innerhalb des *Simplicissimus* eine künstlerische Entwicklung möglich gewesen ist, dann hat sie mit Karl Arnold (1883-1953) ihren Höhepunkt und ihren Abschluß gefunden. Arnold gibt der Zeitschrift in den zwanziger Jahren ihr stilistisch sachliches Gesicht und wird von Thomas Mann 1927 ganz richtig zwischen den humoristischen Gulbransson und den *graphische(n)*

Schriftsteller des Hasses George Grosz eingeordnet; auch der große Maler Max Liebermann befand 1929 in einem Brief an Olaf Gulbransson, Arnold gehe *ganz in Ihren Spuren, ohne Nachahmer zu sein*. Doch Arnolds Talent und meisterhafter Stil der knappen, prägnanten Linie bedarf dieser Abgrenzungen kaum.

Der Sohn eines Puppenfarikanten aus Neustadt bei Coburg (Oberfranken) kommt Mitte April 1901 an die Münchener Akademie und studiert u.a. bei Franz von Stuck neben Wassily Kandinsky, Paul Klee, Hans Purrmann und Albert Weisgerber, mit dem ihn eine enge Freundschaft verbindet. Er lebt sich gut ein, wohnt im ersten Studienjahr in der Theresienstraße 41/I, im zweiten zunächst in der Georgenstraße 50/II, dann drei Jahre lang bis Mai 1905 am Elisabethplatz 1/IV. Erst im Januar dieses Jahres muß sein dortiger langjähriger Hauswirt Vogl dem Vater schreiben, sein Sohn bleibe die Miete schuldig, wahrscheinlich, wie er annimmt, weil der junge Arnold selbst zu viel verleihe. Aber der Kunststudent ist rigoros in allem, was seine Ausbildung angeht; ein gutes Holzschnittmesser schätzt er weit höher ein als ein gutes Essen: *Werkzeug geht vor Fressen!* lautet 1907 seine Devise in einem Brief an den Bruder Max. Sein Ziel ist, der *Jugend* oder gar dem *Simplicissimus* Serien seiner Arbeiten vorlegen zu können – und im Februar 1907 wird sein Fleiß belohnt. Den Eltern schreibt er: *Selbst in meiner schwächsten Stunde habe ich nie recht geträumt, daß ich je für das größte Karikaturenblatt der Welt fähig bin. – Das Geld hat mich aus einer kleinen Klemme herausgerissen – aber das ist nicht alles, das ist nichts. Jetzt bin ich Mitarbeiter vom ›Simpl‹ und das öffnet mir alle Türen. Eine bessere Empfehlung kann ein Illustrator nicht bringen*. Tatsächlich wird Arnold im Jahr darauf auch regelmäßiger Mitarbeiter an der *Jugend*.

In diesen Jahren wechselt Karl Arnold etwa zweimal im Jahr die Wohnung, längere Aufenthalte werden in der Zieblandstraße 1/IV von Januar bis August 1906 und in der Kurfürstenstraße 35/0 von Juni 1906 bis August 1907 angemeldet. Mit seiner Freundin Stina, der Friesin Anne-Dora Volquardsen (1883-

1969), hält er sich 1910/11 in Paris im Bohème-Kreis des legendären Café du Dôme auf, zu dem neben Albert Weisgerber auch Wilhelm Hausenstein (1882-1957) gehört. Der Kunstkritiker und spätere Redakteur der Frankfurter Zeitung, noch später der erste Botschafter der Bundesrepublik Deutschland in Paris, schildert Arnold in dieser Zeit als *eine sonderbare Mischung aus Drolerie, Ernst, Eindringlichkeit*. Arnold weiß, was er kann und was er will.

Ende 1911 heiratet er Stina und zieht mit ihr in die Jakob-Klar-Straße 11/II beim Hohenzollernplatz. Im September 1912 wird ihnen ein Sohn geboren, der jedoch bereits im Oktober 1914 aus Unachtsamkeit des Dienstmädchens zu Tode kommt.

Im Jahr 1913 gehört Karl Arnold zu den Begründern der »Neuen Münchener Secession«. Eingezogen zum Ersten Weltkrieg, arbeitet Arnold als zeichnender Unteroffizier an der *Liller Kriegszeitung*, für die er sehr erfolgreiche Flugblätter fertigt. Der Tod des Freundes Albert Weisgerber — Arnolds letzter Brief an ihn kommt mit dem Vermerk *gefallen fürs Vaterland* zurück — trifft ihn tief. Ein Aufstieg ist 1917 die Aufnahme in die *Simplicissimus*-Gesellschaft; Arnold übernimmt den Anteil des 1909 verstorbenen Ferdinand von Reznicek.

Im Juli 1916 bezieht das Ehepaar Arnold die 6-Zimmer-Wohnung im Haus Amortstraße 1/I in Neuhausen; hier wachsen die drei Söhne Fritz (geb. 1916), Klaus (geb. 1919) und Hans (geb. 1923) auf. Nach dem Krieg entwickelt Karl Arnold die ganze Palette seines Könnens. Sein Wirkungsfeld erstreckt sich nicht nur auf »Schwabing und den Kurfürstendamm«, wie 1953 eine Sammlung von 55 älteren Zeichnungen genannt wird; er fährt auf Einladung zeichnend auch über den Atlantik. Zahlreiche Ausstellungen machen ihn berühmt; neben den Zeichnungen für den *Simplicissimus* arbeitet er für die *Münchner Illustrierte Presse*, erfindet die satirische Figur des Xaver Hintermeier — und kann es verschmerzen, daß der bayerische Kultusminister Goldenberger den Vorschlag der Münchener Akademie der bilden-

Haus Amortstraße 1 (2. März 1912)

den Künste, den *Simplicissimus*-Zeichnern Thöny, Heine und Arnold den Professorentitel zu verleihen, ablehnt. Karl Arnold macht keine Kompromisse: *Ich zeichne nicht nur Portrait, sondern ich zeige die Leute in ihrer Verlogenheit: – ›So seht ihr aus!‹* schreibt er an seine Frau am 1. November 1927 aus Berlin.

Bei einem Vortrag in München-Neuhausen erzählte Arnolds Sohn Hans im Februar 1992 sehr anschaulich, wie Karl Arnold zu Hause nach den einmal wöchentlich stattfindenden Redaktionssitzungen (erst in der nahe gelegenen Hubertustraße 27, ab 1924 in der Friedrichstraße 18/0) seine Federzeichnung – übrigens immer zusammen mit dem Text – anfertigte und danach, mit genauen Farbangaben, dem Boten der Klischeeanstalt Brend' Amour & Simhart mitgab, der oft schon einige Zeit und länger warten mußte, bis die Zeichnung wirklich fertig war, und dabei zu einigen Tassen Kaffee kam. Die Zeichnung wurde dann nach Arnolds Angaben farbig gedruckt; erst wenn sie wieder zurück beim Künstler war, wurde sie aquarelliert und so zum Einzelstück erhoben.

Karl Arnold, der 1923 mit seiner Titelzeichnung *Der Münchner* für den *Simplicissimus* vom 3. Dezember als Reaktion auf den Putschversuch Hitlers vom 9. November die zwei Seelen des bayerischen Gemüts genau benannt hatte, markiert mit zwei Zeichnungen auch das Ende der Weimarer Republik. Am 21. August 1932 erscheint im *Simplicissimus* die Wunschvorstellung von Hitler als trommelndem Adolf Barbarossa im Kyffhäuser – ein Blatt, das, wie Thomas Mann noch am Erscheinungstag an Arnold schrieb, *massenweise unter die Leute gebracht werden (müßte)*; dagegen steht das resignative Titelbild *Zur Verfassung des Deutschen Reiches* vom 12. März 1933 mit dem Verbot der Wahlen (Schloß an der Wahlurne), dem Verbot der Presse (Schloß an der Zeitung) und dem Verbot des freien Wortes (Schloß am Mund des deutschen Michel).

Die geplante Retrospektive im Münchner Kunstverein zum 50. Geburtstag Arnolds wird abgesagt; von Arnold illustrierte Ringelnatz-Gedichtbände werden verboten. Seine letzte illustrative Arbeit ist Karl Valentins *Brilliantfeuerwerk*, das 1938 bei Paul Hugendubel in München erscheint. Auf Betreiben seines einstigen Studienkollegen Heinrich Hoffmann (1885-1957), des Hofphotographen Hitlers in der Schellingstraße 50, wird Karl Arnold im Juli 1939 zum Professor ernannt. Nach dem Kriegsausbruch muß auch er Propagandazeichnungen anfertigen, die er jedoch mehr und mehr zugunsten unpolitischer Zeichnungen reduzieren kann. Im Herbst 1942 erleidet Arnold einen Schlaganfall; im Januar 1945 wird die Wohnung in der Amortstraße 1 ausgebombt. Die Familie zieht danach in die Johann-von-

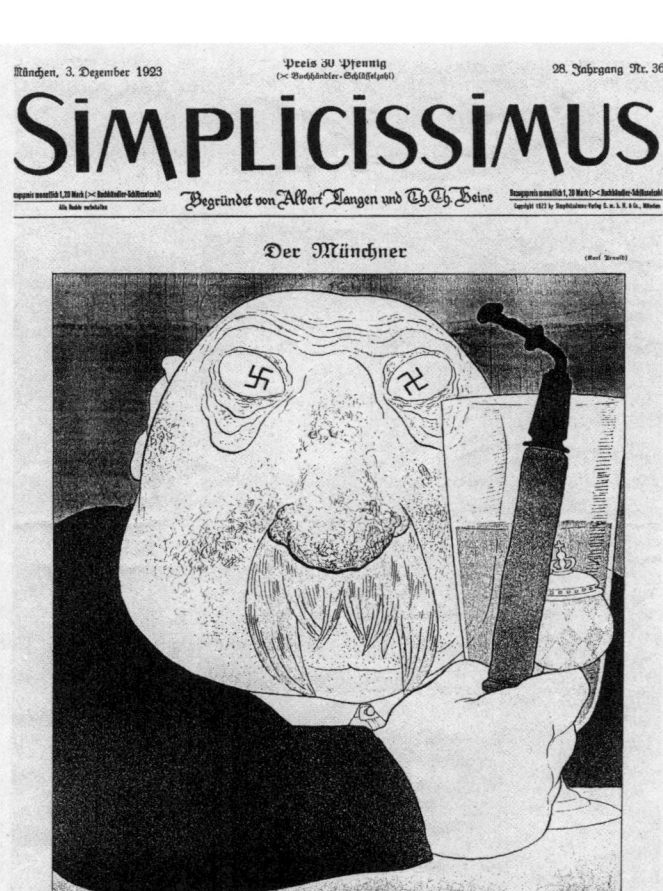

Karl Arnold, Der Münchner. Titelzeichnung und Motto des Simplicissimus *vom 3. Dezember 1923*

Werth-Straße 1/III. Dort ist Karl Arnold, hochgeehrt im Jahr seines 70. Geburtstags, am 29. November 1953 gestorben. Zwischen Englischem Garten und Nordfriedhof erinnert seit 1975 der Karl-Arnold-Weg an den großen Zeichner.

ZWEI AUTOREN

Ebenso wie die Zeichner des *Simplicissimus* können auch die Schriftsteller nur in einer exemplarischen Auswahl vorgestellt werden. Die Wahl fiel auf Ludwig Thoma, der als Realist den bayerischen Ton satirefähig machte, und auf Gustav Meyrink, dessen frühe Satiren und Parodien starke phantastische Elemente enthalten. Ihre Arbeiten bilden so die beiden Pole zwischen denen sich das satirische Wochengeschäft abspielte; zugleich sind sie noch über den Tag hinaus lesenswert geblieben.

Ludwig Thoma

Auf den ersten und auf den zweiten Blick verkörpert Ludwig Thoma (1867-1921), der Sohn eines Oberförsters und Rechtsanwalt mit angemaßtem Doktortitel, alles andere als Bohème, ja geradezu den Gegensatz zu seinen zeichnenden Kollegen beim *Simplicissimus*; dennoch waren es gerade seine politischen Gedichte und seine bodenständige Art, die ihn, wie Korfiz Holm schrieb, *zum wichtigsten und unentbehrlichsten schriftstellerischen Mitarbeiter des ›Simplicissimus‹ (machten), zumal da er auch von Ideen für Zeichnungen der Künstler sprühte.* Holm hörte von Thoma, der bereits erste politische Gedichte in der *Jugend* veröffentlicht hatte, erstmals im Atelier des Zeichners Bruno Paul, als der, anstatt eine überfällige Zeichnung für den nächsten *Simplicissimus* fertigzustellen, mit dem Bucheinband zu den *Agricola*-Erzählungen Thomas beschäftigt war, die 1897 mit Illustrationen von Bruno Paul und Adolf Hölzel erschienen. Holm er-

Olaf Gulbransson. Ludwig Thoma (1904)

kannte schnell, daß da ein vielversprechender Autor für den *Simplicissimus* und für den Langen-Verlag zu gewinnen war.

So kommt Ludwig Thoma im Dezember 1897 erstmals in den Kreis der *Simplicissimus*-Künstler im Café Heck am Hofgarten (Odeonsplatz 6) und hat auch seine erste Begegnung mit dem Verleger Albert Langen in der Schackstraße 4, wobei Thoma, wie er sich erinnert, den Verleger sehr sprunghaft und *allzu smart* fand, während der ihn, wie Thoma vermutet, als *bajuwarisch-bürgerlich* oder *unterwertig süddeutsch* abtat – an eine Zusammenarbeit dachten beide zu diesem Zeitpunkt wohl kaum.

Thoma war Anfang April 1897 von Dachau nach München ins Gartenhaus der Augustenstraße 19/I übersiedelt und hatte seine Anwaltskanzlei am Marienplatz 26/II eröffnet. Doch die Widersprüche zwischen den studierten Gesetzen und der bayerischen Rechtspraxis, die Thoma ausgiebig in Traunstein, Dachau und München kennengelernt hatte; der skandalöse Befund, *wie wenig ein verbeinter Jurist von dem Volke wußte, in dessen Mitte er lebt* (Erinnerungen), verleiden ihm seinen Beruf im gleichen Maß, wie er Land und Leute besser verstehen lernt und Lust bekommt, dieses Leben in Erzählungen zu schildern; er beginnt zu schreiben, und 1897 erscheint als erstes Buch *Agricola*.

Ab 1898 debütiert Thoma auch mit Beiträgen im *Simplicissimus*, behält jedoch vorerst seine Kanzlei bei und legt sie 1899 am Promenadeplatz 17/I mit seiner Wohnung zusammen. Das anfängliche Mißtrauen Langens ihm gegenüber schwindet; aus Paris bietet er Thoma im August 1899 an, ständiger Mitarbeiter des *Simplicissimus* zu werden. Korfiz Holm warnt zwar den Verleger eindringlich vor dem neuen Mitarbeiter, *denn Thoma ist sehr einseitig, Antisemit, Antidreyfusard etc. und will seine Überzeugungen mit großer Starrköpfigkeit durchsetzen. Zudem steht er in seinem literar. Urteil auf dem Standpunkt eines Nachtwächters, erklärt, um nur ein Beispiel zu nennen, alles für Dreck, was ein Frauenzimmer geschrieben hat u.s.w. Ich fürchte, er ist für den ›Simplicissimus‹ gar zu ›krachledern‹* (an Albert Langen, 15.IX.1899). Doch vielleicht gerade deshalb übernimmt Thoma beim *Simplicissimus* das seit Wedekinds Verhaftung verwaiste politische Gedicht unter dem Pseudonym Peter Schlemihl und hat damit großen Erfolg. Das bekannteste, mehr denn je aktuelle Beispiel dafür, bleibt seine *Eröffnungshymne* (1906):

Was ist schwärzer als die Kohle? / Als die Tinte? Als der Ruß? / Schwärzer noch als Rab' und Dohle / Und des Negers Vorderfuß? / Sag mir doch, wer dieses kennt / – Bayerns neues Parlament. // Und wo sind die dicksten Köpfe? / Dicke Köpfe gibt es viel, / Denken wir nur an Geschöpfe / Wie Rhinozeroß' im Nil. / Dick're hat – o Sakrament! / – Bayerns neues Parlament. // Wer ist frömmer als die Taube? / Als die milchgefüllte Kuh? / Als der Kapuzinerglaube / Und das fromme Lamm dazu? / Frömmer ist das Regiment / in dem neuen Parlament. // Und was ist das Allerdümmste? / Schon noch dümmer als wie dumm? / Sagt mir gleich das Allerschlimmste, / Aber ratet nicht herum! / Sag' mir endlich, wer es kennt! / Himmelherrgottsakrament!

Thoma wagt den Absprung – seine Kanzlei, mittlerweile in der Kaufingerstraße 36/II, verkauft er Mitte September 1899 und verlegt sich ganz aufs Schreiben: *Ich selber mietete ein paar unmöblierte Zimmer in der Lerchenfeldstraße* [5/II] *und war nun auf wenig gestellt, aber frei wie ein Vogel, und wohl nie mehr habe ich mich so glücklich gefühlt, wie in jenen ersten Wochen, als ich eifrig an meinem Lustspiele schrieb, an keine Zeit und keine Pflicht gebunden war und mir auf Spaziergängen im englischen Garten ausmalte, wie unbändig schön es erst nach einem Erfolge werden würde* (Erinnerungen). Doch das Stück *Witwen* erweist sich als zu dürftig; statt dessen übernimmt Thoma ab März 1900 zusammen mit Dr. Reinhold Geheeb (1872-1939) die Redaktion des *Simplicissimus*; er vertreibt dort Korfiz Holm von seinem Posten.

Es beginnt die von Thoma später wehmütig erinnerte Zeit der *freien Art*, des ungegängelten, kollegialen Kampfes gegen die stupide Reaktion in allen Erscheinungsformen. Thoma taucht ganz ein in die künstlerische Welt. Noch bevor er im Sommer 1901 sein Erfolgsstück *Die Lokalbahn* (UA München 1902) zu schreiben beginnt, entschließt er sich zur Mitarbeit als Textdichter an Ernst von Wolzogens Kabarett *Überbrettl* in Berlin, wo zudem Ende November seine Komödie *Medaille* und Anfang Dezember 1901 seine *Protestversammlung* Premiere haben. In Paris besucht er im April 1902 zusammen mit Albert Langen berühmte Künstler, unter denen ihn besonders der Bildhauer Auguste Rodin beeindruckt. Wieder in München, zieht er in die Pension Finckh, Barerstraße 38, und bandelt mit der Tochter der Pensionswirtin an. Den naturverbundenen Langstreckenradler führen große Touren 1901 mit Eduard Thöny und dem von Thoma hochgeschätzten Rudolf Wilke erst nach Bonn, 1904 sogar bis nach Marseille, Tunis und Italien.

Seit dem Sommer 1902 lebt Thoma mit seiner Schwester Bertha, den Brüdern Max und Peter sowie der alten Haushälterin Viktor Pröbstl in Finsterwald bei Gmund am Tegernsee auf dem Hof des Six-Bauern; hier lernt er die Gegend kennen, in der er sich 1908 mit dem Bau eines eigenen Hauses bei Rottach ganz ansiedeln wird. Großen Erfolg hat die Mitte August beendete Komödie *Die Lokalbahn*, die *Satire auf die politische Charakterlosigkeit unseres Bürgertums sowie auf die Phrasendrescherei* (an Albert Langen, 29.X.1901), die im Oktober 1902 in München und Stuttgart und Ende Januar 1903 an der Wiener Hofburg Premiere hat.

Thoma ist jetzt ganz auf Erfolgskurs. Im Frühjahr 1903 beginnt er seinen ersten Roman *Andreas Vöst* (1905/1906) nach einem authentischen Fall, den er selbst verhandelt hatte. Thema ist der verlorene Kampf eines Bauern gegen die Zentrumspolitik eines völlig korrumpierten Klerus; zugleich wird gezeigt, wie sehr religiöse Sitten und Bräuche geschriebenes Recht überwiegen. Zwischendurch schreibt Thoma in Finsterwald seine berühmten *Lausbubengeschichten* (1905), die, von Olaf Gulbransson illustriert, mit *Tante Frieda. Neue Lausbubengeschichten* (1907) ihre Fortsetzung finden und zum populärsten Buch Thomas werden; die Streiche gegen Heuchelei und Doppelmoral gehören zur gleichen Kritik am wilhelminischen Schulsystem, wie sie auch bei Heinrich Mann und Hermann Hesse zu finden ist.

Den politischen Gedichten Thomas in der Nachfolge Wedekinds fehlte jetzt nur noch ein Prozeß. Thoma bekommt ihn für sein Gedicht *An die Sittlichkeitsprediger in Köln am Rheine* vom März 1905, anläßlich einer evangelischen Konferenz, die gegen *unsittliche Literatur* vorgehen wollte. Die Strafanzeige erhält Thoma in München, Franz-Joseph-Straße 9/II, wo ihm seine Schwester Bertha den Haushalt führt. Im ersten Prozeß vom Juni 1905 – er findet in Stuttgart statt, wohin der Druckort des *Simplicissimus* nach dem Skandal von 1898 verlegt worden war – wird Thoma zu sechs Wochen Haft verurteilt, die er, nach der verworfenen Revision, im Oktober und November 1906 in Stadelheim absitzt; dort nutzt er die Zeit für ein Tagebuch, schreibt erste Beiträge für die neue Zeitschrift *März* und konzipiert vor allem seine Komödie *Moral*, die insgeheim auch eine Rechtfertigung seines unkonventionellen Verhältnisses mit seiner späteren Frau Marion darstellt.

Albert Langen hatte die Tänzerin Marietta di Rigardo auf das Fest zum Abschluß des *Andreas Vöst* Anfang Mai 1905 in Thomas Wohnung mitgebracht. Marietta, mit bürgerlichem Namen Maria Schulz, geboren 1880 auf den Philippinen als Maria Trinidad de la Rosa (gestorben als Marion Thoma 1966), war zu diesem Zeitpunkt verheiratet mit dem Berliner Schriftsteller und Komponisten Georg David Schulz (1865-1910) und trat auch in dessen Kabarett *Poetenbänkel* auf. In Liebe entflammt, setzt Thoma alles daran, die Frau zu sich zu holen; er scheut sich nicht, sie buchstäblich aus Berlin zu entführen und dem Ehemann 15.000 Mark anzubieten, um die Scheidung einleiten zu können. Ab Ende September 1905 wohnt das Paar in der Leopoldstraße 71/0, dann kauft Thoma den Grund für sein Haus bei Rottach. Schließlich heiratet er seine Marion am 26. März 1907 und zieht mit ihr Anfang April in das neue Haus auf die »Tuften« bei Rottach am Tegernsee.

In dieser Zeit des Erfolgs und des Glücks läßt Thoma seinen ersten der berühmten Filser-Briefe im *Simplicissimus* erscheinen, Briefe, die in bayerischer Lautschrift am Beispiel eines naiv-verschlagenen Landtagsabgeordneten eine genaue Schilderung der zeitpolitischen Verhältnisse geben; wieder geht es gegen das Zentrum und die Kirche. Dieser *Briefwechsel eines bayerischen Landtagsabgeordneten* (1909) und seine Fortsetzung *Jozef Filsers Briefwexel* (1912) sind Thomas noch heute kopierte Meisterstücke politischer Satire. Mit ihnen ist er auf dem Höhepunkt seines Wirkens – da fallen die Schicksalsschläge wie dramatisch inszeniert über ihn herein.

Sein bester Freund Rudolf Wilke, unentbehrlich als kritischer Berater seiner Stücke, stirbt mit 34 Jahren in Braunschweig; kurz darauf sterben auch Albert Langen und Ferdinand von Reznicek. Ein Jahr später erfährt Thoma vom Ehebruch seiner Frau; er trennt sich von ihr, nachdem Ludwig Ganghofer seinem Freund ein Duell mit dem Nebenbuhler ausreden konnte. Die Zeit der *freien Art*, des Erfolgs und des Glücks, so Thoma selbst in seinen Erinnerungen, ist zu Ende; was noch kam, *war Arbeit und Ernte, kein Kampf mehr ums Werden*. Was noch kam, war sein Bauernroman *Der Wittiber* (1911) vor dem Hintergrund seiner gescheiterten Ehe; war vor allem sein großes Volksstück *Maria Magdalena* (UA Berlin 1912); was aber auch kam, war der Erste

Weltkrieg mit dem Schwenk des *Simplicissimus* zu prononciertem Feindbilddenken unter den Parolen Heimat und Vaterland – der kosmopolitische Anspruch Albert Langens war nur noch Makulatur.

Nach Sanitätseinsätzen an der West- und der Ostfront kommt Thoma 1915 krank nach Hause; literarisch zieht er sich in die Gegenwelt der Weihnachtslegende zurück und schreibt die in oberbayerischer Mundart gehaltene *Heilige Nacht* (1917); außerdem beginnt er seine *Erinnerungen* (1919). Politisch wird er immer reaktionärer und streitet sich mit den demokratisch gesonnenen Redakteuren des *Simplicissimus*, die sich von seinen Anschauungen distanzieren. Mitte 1917 tritt er der Deutschen Vaterlandspartei bei; seinen Schritt rechtfertigt er später als Reaktion gegen *die sinnlose Zerstörung* einer Welt, die er in seinen dem bäuerlichen Leben gewidmeten Werken geschildert habe.

Ein Wiedersehen im August 1918 mit Maria (Maidi) von Liebermann (1884-1971) entzündet noch einmal eine große Liebe, die jedoch nicht zu der von Thoma innig gewünschten Ehe führt. Schließlich schreibt er zwischen Juli 1920 und August 1921 seine folgenschweren anonymen, haßerfüllten antipreußischen, vor allem aber antisemitischen Hetzartikel im *Miesbacher Anzeiger*. Ausgelöst von diesem Engagement wird Anfang 1921 Thomas letzter Roman *Der Ruepp* (1922), worin der Hof eines Meineidbauern zum Symbol für das verkommene Deutschland steht. Kurt Tucholsky (1890-1935), dem die Angriffe im *Miesbacher Anzeiger* ebenso persönlich gelten wie seiner Zeitschrift *Die Weltbühne* allgemein, hatte sich schon vorher durch die in seinen Augen spießigen *Erinnerungen* von seinem einstigen Vorbild, das er 1912 als *satirisches Genie* gefeiert hatte, enttäuscht abgewandt; 1921 kommentiert er lapidar in einem Artikel, der die *Fratzen von Grosz* als Zeichen der neuen Satire begrüßt:

Lang, lang ists her. Der ›Simplicissimus‹ ist tot, Thoma lebt in der Nähe ländlicher Sauställe, und ein Witzblatt von Gesinnung haben wir nicht mehr.

Ludwig Thoma, der große alte, biestig verbitterte Mann der deutschen politischen Satire, stirbt am 26. August 1921 in seinem Haus an Magenkrebs. Eine Ludwig-Thoma-Straße gibt es seit 1947 in Pasing und dazu in weiteren sechs Münchener Vororten; eine Andreas-Vöst-Straße (1938) verläuft am heutigen Westpark. An Kurt Tucholsky, dessen Witwe Mary Gerold-Tucholsky nach dem Zweiten Weltkrieg unter schwierigsten Bedingungen in Rottach-Egern das Kurt-Tucholsky-Archiv aufbaute, erinnert die Tucholskystraße in Neuperlach.

Gustav Meyrink

Mit sicherem Gespür für Qualität hat Ludwig Thoma 1901 für das literarische Debüt von Gustav Meyrink (1868-1932), dem Dichter des Welterfolgs *Der Golem* (1915) gesorgt. Beim gelangweilten Stochern im Papierkorb der *Simplicissimus*-Redaktion sei er, so Meyrinks Freund Friedrich Alfred Schmid Noerr (1877-1969) in Variation einer früheren Anekdote von Roda Roda, auf das Manuskript *Der heiße Soldat* gestoßen, das sein Kollege Reinhold Geheeb als Produkt eines Wahnsinnigen dort hineingestopft hatte. Thoma nahm die Blätter, las sie durch und war überzeugt: *Wahnsinnig? Vielleicht. Aber ein Genie.* Die Satire auf die ins Absurde erweiterte Phrase von der Hitze des Gefechts bzw. der glühenden Begeisterung – der rotglühende Soldat überfordert alle Thermometer – erschien als erste Veröffentlichung Meyrinks überhaupt am 29. Oktober 1901 im *Simplicissimus*. Meyrink avancierte in der Folge zu einem festen Mitarbeiter der Zeitschrift und wurde bald auch Autor des Verlags: Im April 1903 erschien in der Reihe *Kleine Bibliothek Langen* als Nr. 63 sein erstes Buch ebenfalls unter dem Titel *Der heiße Soldat*.

Thoma mochte in der Erzählung aus dem Papierkorb eine Affinität zu den eigenen Satiren gespürt haben; was für ihn die Justiz in ihrer weltabgewandten Ignoranz verkörperte, das fand er hier bei Meyrinks Ärzten, die ewig konstatieren und debattieren, aber nicht helfen. Die Entlarvung vorgeblicher Autoritäten ging mit einem treffsicheren Stilgefühl einher – die besten Bedingungen für eine Mitarbeit am *Simplicissimus*. Doch Meyrinks Doppeltalent als Satiriker und Mystiker ließ ihn bald seine sehr eigenen Wege gehen.

Geboren wurde Meyrink 1868 in einem Wiener Hotelzimmer als unehelicher Sohn des württembergischen Staatsministers (und übrigens mehrfachen Gastes im Wittelsbacher Jagdhaus auf der Vorderriß, dem Elternhaus Ludwig Thomas) Karl Freiherr Varn-

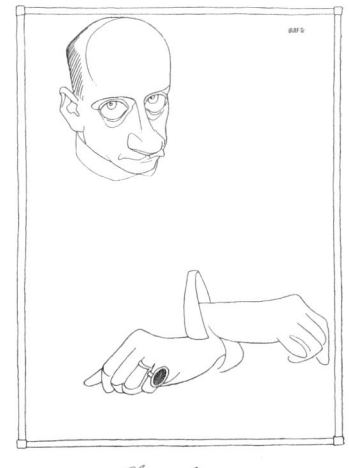

Olaf Gulbransson, Gustav Meyrink (1904)

büler von und zu Hemmingen und der Hofschauspielerin Maria Meyer. Nach Schulbesuchen in München (wo er über seine Mutter zeitlebens ein Heimatrecht besaß), Hamburg und Prag wurde der junge Gustav Meyer zum Bankier ausgebildet und eröffnete 1889 mit einem Neffen des Dichters Christian Morgenstern in Prag das Bankhaus »Meyer und Morgenstern«. Beargwöhnt wurden jedoch schon bald seine vielfältigen Interessen; er ruderte in einem Club, experimentierte aber auch mit Drogen und mit parapsychologischen Erscheinungen; dazu schloß er sich mehreren okkulten Orden und Bruderschaften an. Mißgönnt wurde ihm auch die gesellschaftliche Etablierung durch die mit Hedwig Ertel geschlossene Ehe (sie wurde 1905 geschieden). Schließlich verleumdete man den jungen Bankier, er habe mit Hilfe seiner Experimente Kunden betrogen – und obwohl er nach einer zweimonatigen Untersuchungshaft vollständig rehabilitiert wurde, sah er seine Existenzgrundlage in Prag zerstört und ging 1904 nach Wien. Im gleichen Jahr erschien bei Langen sein zweiter Sammelband *Orchideen*.

Mittlerweile nannte sich der nicht mehr ganz junge Autor nach seinem Schriftstellernamen Gustav Meyrink – der Name wurde 1917 offiziell anerkannt – und redigierte in Wien mit etwas zu großem finanziellen Aufwand den *Simplicissimus*-Ableger *Der liebe Augustin*. Die hohen Honorare der Zeitschrift für Autoren wie Frank Wedekind und August Strindberg führten bald zum Ruin. Meyrink mußte zwar aufgeben, stellte über die Zeitschrift aber immerhin wichtige Kontakte her, so besonders zu Oskar Kokoschka, der ein leider verschollenes Portrait von Meyrink anfertigte, und zu Alfred Kubin, mit dem Meyrink eine lebenslange Freundschaft verband.

Schon die erste persönliche Begegnung mit Kubin erweist sich für beide als sehr fruchtbar. Ende Februar 1905 besprechen sie in Wien ein Buch, das Kubin illustrieren soll. In einem Brief an seine Frau vom 12. März 1905 beschreibt Kubin kurz diesen, wie er ihn nennt *philosophisch-phantastischen Roman* – und gibt damit die erste bekannte Skizze des *Golem*:

(...) er wird ganz außerordentlich originell, die Hauptperson, ein leidenschaftlicher Grübler, hat es erlernt ja mit einer Körperhälfte zu schlafen, schließlich reduziert er seinen Schlaf auf 1/4 des Körpers um endlich und in der Morgenfrühe einen Schlafpunkt zu haben, – der merkwürdige Mann erlebt nun die seltsamsten ›Träume‹ genau so intensiv als sein wahres Leben, – und empfängt von außerirdischen starken Intelligenzen ganz geheimnisvolle Offenbarungen (Städtische Galerie im Lenbachhaus, München, Kubin-Archiv).

Dieses früheste bekannte Konzept des *Golem*, worin deutlich die experimentellen Interessen seines Autors sichtbar werden, ergänzt Kubin durch zwei Portraitskizzen Meyrinks, die er seiner Frau am 16. März 1905 so beschreibt: *Du frägst wie Meyrink aussieht, sehr aristokratisch, dünnknochig, von meiner Figur aber ganz graues Haar, ich dachte ihn mir 10 Jahre jünger. Augen wie ein Geisterseher, hie und da aber hat er einen gemeinen verschlagenen Ausdruck. – auf jedenfall geistig hochbedeutend ein bischen Abenteuerlich schwindlerisch* (ebd.). Dementsprechend wird das Buch auch nicht, wie geplant, im folgenden Mai, sondern erst über zehn Jahre später fertig; Kubin selbst verwendet in der Zwischenzeit auch *Golem*-Illustrationen für seinen eigenen Roman *Die andere Seite* (1909).

Nach dem Debakel mit dem *Lieben Augustin* nimmt Meyrink seinen Abschied von Wien, heiratet am 8. Mai 1905 in Dover Philomena Bernt (1873-1968), die Tochter eines Bankdirektors aus Prag, und geht mit ihr für mehr als ein Jahr in die Schweiz. Dort kommt in der Nähe von Montreux am 16. Juli 1906 die Tochter Sybilla Felizitas zur Welt. Anschließend siedelt die Familie nach München über; am 8. November 1906 ist sie in der Rückertstraße 7/0 an der Theresienwiese gemeldet.

Meyrink hat dort als freier Schriftsteller unterschiedlichen Erfolg; seinen gefragten Satiren und Parodien stehen mit etwas kläglicher Resonanz vier Theaterstücke gegenüber, die er mit seinem *Simplicissimus*-Kollegen Alexander Roda Roda (1872–1945) verfaßt. Seine besondere Stärke bleibt auch vorerst die Satire.

Doch schon 1907 sind in dem Kapitel *Der heimliche Kaiser* für einen Roman von 12 Autoren (veröffentlicht 1917) neben einer brillanten Passage über München als *Kunststadt mit Hirschhornknöpfen* bereits auch die anderen Töne Meyrinks zu hören, die er als Ausdruck eines tieferen Anliegens ebenfalls beherrschte. In dieser Geschichte eines Sohnes auf der Suche nach seinem Vater kommt gleich zu Beginn die Rede auf das *kunstvollste Gefüge des Planeten (...), das die Natur in Milliarden Jahren aus der Turba der Lebenskeime durch die Retorte des Stoffes sublimiert, das unabhängig freie ›Ich-bewußtsein‹*. Dazu paßt ein Motto von Agrippa von Nettesheim, das Meyrink 1928 am Ende seines Aufsatzes *Magie im Tiefschlaf* ausdrücklich zum Leitstern seines Lebens erklärt:

›*Nicht Gestirn noch Unterwelt: in uns allein der Geist ist's, der alles bewirkt.*‹

Daher ist es auch verfehlt, Meyrink einfach als Phantasten und Okkultisten abzutun; ihm ging es mehr um die Grenzerfahrungen des eigenen Bewußtseins. Vehement wandte er sich daher gegen Astrologie und Spiritismus, weil sie, wie er in einem Interview bekannte, ebenso wie *das Phantom Gott* nur den einzigen entscheidenden Weg verstellten: *den Weg zu uns selbst.*

Im Januar 1908 kommt in München der Sohn Harro Fortunat zur Welt; Ende des gleichen Jahres zieht die Familie nach Schwabing in die Beichstraße 9/0 (heute Neubau). Meyrink kann zu dieser Zeit noch nicht von seinen Büchern leben, im Gegenteil; er muß Auftragsarbeiten wie die Übersetzung der Werke von Charles Dickens übernehmen. Dabei geht er mit der Vorlage offenbar etwas eigenmächtig um, denn vermutlich Mitte Dezember 1910 muß er dem Verlag Langen gegenüber erklären, warum er bei seiner Übersetzung der *Pickwickier* so viele Passagen weggelassen habe, daß ein Kunde das Buch seinem Händler wieder zurückbrachte.

Kurz darauf, am 1. April 1911, siedelt die Familie nach Starnberg über; der passionierte Ruderer und Segler Meyrink hatte hier ein Boot liegen. Als Krönung und Abschluß seines satirischen Werks erscheinen 1913 die drei Bände *Des deutschen Spießers Wunderhorn.* Danach verlegt Meyrink den Schwerpunkt seiner Produktion auf die magisch-mystischen Romane, die im *Golem* 1915 gleich ihr nie wieder erreichtes Hauptwerk finden. Der auf mehreren Bewußtseinsebenen – einschließlich der des Lesers – spielende Roman vom Lehmmenschen im alten Prager Ghetto mit dem Leben verleihenden Zettel hinter den Zähnen erscheint endlich im Oktober 1915. Ihm folgt die Sammlung *Fledermäuse* (1916) und der in Amsterdam spielende okkulte Roman *Das grüne Gesicht* (1916). An der *Walpurgisnacht* (1917) kritisierte Rainer Maria Rilke die Mischung von Geheimwissen und Journalismus.

Nach seinem ersten Erfolg konnte sich Meyrink 1918 in Starnberg ein Haus an der Seepromenade 7 kaufen. Er nannte es, nach einem Haus im *Golem,* sein *Haus zur letzten Latern;* 1929 wurde es verkauft und später abgerissen. Wasserburg am Inn ist der Schauplatz für den Roman *Der weiße Dominikaner* (1921). Seinen letzten Roman, *Der Engel vom westlichen Fenster* (1927) schreibt Meyrink jedoch nicht mehr selbst; Verfasser der Arbeit ist, laut erhaltenem Arbeitsvertrag, Meyrinks Freund Friedrich Alfred Schmid Noerr, der Privatdozent und Mythologe in Percha bei Starnberg.

Diese Entscheidung ist weniger eine Verlegenheit aus Krankheitsgründen, die Meyrinks Entscheidung vorrangig prägen. Sie entspricht vielmehr in letzter, äußerster Konsequenz dem spirituellen Verhältnis zur Literatur bei Meyrink, wie es sich etwa in *Der weiße Dominikaner* (1921) äußert, wo sich der Held, der junge Laternenanzünder Christopher Taubenschlag, ausdrücklich den Autor als Erzähler für seine Geschichte sucht. Doch die schon von Kubin beobachtete Verschlagenheit Meyrinks darf gerade in diesem Fall nicht vergessen werden.

Tauschen von Bewußtseinsebenen – seinen Interessen und Themen entspricht auch Meyrinks immer größere Distanz zur literarisch-künstlerischen Szene in München. Schon während des Krieges fährt er nur hin und wieder in die Stadt und trifft sich im Café Luitpold mit Kollegen wie Heinrich Mann und Erich Mühsam. Einer Feier zu seinem 50. Geburtstag im Münchner Künstlerhaus steht er 1918 reserviert gegenüber. Zum 60. Geburtstag 1928 faßt *Der Zwiebelfisch* entsprechend zusammen: *Am Ufer des Starnberger Sees, im Haus zur letzten Latern, umschließen ihn die engen Mauern seiner eigenen äußeren Lebensbegrenzung, hinter denen sich das unendliche Leben seiner geistigen Welt auswirkt, innerhalb zeitlicher Meilensteine, die die Jahrtausende anzeigen wie Kilometerzahlen auf einer großen Landstraße.*

Die Wirklichkeit ist konkreter, aber auch trauriger: Meyrinks Sohn Harro wählt 1932 nach einem schweren Skiunfall, der zur

Lähmung seiner Beine führte, den Freitod. Der Schmerz darüber leitet Meyrink zu einem Erlebnis, das ihn zugleich seinen Sohn wiederfinden und den Tod als Faktum überwinden läßt. In einem Brief beschreibt er, wie dabei auch seine alte Seinsbestimmung bestätigt wird: *Es gibt in Wahrheit keinen Raum und keine Entfernung, so was ist nur Suggestion und irdische Blindheit. Die Toten sind genau da, wo wir sind, es sind nur ihre Schwingungen, die nicht gleich sind, wie wir – und deshalb glauben wir, wir seien räumlich getrennt. Wenn die Schwingungen die gleichen werden, sind wir vereint* (an Oldrich Neubert, 25. VII. 1932).

Noch im gleichen Jahr erlebt er das eigene Sterben ganz bewußt, am Morgen des 4. Dezember 1932 im Haus Wilhelmshöhenstraße 9 mit freiem Oberkörper und dem Blick auf den Sonnenaufgang über dem Starnberger See. Auf seinem Grabstein im Starnberger Friedhof an der Hanfelder Straße, wo er mit seiner Frau und seinem Sohn bestattet ist – die Tochter liegt in einem Grab gegenüber –, stehen auf einer Bronzetafel die Buchstaben VIVO – ich lebe. Seit 1947 erinnert die Gustav-Meyrink-Straße in München-Pipping an den Schriftsteller.

Eine Wirtin und ihr Hausdichter

Kathi Kobus, die Künstlerkneipe Simplicissimus und Joachim Ringelnatz

Ein Pegasus landet in der Türkenstraße 57. Auf ihm sitzt ein junger Matrose aus Sachsen, der ein langes Gedicht aufsagen will. In Sorge um ihre Ohren, bringt die Wirtin vom *Simplicissimus* einen mächtigen Humpen Pfälzer Weins; den trinkt der Dichter und – windet sich in Krämpfen. Dann kämpfen die beiden, schließen aber bald einen Friedenskontrakt:

Er sollte, wie es gerade trifft, / Für ihren Hausbedarf dichten / Und sollte dafür als Gegengift / Möglichst viele Pfälzer vernichten.

So stilisiert das Gedicht *Wie die Kathi zu ihrem Hausdichter kam* in einem Werbeheft der Künstlerkneipe *Simplicissimus* 1909 die näheren Umstände einer folgenreichen Begegnung. Die Kontrahenten sind ein gewisser Hans Bötticher (1883-1934), Sohn eines Schriftstellers und Musterzeichners aus Wurzen in Sachsen, erfahrener Matrose und Kaufmann, aber besser bekannt unter dem Namen Joachim Ringelnatz (den er sich 1919 nach dem Matrosenwort »Ringelnass« für das Seepferdchen gab), und die Weinwirtin Kathi Kobus (1854-1929) aus Traunstein, die seit 1903 die »Wein=Kaffee= und Flaschenbier-Wirtschaft« in der Türkenstraße 57 unter dem Namen der erfolgreichen Satirezeitschrift leitete. In einer vielgerühmten Atmosphäre aus Enge, schlechter Luft, vielen Bildern an der Wand, Musik, Tanz und rezitierten Gedichten hatte hier, im Universitäts- und Akademieviertel der Maxvorstadt, die Schwabinger Bohème bei einer ebenso resoluten wie souveränen Wirtin ihren zentralen Treff-

Titel der Werbeschrift von 1909.

punkt; hier deklamierten Frank Wedekind, Erich Mühsam und Ludwig Scharf ihre Verse ebenso wie solche Gäste, die sich was trauten. Für den jungen Matrosen aus Sachsen war das Lokal der Ersatz einer ganzen Dichterschule oder Universität; in seiner ersten Zeit entwickelte er dort aus einem poetischen Talent den selbstbewußten Ton eines Dichters oder besser Gegen-Dichters, der seine Gedichte 1912 *Stumpfsinn in Versen* nannte. Seine Themen waren Unscheinbarkeiten wie Ameisen, eine Badewanne, ein Bumerang oder seine Schuhsohlen; doch die Gedichte entwickeln daraus Lebensmomente von einiger Dauer.

Nach einigem orientierungslosen Irren ist Ringelnatz 1908 zu einem Freund nach München gezogen, wo er eine Bleibe und Arbeit suchte. Im August findet er beides, eine Wohnung am Weißenburger Platz 5/II, dritter Aufgang, und eine Stelle als Buchhalter und Korrespondent im Reisebüro Bierschenk am Karlsplatz. Mit seinen Gedanken ist er aber ganz woanders; er schreibt satirische Verse und träumt von einem Leben als Künstler; Herr Bierschenk hat keine große Freude an seinem Buchhalter und kündigt ihm zum März des nächsten Jahres.

Zum Ausgleich streunt der junge Ringelnatz mit Freunden durch Bars und Kneipen. *An einem anderen Nachmittag schlenderten wir durch die Türkenstraße. Da lasen wir ein gelbes Plakat an der Tür eines Restaurants: ›Simplicissimus-Künstlerkneipe‹, illustriert durch einen roten Hund, der eine Sektflasche zu entkorken suchte. Künstler-*

kneipe! Künstlerleben! Das war es ja, was wir ersehnten. Wir wagten uns hinein. Sie kommen zwar viel zu früh, erleben aber am Abend die Enge, die Wände voller Bilder, die *Wirtin in Bauerntracht*, die alle duzt, die Kapelle und ein im Saal verteiltes *Simplicissimus-Lied* auf das Etablissement, verfaßt von Freiherr Peter von der Osten-Sacken (1887-1936). Am nächsten Abend tritt Erich Mühsam auf und trägt sein berühmtes Gedicht vom *Revoluzzer* vor. Ringelnatz kennt weder den Dichter noch sein Gedicht, wird auf seine Nachfrage sehr schief angesehen und beschließt daher, seinem Unwissen abzuhelfen. Abend für Abend geht er jetzt in diesen Kursus und lernt nach und nach *das Lokal, seine Wirtin, seine Stammgäste, ich lernte Tausende von Menschen kennen.* Bald gehört er selbst dazu; er sattelt den Pegasus.

Als ehemalige Wirtin der *Dichtelei* in der Türkenstraße 81 hatte Kathi Kobus am 1. Mai 1903 das Lokal in der Türkenstraße 57 übernommen, fand aber keinen passenden Namen. Bei seiner Gründung 1894 wurde es *Thannhäuser* genannt, hieß ab 1900 *Zum Kronprinzen Rudolf* und sollte nun *Neue Dichtelei* genannt werden, was aber als unlauterer Wettbewerb verboten wurde. Wie Kathi Kobus es schaffte, das Lokal nach dem weltbekannten und umsatzfördernden Satireblatt zu benennen, ist vor lauter Anekdoten nicht mehr eindeutig feststellbar. Am plausibelsten erscheint die Version von Theo Prosel (1889-1955, seit 1920 am *Simpl* engagiert und von 1935-1944 selbst dort Wirt) nach einem eigenen Bericht der Kobus. Danach sei das Lokal ohne Namen bald nach seiner Eröffnung zum Treffpunkt der Mitarbeiter des *Simplicissimus* geworden. Einer aus dieser Runde hätte dann gegen eine beträchtliche Sektspende der Wirtin die Erlaubnis gegeben, den Namen der Zeitschrift zu übernehmen. Albert Langen, als er von dem Coup erfuhr, habe zwar getobt, aber die Kobus konnte ihn mit einem Kniefall und dem kaufmännischen Argument, sie habe schon alle Schilder bestellt, wohl davon überzeugen, daß das Lokal letztlich auch Werbung für die Zeitschrift bedeute – und erhielt die Zustimmung. Th. Th. Heine wandelte dann das Wappentier der Zeitschrift in eine rote Bulldogge um, die eine Sektflasche zu entkorken versucht – die Voraussetzungen für das Erfolgsrezept Kleinkunst und Wirtschaft waren gegeben. Neben den dilettantischen und den professionellen Lokalunterhaltern fehlte jetzt nur noch ein Hausdichter. Auf dem Pegasus versuchte der den ersten Ritt.

Doch er mißlang: Ein paar lyrische Sentenzen, vermutlich mit klammen Händen und wildem Herzklopfen vorgetragen, bekamen nur müden Applaus. Enttäuscht drehte der junge Dichter den Spieß um, nahm nicht mehr sein lyrisches Ich zum Anlaß, sondern die konkrete Atmosphäre vor ihm im Lokal. Es entsteht der erste von fünf *Simplicissimus-Träumen;* Themen sind die chaotische Enge im Lokal, Lärm, Lachen, *Johlen und Zischen* sowie eine Wirtin, die unentwegt neue Gäste hereinwinkt, sogar – das ist der surreale Clou – den Grafen Zeppelin mit seinem Luftschiff: *(...) Wahrhaftig, der Äronautikus / Flog 'rein in den Simplicissimus, / Fuhr dreimal im Vorderzimmer herum, / Warf Stühle, Menschen und Tische um / Und blieb dann natürlich hinten stecken. / Denkt euch die Panik, denkt euch den Schrecken! (...)* – das zündete und hatte großen Erfolg, verschaffte der Wirtin neuen Zulauf und dem jungen Poeten den Aufstieg zum Künstlertisch und zum Hausdichter. In diesen Gedichten findet er bald seinen ganz eigenen Ton, der vollständig schon in den vier Strophen vom *2. Simplicissimus-Lied,* wenn auch nach fremder Melodie *(Strömt herbei, ihr Völkerscharen)* zu hören ist:

I. Mitternacht ist's. Längst im Bette / Liegt der Spießer steif und tot, / Ja, dann winkt das traulich nette / Simpel-Gasglüh-Morgenrot. / Und mich zieht's mit Geisterhänden, / Ob ich will, ob nicht, ich muß / Nach den bildgeschmückten Wänden / In den Simplicissimus. // II. Wo sich zum gemeinen Wohle / Künstler und Bohème trifft, / Wo die Kathi still zur Bowle / Mischt das tödlich scharfe Gift; / Wo mit Mandolinenklängen / Sich verwebt der Weißwurst Dampf, / Lausch ich fröhlichen Gesängen / Und dem Mords-Klaviergestampf. // III. Wo das Malweib *uns stets heimlich / Vor- und hinterrücks skizziert, / Wirkt der Dichter rühm- und reimlich / Tanzt man, scherzt und rezitiert. / Ist auch vollbesetzt das Zimmer, / Fremdling, stoß dich nicht daran, / Kathi Kobus findet immer / Plätze noch für zwanzig Mann. // IV. Schwelg' ich dann bei Knödelsuppe / Hier im Simplicissimus, / Ist die ganze Welt mir schnuppe, / Bis die Polizei ruft: ›Schluß!‹ / Scheid ich einst von diesem Globus,* / Sei mein letzter Abschiedsgruß: / ›Pfüat di Gott, mein' Kathi Kobus! / Heil dir Simplicissimus!‹ // * Der Reim ›Globus-Kobus‹ ist gesetzlich geschützt.*

Ringelnatz ist jetzt Auftragsdichter, erfindet für Gäste Werbesprüche (*Hast du einmal viel Leid und Kreuz, / Dann trinke Geldermann und Deutz, / Und ist dir wieder besser dann, / Dann trinke Deutz und Geldermann*), Bier- und Kartoffelnamen und gibt die Werbeschrift für die Künstlerkneipe heraus (für ihn *ein recht läppisches Geschreibsel,* in das die Wirtin zu sehr eingegriffen habe). Doch auch so läßt sich's leben. Aus der Wohnung in der Gabelsbergerstraße 4/I, in der er seit Ende 1908 wohnte, zieht er im Mai 1909 direkt über seinen neuen Arbeitsplatz ins Haus der Türkenstraße 57/II. So jedenfalls steht es in seinem Meldebogen. Einige Indizien in seiner Autobiographie *Mein Leben bis zum Kriege* (1931) lassen aber vermuten, daß er schon kurze Zeit darauf (und nicht erst zum 1.1.1910) in die Arcisstraße 46/II *zu einer Nenntante* zog. Sie hieß Selma Kleinmichel, geb. Dunsky, war die Witwe des Malers Julius Kleinmichel (1846-1892), der mit dem Vater von Ringelnatz befreundet gewesen war, und wurde von Ringelnatz selbst nur Seelchen oder Tante Seele genannt. Bei ihr wohnte Ringelnatz bis zum Ersten Weltkrieg und danach kurze Zeit Anfang 1920. Er revanchiert sich *für freie Wohnung und Verpflegung, für tausend Freundlichkeiten* durch seine Hilfe bei der Pflege von Seelchens alter Mutter, die krank und überempfindlich immer Gesellschaft brauchte. Hin und wieder macht sich Ringelnatz einen besonderen Spaß; er verkleidet sich mit Seelchens Garderobe als Frau, läuft durch die Stadt und freut sich an den

Der »Hausdichter« tritt auf

blumigen Reaktionen auf seinen Geschlechtertausch, einem Thema, das oft in seinen Gedichten wiederkehrt.

Im März 1909 verliert er seine Stelle im Reisebüro. Doch das ficht ihn nicht weiter an; er ist, wie er selbst berichtet, als Hausdichter im *Simplicissimus ein Star*. Doch die bürgerliche Sicherheit verachtet er auch nicht. Im Gegenteil: Mit einem Sparguthaben von 500 Mark versucht er Ende März sein Glück als seriöser Kaufmann und erwirbt in der Schellingstraße 23, wenige Schritte vom *Simpl* entfernt, ein Zigarrengeschäft. Er setzt auf sein neu erworbenes Image und nennt den Laden *Tabackhaus: Zum Hausdichter*; bei der Ausstattung und vor allem im Schaufester zieht er alle Register künstlerischer Freiheit: Vom Skelett über Totenköpfe zu Bildern und Büchern reicht die Auslage; dazu läßt er passende Reklamekarten drucken wie diese mit geradezu valentinesken Zügen:

Schellingstrasse 23. Tabakhaus ›Zum Hausdichter‹ / Vorzügliche Cigarren und Cigaretten. / (Bisher noch kein Todesfall). / Prompte Lieferung nach Auswärts. / Sehensw. Kunstschätze u. Merkwürdigkei-

Das »Tabackhaus: Zum Hausdichter«, Schellingstraße 23 (1909)

ten. / Treffpunkt der gebildeten Raucherwelt. / Damen und Herren werden auf Wunsch / gegen Bezahlung angedichtet. / Jedermann wird gebeten, recht zahlreich zu erscheinen. / Es grüßt der Hausdichter!

Kein Wunder, daß die Münchner den spinnerten Uhu nicht annehmen: Es gibt keinen nennenswerten Umsatz. Schließlich verschenkt der Kaufmann auf Pleitekurs seine Waren. Aber übertölpeln läßt er sich nicht: Zwei Studenten, die sich mit dem *verrückten Kerl* einen Spaß machen wollen, verabreden sich vor dem Laden; sie wollen hineingehen und eine Zigarette verlangen, die es gar nicht gibt. Gesagt, getan – nur hat Ringelnatz das Gespräch hinter einer Gardine belauscht und kann jetzt zurückgeben. Der Bitte nach dem Phantasieprodukt entspricht er seriös und prompt mit einer billigen Blankozigarette ohne Aufschrift – und knöpft den beiden erstaunten Kunden als *Kennern der Wapipa* flott 10 Mark ab: Mit einem Hausdichter spaßt man eben nicht. Es scheint zugleich die letzte Einnahme seiner Geschäftszeit gewesen zu sein: *Am 31. Dezember 1909 erlosch meine Firma ›Tabackhaus Zum Hausdichter‹. Ohne Musik.*

Auch seine Lehrzeit im *Simpl* geht zu Ende; er ist das Leben in der rauchigen Enge einfach leid, dazu kommen Kollegenneid und das angeblich rücksichtslose Geschäftsinteresse der Kathi Kobus. Er liest viel, schreibt Verse für das Kinderbuch *Kleine Wesen* (1910) zu Bildern von Fritz Petersen; ist an einem Märchenbuch beteiligt und kann in der *Jugend* seinen ersten Prosabeitrag *Die wilde Miss von Ohio* bewundern – das ist der Weg, den er anstrebt, weg vom *Tingelplatz*, wie er später seine erste Bühne im Reim auf Ringelnatz nennen wird. Tatsächlich löst er sich aus dem Kneipenmilieu durch die Bekanntschaft mit dem Baron Thilo von Seebach (1873-?), sein Lehrer *Biegemann*, der ihm Privatkurse *in Latein, Geschichte, Literaturgeschichte und anderem* gibt. Durch ihn kommt er in den bibliophilen Kreis um Carl Georg von Maassen (1880-1940), den Vorsitzenden einer »Hermetischen Gesellschaft« (zu der auch u.a. Erich Mühsam und Rolf von Hoerschelmann gehörten), die im Münchener Peterskeller ihre Treffen abhielt. Schließlich kann Ringelnatz bei Kathi Kobus Geld und Urlaub durchsetzen und 1911 nach Tirol und Riga in die Freiheit fahren.

Ende Juli 1910 erscheint der erste Gedichtband, bei aller Konvention schon deutlich eigen; das ist erst recht *Die Schnupftabaksdose. Stumpfsinn in Versen* (1912). Mit Illustrationen von Richard Seewald bei Piper verlegt, enthält sie bereits solche »Klassiker« wie *Die Ameisen, Die Badewanne...* oder das Gedicht

Logik mit der unübertroffenen Frage: *Was sucht ein Suahelihaar/ Denn nachts um drei am Kattegatt?* Arbeit und Bildung gehen bei Ringelnatz weiter Hand in Hand: Im gleichen und im folgenden Jahr arbeitet er als antiquarischer Bibliothekar in adeligen Häusern; außerdem als Fremdenführer auf einer Burg. Als Erfolg kann er 1913 die Annahme seines Novellenbandes *Ein jeder lebt's* durch den Verlag Albert Langen verbuchen. Drei Tage nach Ausbruch des Ersten Weltkriegs wird der junge Dichter zur Marine eingezogen.

Was machte Kathi Kobus unterdessen ohne ihren Hausdichter? Sie leitete ihr Lokal zunächst bis 1912. Dann hatte sie ihre Künstler angeblich so sehr ausgebeutet, daß sie sich mit dem phantastischen Gewinn von 800.000 Goldmark nach Wolfratshausen in die Villa »Kathis-Ruh« zurückziehen konnte. 1917 kehrte sie zurück und übernahm den *Simpl* wieder bis 1924. Oskar Maria Graf gibt in seinem Buch *Wir sind Gefangene* (1927) einen guten Eindruck von der heruntergekommenen Künstlerkneipe Anfang 1917: *(...) dort lernte ich eine Unmenge Leute kennen. Maler, Kabarettisten, verkrachte Existenzen, begabte Zuhälter, Säufer, Kokainisten und Gelegenheitskokotten, Schieber und Studenten, kunstgewerbliche Mädchen und pazifistische Dichter. Jeder schlug sich auf seine Art durchs Leben. Von Ethik, Menschheit und Kunst diskutierte man, von Seifen und sonstigen Schieberwaren, die waggonweise angeboten wurden. Man pumpte untereinander. Klatsch, Geschäft, Erotik, fixe Ideen, Morphium und Kokain gab es hier. Jeder war der Richter über den anderen, freilich sprach er nur seine Meinung aus und erwartete nichts weiter, als daß man ihm zuhörte. Man schwamm sozusagen durch die Zeit und klammerte sich an seine Nichtigkeit* (2,VII).

Wieder auferstanden von den Toten verlebt Ringelnatz ein schweres Nachkriegsjahr in Berlin; von nun an gibt er sich den offiziellen Bühnennamen Joachim Ringelnatz. Mitte 1920 ist er wieder in München, heiratet seine Freundin Muschelkalk (d.i. Leonharda Pieper, 1898-1977) und sucht mit ihr eine Wohnung; ein absurdes Verwaltungsspiel um die gegenseitige Abhängigkeit von Heirat und Wohnungszuweisung zwingt die beiden schließlich als Schwarzmieter ins Gartenhaus der Hohenzollernstraße 31a/I (heute Neubau), wo sie von November 1920 bis Februar 1930 zwei Zimmer bewohnen. Ihr Freund Herbert Günther hat diese Wohnung beschrieben:

Eine Puppenstuben-Wohnung war es, angefüllt mit Gemälden, Zeichnungen, Radierungen, Raritäten, kleinen Bronzetieren der Freundin Renée Sintenis, einem Embryo-Gerippe und einem Totenkopf in der Nische des Schreibsekretärs, die ebenso dazugehörten wie das Glockenspiel oder die Schachfiguren. Natürlich gab es auch Mokkatassen und Bücher, und vor allem Trinkgläser, um schon zum Frühstück Sekt mit Pfirsich anzubieten oder was sonst die Tageszeit und sein Erfindungsreichtum erforderten. Die Wände des WC waren mit Programm-Plakaten, Ehren-Urkunden und ähnlichen Dokumenten beklebt. Ein wohlgeordnetes Zauberreich war dieses Heim, in dem er umherhuschte wie ein Märchenkönig, zum Verlieben in seiner Höflichkeit und Güte.

Anfang November 1920 läßt sich Ringelnatz in München als »Artist« mit dem Ausweis Nr. 110 in die Süddeutsche Artistengewerkschaft aufnehmen. Von München aus unternimmt er dann Vortragsreisen in alle Richtungen und trägt dabei auf Kleinkunstbühnen seine jeweils neuesten Gedichte vor, von denen besonders die um den Seemann Kuttel Daddeldu ein großer Erfolg werden; Karl Arnold illustriert den Band *Kuttel Daddeldu oder das schlüpfrige Leid* (1920) ebenso wie die nicht minder berühmten, wunderbar doppeldeutigen *Turngedichte* (1920), mit denen Ringelnatz erstmals seinen neuen Namen gedruckt veröffentlicht.

Ernst, beinahe resigniert ist sein Blick auf das München der Nachkriegszeit, wie er ihn 1921 in einem Artikel für *Die Weltbühne* festhält: *München ist Sumpfland.* Ein Besuch bei Kathi Kobus im *Simpl* ernüchtert: *Dort löste sich im absurden Most der Bohème der letzte Extrakt von Reminiszenzen.* Am eigenen Leib erlebt ist die weiterhin aktuelle Tatsache: *Hier schreit am lautesten die*

Wohnungsnot. Das *Angstgebet in Wohnungsnot* (1923) bezieht sich auf die Möglichkeit, eines Tages aus dem Gartenhaus auf die Straße geworfen zu werden. Diese schlechten Aussichten summiert schon 1920 das deprimierende Zeitzeugnis beim belauschten *Geschwätz in der Bedürfnisanstalt in der Schellingstrasse*, die sich noch heute gegenüber dem Haus mit dem einstigen Tabakladen befindet:

Heute wurde Geld eingesammelt, / Wo ich angestellt bin, in dem Büro, / Für die Frau von Jemand, der sich erhängte. / Eine Büchse ging rum. Und jeder schenkte. / Drei Mark; das ist bei uns immer so. // Es braucht niemand zu wissen, wodran ich bin. / Ich habe das Geld meiner Mutter gestohlen. // Ich habe noch gestern acht Mark für Kohlen / Bezahlt. Und die Alte stumpft bloß so hin. // Und bei ihrer Schwindsucht und sowieso / Kann es ja doch nicht mehr lange währen. / Ich kann auch nicht ewig fünf Menschen ernähren / Bei der Arbeit in dem Büro. // Ich möchte mal wieder eine Muhsik hören; / Das stimmt einen wieder mal froh.

Als Artist in eigener Sache reist Ringelnatz weiter durch die Lande und kommt 1925 damit bis nach Paris; ein Ergebnis dieser Reisen sind seine *Reisebriefe eines Artisten* (1927), die vorher im *Simplicissimus* erschienen, und die *Flugzeuggedanken* (1929). Das Gedicht *München (An die Schwiegereltern)* aus den *Reisebriefen eines Artisten* ist das Loblied auf den Ort, wohin er nach Hause kommen kann:

München, bei der echten Frau zu Hause. / Endlich also wieder einmal Ruhepause. Meine Stübchen, Küche, Bad, Salon, / Meinen Schreibtisch! Meine Blumenwiese / Auf der Brüstung vom Balkon! / Wie ich das genieße! / Ohne jemanden zu bitten oder stören. / Ha!: ich dürfte ruhig mit Behagen / – weil sie mir gehören –,' All die schönen Bilder an der Wand zerschlagen. / Doch ich tu's nicht. Denn wir nießen die / Und das alles ge zu zweit, / Kindlich glückliche und fromme Zeit! / Schöner war es nirgends, wird es nie. / Und wir kochen, spielen Schach und lesen, / Plaudern: wie die Zwischenzeit gewesen, / Ordnen, albern, täubeln. Bis

Karl Arnold, Kuttel Daddeldu und die Kinder (1923)

es klingelt. Dann / Sind wir mäuschenstill. / Weil ich all die Leute von X Jahren / Vieler Städte, die mal gütig zu mir waren, / Aber alle mal nach München fahren, / Nicht empfangen – oder doch nicht nach Gebühr behandeln kann.

Seit 1922 arbeitet Ringelnatz ernsthaft auch als Maler, seine Bilder sind oft Momentaufnahmen von Stimmungen oder Eindrücken ganz eigener Melancholie. Eine Versteigerung seiner Bilder 1923 in der Berliner Galerie Flechtheim durch den Kunstkritiker Carl Einstein wird ein großer Erfolg; Ringelnatz ist danach an mehreren Ausstellungen beteiligt, tritt 1929 der Berliner Novembergruppe bei und ist 1931 sogar in der Frühjahrsaustellung der Berliner Akademie mit dem Bild *Nachts am Wasser* vertreten, das nach 1933 als »entartet« beschlagnahmt wird.

Wie früher vom *Simpl,* so löst sich Ringelnatz in den zwanziger Jahren allmählich ganz von München. Auf die Rundfrage des *Zwiebelfisch* 1926/27, was man noch von Schwabing erhoffen dürfe, antwortet er lapidar: *Ich habe ausgehofft.* Das zweite München-Gedicht in den *Reisebriefen eines Artisten* stellt fest: *Und reaktionäre Dürste / Erheben sich allenthalb...* Sodann erweist sich seine Parodie auf das Oktoberfest *Schneiderhüpfl vor dem Ochsen am Spieß* (in *Allerdings,* 1928) als Abgesang auf eine Lebensart, die Selbstbewußtsein mit Intoleranz bis zur Brutalität verwechselt. In den *Flugzeuggedanken* fragt er statt dessen beim *Gedenken an Wedekind* zu Recht: *Und wo / Ist in München die Wedekindstraße?*

(Der Wedekindplatz wird tatsächlich erst dreißig Jahre und einen Weltkrieg später in München eingeweiht.) Bald hält Ringelnatz in München nicht mehr viel; und als er 1930 nach Berlin an den Sachsenplatz umzieht, freut er sich entschieden:

Nach Berlin, nach Berlin, / Nach Berlin umzuziehn / Aus der dümmsten Stadt der Welt – / Wie das lockt!! – Ich, verdumpft, / Ich, verstockt und verstumpft, / Habe endlich mich auf den Kopf gestellt. //(...) // Mir ist wohl, mir ist weh - / So als ging ich in See – / Denn ich lasse auch Freunde zurück. / Doch ihr Freunde, folgt nach / Aus kleinpopeliger Schmach / In den Großkampf um sauberes Glück.

Doch viel Zeit bleibt ihm dazu nicht mehr. Sechs Bücher kann er noch zu Lebzeiten veröffentlichen; neben dem meisterhaft erzählten ersten Teil seiner Autobiographie *Mein Leben bis zum Kriege* (1931) sind besonders die Gedichte im *Kinder-Verwirr-Buch mit vielen Bildern* (1931) hervorzuheben, die das nach eigenen Worten *uralte Kind* vor seinem liebsten Publikum zeigen, und die zum 50. Geburtstag 1933 erschienenen *103 Gedichte*, sein letztes eigenes Buch.

Am Anfang vom Ende der Epoche wird im April 1933 ein geplantes Gastspiel von Ringelnatz im Münchner *Simpl* untersagt. Im nächsten Jahr fordern die jahrelangen Entbehrungen, der Alkohol und das ewige Reisen hohen Tribut; Ringelnatz erkrankt an Tuberkulose und stirbt am 17. November. Sein Lebenssinn zwischen Groteske und Wehmut erlebt nach dem Zweiten Weltkrieg eine beispiellose Wiederentdeckung; seit dem Erscheinen der siebenbändigen Werkausgabe im Berliner Henssel-Verlag und eines Briefbands zählt *Joachim der Erste (genannt Ringel)* (Kurt Tucholsky) sogar zu den modernen Klassikern.

Das Ende der Künstlerkneipe *Simplicissimus* fällt dagegen 1944 mit dem Ende der Zeitschrift zusammen. Am 13. Juni 1944 zerstört eine Sprengbombe den hinteren Teil des Lokals und mit ihm endgültig die alte Zeit. Neueröffnungen am Platzl (1946-

1950) oder wieder in der Türkenstraße mit Namen wie *Paprika* (1956/57) oder *Bunter Hund* (1957/58) versuchen vergeblich, den genius loci zu reaktivieren. Ab 1960 übernimmt Toni Netzle das Lokal, nennt es *Alter Simpl*, bringt es als Treffpunkt für Studenten und junge Filmemacher sicher durch die unruhigen sechziger Jahre und die Zeit danach und hört im Sommer 1992 auf.

Am Ende der Schwabinger Elisabethstraße zweigt seit 1962 die Kathi-Kobus-Straße ab, verbunden mit dem Theo-Prosel-Weg. In Solln erinnert bereits seit 1953 der Ringelnatzweg an den *unvergleichlichen* Dichter, der, nach einem Wort von Alfred Polgar, *den Stein der Narren entdeckt (hat) (welcher, wie wunderbar, dem der Weisen zum Verwechseln ähnlich sieht).*

In kleinen Junggesellenwohnungen
Wo Thomas Mann die Buddenbrooks schrieb

Stubenreine Bohème

Als am 13. Oktober 1891 in Lübeck der Senator Thomas Johann Heinrich Mann mit einundfünfzig Jahren an einer Blutvergiftung stirbt, geht die über hundertjährige Geschichte der Getreidefirma zu Ende, die der Familie zu Reichtum und Ansehen verholfen hatte. Die Firma wird liquidiert, und Julia Mann (1851-1923), die Witwe des Senators, zieht mit dreien ihrer fünf Kinder nach München. Dort bewohnt sie seit Anfang Juli 1893 eine achtzimmrige Wohnung in der Rambergstraße 2/0 (heute Neubau) zunächst nur mit ihren Töchtern Julia (1877-1927) und Carla (1881-1910) sowie dem Jüngsten Viktor (1890-1949). Denn während der Älteste, der angehende Schriftsteller Heinrich (1871-1950), bereits auf Reisen nach Paris und Italien geht, muß Thomas (1875-1955), der Zweitälteste, noch in Lübeck die Obersekundareife bestehen, ehe er an Ostern 1894 zur Mutter und den Geschwistern nach München übersiedeln kann.

Atmosphärisch dicht, wenngleich aus der Perspektive des Kleinkinds, beschreibt Viktor Mann in seinen Erinnerungen *Wir waren fünf* (1949) die nähere Umgebung dieser ersten Wohnung der Familie Mann in München mit ihrer Terrasse und einer Steintreppe in den Garten; im Hinterhof striegelten Stallburschen die Pferde von Offizieren. Thomas Mann wiederum läßt im stark autobiographisch geprägten ersten Teil seines Romans *Doktor Faustus* (1947) seinen Helden, den Komponisten Adrian Leverkühn, ebenfalls in einem Haus an der Rambergstraße wohnen, wobei nicht nur die Familienähnlichkeit, sondern vor allem auch das Ambiente authentisch wirkt. So wohnt Leverkühn in der Rambergstraße *nahe der Akademie, als Untermieter einer Senatorswitwe aus Bremen namens Rodde, die dort in einem noch neuen Hause mit ihren beiden Töchtern* [sie heißen hier Ines und Clarissa] *eine Wohnung zu ebener Erde innehatte. Das nach der stillen Straße gelegene Zimmer, gleich rechts neben der Entreetür, das man ihm abtrat, sagte ihm wegen seiner Reinlichkeit und sachlich-familiären Einrichtung zu, und bald hatte er es sich mit seiner persönlichen Habe, seinen Büchern und Noten vollends gerecht gemacht. Er sitzt im Korbstuhl an seinem Arbeitstisch, einem einfachen, grün gedeckten Ausziehtisch*, der für Thomas Mann selbst, als Möbel in der Marktstraße, noch eine Rolle spielen wird. Zum Musizieren steht Adrian Leverkühn ein Harmonium und ein *weichtöniger* Bechstein im Salon zur Verfügung, in dem sich die Einrichtungsgegenstände als *Reste eines einst wohlhäbigen bürgerlichen Haushalts zu erkennen* geben. Dort spielt Leverkühn abends in Gesellschaft *ein wenig die Rolle des Haussohnes*: *Es war künstlerische oder halbkünstlerische Welt, die sich da zusammenfand, eine sozusagen stubenreine Bohème, gesittet und dabei frei, locker, amüsant genug, um die Erwartungen zu erfüllen, die Frau Senator Rodde bestimmt hatten, ihren Wohnsitz von Bremen nach der süddeutschen Hauptstadt zu verlegen* (Kap. XXIII).

Schon unmittelbar nach seiner Ankunft in München tritt Thomas Mann im April 1894 als Volontär in die Süddeutsche Feuerversicherungsbank ein, kündigt aber bald und hört ab Herbst als Student ohne Abitur Vorlesungen an der Technischen Hochschule. Und schreibt. Schon der Volontär hatte heimlich *am Schrägpult* seine erste Erzählung, die Liebesnovelle *Gefallen* verfaßt. Im Oktober 1894 erscheint sie in Michael Georg Conrads naturalistischer Zeitschrift *Die Gesellschaft* und bringt Thomas Mann, neben einem Lob des bewunderten Richard Dehmel, in den Münchener Caféhäusern die Anerkennung der Literaturszene ein.

Im Juli 1895 geht Thomas Mann mit seinem Bruder Heinrich auf seine erste Italienreise, die sich bis in den Oktober hinzieht; im Jahr darauf entstehen die Novellen *Der Wille zum Glück* und *Der kleine Herr Friedemann*, die der Berliner Verlag S. Fischer (wo

Heinrich Mann 1890-92 volontiert hatte) im Mai 1897 mit der Bitte, alles bisher Geschriebene einzusenden, annimmt und damit eine lebenslange Partnerschaft begründet. Bereits seit Oktober 1896 wieder in Italien, erreicht Thomas Mann in Rom Ende Mai 1897 ein Brief seines Verlegers mit der Aufforderung, ein größeres Prosawerk zu schreiben; tatsächlich beginnt der junge Autor am 22. Juli in Palestrina mit den Vorarbeiten zu seinem Roman *Buddenbrooks*, der zunächst *Abwärts* heißen sollte, da er den *Verfall einer Familie*, wie der Untertitel lautet, am Beispiel der (verschlüsselten) Familie Mann vorführte. Die zentrale Teufelsverschreibung des Helden Adrian Leverkühn im *Doktor Faustus* (Kap. XXV) fand übrigens, laut Erzähler, ebenfalls in Palestrina statt.

FRAU PERMANEDER (THERESIENSTRASSE 82)

Im Frühjahr 1898, noch während des Italien-Aufenthalts, erscheint das erste Buch Thomas Manns, der Novellenband *Der kleine Herr Friedemann* bei S. Fischer in Berlin. Ende April 1898 sind die Brüder wieder aus Italien zurück und nehmen beide Logis in der Theresienstraße 82/0. Thomas Mann ist in dieser Wohnung froh, *meine Bibliothek wieder einmal beisammen zu haben*, und fühlt sich *mit meinem Hunde* [namens Titino], *meinen Bildern, meinem Flügel und meiner Geige recht wohl in meinen vier Wänden ... so weit sich ein armer Neurastheniker wohlfühlen kann* (an Otto Grautoff, 9.V.1898). Er arbeitet weiter an seinem Roman und beobachtet dafür seine Umgebung sehr genau. Für eine Figur des Romans, die Karikatur eines Münchener Hopfenhändlers, findet er den Namen Permaneder. *Wie Thomas Mann auf ihn verfiel, ist nicht auszumachen*, schreibt Peter de Mendelssohn in seiner großen Biographie *Der Zauberer* (1975). Die erst 1927 nach dem Kirchenrechtler Franz Michael von Permaneder (1794-1862) benannte Straße in der Siedlung Am Hart kam jedenfalls dafür nicht in Betracht. Aber nicht nur der Name Permaneder läßt sich konkret in Thomas Manns Umgebung 1898 nachweisen; auch ein biographisches Detail seiner Trägerin ist deutlich in *Buddenbrooks* wiedererkennbar.

Auf dem von Thomas Mann akkurat in eigener Handschrift ausgefüllten Meldeblatt unterschreibt am 29. April 1898 als *Quartiergeberin* in der Theresienstraße 82/0 Walburga Permaneder (1845-1902), die Witwe des Milchhändlers Josef Permaneder (1852-1885), den sie 1884 geheiratet hatte. Ihre kurze Ehe nahm, wie den kargen Daten aus dem Familienbogen im Münchener Stadtarchiv zu entnehmen ist, einen tragischen Verlauf, als die gemeinsame Tochter Josefa Walburga im August 1885 kurz nach der Geburt starb, drei Monate vor dem Tod ihres Vaters. Angedeutet sei hier bereits, daß in *Buddenbrooks* der Münchener Hopfenhändler Alois Permaneder in Lübeck auftaucht und die bereits einmal geschiedene Tochter des Hauses Buddenbrook, Tony, für eine Ehe mit ihm gewinnen kann. Nach dem Erhalt der Mitgift in München zieht er sich jedoch ins Private zurück; Tony fühlt sich erneut getäuscht und ausgenutzt. Die unglückliche Ehe im Roman verläuft mit der Geburt eines Kindes, das nur eine Viertelstunde alt wird, ähnlich tragisch wie bei den historischen Permaneders.

Die wirkliche Frau Permaneder versucht nach dem Tod ihres Mannes, offenbar ohne großen Erfolg, einen Handel mit Eiern, Milch, Brot und Zigarren aufzubauen. Schließlich mietet sie sich am 24. April 1898 in der Theresienstraße 82/0 bei der Pensionsinhaberin Margaretha Baer ein und vermietet Zimmer dieser Wohnung an die Brüder Mann weiter, ob im Einverständnis mit Frau Baer oder eher mit profitorientierten Hintergedanken wie Alois Permaneder im Roman, muß offen bleiben. Frau Permaneders Auszug Mitte Juli – ab 15. Juli 1898 wohnt sie in der Goethestraße 41/I – ist jedenfalls sehr wahrscheinlich der Grund dafür, daß sich Heinrich und Thomas Mann nach neuen Zimmern umsehen müssen.

Form. E.

Cl. III.

Legitimation

Form. II

Meldeblatt
des Quartiergebers

Doppelt beim betr. Polizei-Bezirkscommissär einzureichen.

für Fremde, welche von auswärts ankommen und noch keinen Meldeschein besitzen.

Bei mir am Ende Unterzeichneten ist heute im Hause Nro. 82 an der Straße (Platz) angekommen:	Pranzinstr.
Vor- und Zunamen, Stand, Alter und Religion des Angekommenen (Geburtstag und Jahr).	Thomas Mann Schriftsteller evang.-lutherisch. geb. d: 6. Juni 1875
Ob ledig oder verheirathet oder Wittwer. Erstenfalls sind Namen und Stand der Eltern beizusetzen.	ledig Vater: Senator Mann in Lübeck Mutter: Vizegräfin Gabelsberger straße 76 I Julia Herzogstr. 34
Geburts-Ort, Gericht und Land.	Lübeck
Heimatgemeinde, Gericht und Land.	Lübeck
Zweck des Aufenthalts.	
Dauer des beabsichtigten Aufenthalts.	unbestimmt
Bezeichnung der Reiselegitimation.	Militärpapier, Heimathschein
Ob schon früher hier gewesen, wann zum Letztenmale?	Oktober 1896
Benennung der mitangekommenen Ehefrau und Kinder. Die Dienerschaft hat sich im betr. Geschäftszimmer der Polizei-Direktion persönlich zu melden.	
München am 29. 11. 1898	Unterschrift des Quartiergebers mit Angabe seines Standes und der Wohnung. Walb. Hummenader, Wg. Franzinstr. 82, 0

Form.-Nr. 88ᵇ

Luxstr. 69/4
9.7.98 Dinzinger   Giselastr. 15/2
umzug 4.5.98   9.8.02 Rückkehr
Markstr. 5/3
3.7.98 Rückk. auf Reisen ab.
Phillipstr. 5/3   gem. am 2.10.1902.
4.II.99. Braun   Ronnstr. 11/0
Ungererstr. 24/i   30.11.02 b/Kröger
20.1.02 bei Ausprenger

Form. Nr. 26e.

Meldebogen Thomas Mann 1898–1902

Der Kleiderschrank (Marktstrasse 5)

Das ehemalige Haus Marktstraße 5 (heute: Haimhauserstraße 6)

Bevor Heinrich Mann am 12. Juli in die Nordendstraße 6b/11 umzieht, wechselt Thomas Mann schon am 9. Juli in die Barerstraße 69/1; sodann *vertauscht* er die dortige *theure Bourgeois- und Banquierwohnung mit zwei kleinen Räumlichkeiten hier draußen in Schwabing* (an Otto Grautoff, 25.X.1898) in der Marktstraße 5/III (bei Rank), die er am 8. Januar 1899 anmeldet. Er hat sich dort *mit eigenen Möbeln viel amüsanter und vortheilhafter eingerichtet* und sieht noch einen besonderen Vorteil darin, daß er es zu seiner Mutter in die Herzogstraße 3/II, wo sie seit August 1898 wohnt, nicht weit hat: *Ich wohne in der Nähe meiner Mutter, sodaß ich zu den Mahlzeiten nur einen kurzen Weg zurückzulegen habe, fahre viel auf meinem Velociped spaziren; lese allerhand – mit besonderer Liebe Turgenjew (...) – und arbeite ziemlich an ›Buddenbrooks‹* (an Otto Grautoff, 25.X.1898). In der Marktstraße 5 überwintert er von November 1898 bis zum Februar 1899. Das Haus wurde 1910/12 unter Einbeziehung des Nachbarhauses an der Haimhauserstraße (heute Nr. 6) zu einem Jugendstilpalast umgebaut; nur ein Aufriß im alten Bauplan erinnert noch an das ursprüngliche Gebäude. Während der Arbeit an dem Roman entsteht hier, wie er selbst angibt, die Novelle *Der Kleiderschrank* (1899), in der Thomas Mann sein eigenes Leben als junger Dichter selbstironisch summiert und karikiert:

Ich wohnte (...) in kleinen Junggesellenwohnungen, die ich teils aus Familienbeständen, teils auch auf eigne Hand möblierte. Das Manuskript von ›Buddenbrooks‹ aufgeschlagen auf meinem feierlich mit grünem Stoff behangenen Ausziehtisch [dem Arbeitstisch Adrian Leverkühns in der Rambergstraße], *verbrachte ich ganze Tage, indem ich Korbfauteuils, die ich in rohem Zustand einkaufte, auf den Knien liegend mit rotem Lack bestrich. Eine solche Bohemewohnung ist in der Novelle ›Der Kleiderschrank‹ geschildert, die ich in der Schwabinger Marktstraße schrieb* (Lebensabriß, 1930).

Dieses Interieur schildert als Zeitzeuge wieder Viktor Mann, der jüngste Bruder der fünf Geschwister. Er sieht die Wohnung im Haus Marktstraße 5 als Achtjähriger bei einem Gegenbesuch mit der Mutter:

Ich bin nicht oft in diese Wohnung gekommen; trotzdem sehe ich sie noch deutlich vor mir. Bei meinem ersten Besuch war Ommo [sein fünfzehn Jahre älterer Bruder Thomas] *eifrig beim Einrichten. Er lackierte einige von Mama zur Verfügung gestellte Stühle erdbeerrot und bespannte die weißen Wände teilweise mit grünem Rupfen. Diese unkomplizierte Zusammenstellung von lustigem Rot mit Moosgrün und Weiß gefiel mir überaus.*

Das Grün wiederholte sich in der Decke des zwar großen, aber ganz primitiven Arbeitstisches, auf dem mir ein mit Blumen oder kleinen Zweigen geschmücktes Bild auffiel. Ich erfuhr, daß es den russischen Dichter Tolstoi darstelle, was mir weniger Eindruck machte als ein Stapel eng beschriebener Papierbogen, der sich neben einem schweren Leuchter türmte. ›Das werden die Buddenbrooks‹, sagte Mama leise, und ich war ja mit diesem Begriff schon vertraut genug, um eine gewisse Ehrfurcht zu empfinden.

Ein gemietetes Klavier war da und Thomas' Geigenkasten stand darauf. Ich schlug sofort vor, Mutter und Bruder sollten mir ein kleines Konzert geben, aber sie hatten angeblich keine Zeit. Dafür zeigte Ommo uns das Schlafzimmer mit dem großen, dunkelroten Mahagonibett, das Mama ebenfalls ›mit warmer Hand‹ zur Einrichtung beigesteuert hatte.

[Es war das Lübecker Bett der Mutter, in dem Thomas Mann geboren wurde.] *Sie selbst hatte sich kürzlich ein modernes Messingbett angeschafft, das von einem Fabrikanten hochtrabend Paradies genannt wurde.*

Thomas öffnete einen ziemlich ordinären Schrank, der seiner Wirtin gehörte, und zeigte uns lachend, daß die fehlende Rückwand durch eine Rupfenbespannung ersetzt war. Aus der schäbigen Problematik dieses Möbels ist bald nach unserem Besuch die Novelle ›Der Kleiderschrank‹ entstanden, die dem todkranken Albrecht van der Qualen im Schrank mit der Rupfenwand die keusche Nacktheit eines Traummädchens erscheinen läßt.

Aufgrund dieser deutlichen Angaben läßt sich in der Novelle *Der Kleiderschrank. Eine Geschichte voller Rätsel* (1899; erste Buchausgabe 1903) neben einigen von Peter de Mendelssohn erwähnten Lübecker Details vor allem eine Schilderung der Schwabinger Wohnung Thomas Manns in der Marktstraße erkennen. Auf der Fahrt im Schnellzug Berlin-Rom nach Florenz steigt der in seiner Profession ganz unbestimmte Held Albrecht van der Qualen in einer vernebelten Stadt aus, deren Namen er nicht kennt, geht durch ihre Straßen und kommt an den Stadtrand. Es ist der Weg vom Hauptbahnhof nach Schwabing über die einstige Schwabinger Landstraße, heute Leopoldstraße:

Die Stadt war bald zu Ende. Wahrscheinlich war er etwa von der Mitte aus in die Quere gegangen. Er befand sich auf einer breiten Vorstadtstraße mit Bäumen und Villen, bog rechts ab, passierte drei oder vier fast dorfartige, nur von Gaslaternen beleuchtete Gassen und blieb schließlich in einer etwas breiteren vor einer Holzpforte stehen, die sich rechts neben einem gewöhnlichen, trübgelb gestrichenen Hause befand, welches sich seinerseits durch völlig undurchsichtige und sehr stark gewölbte Spiegelfensterscheiben auszeichnete. An der Pforte jedoch war ein Schild befestigt mit der Aufschrift: ›In diesem Hause im dritten Stock sind Zimmer zu vermieten.‹ ›So?‹, sagte er, warf den Rest seiner Zigarre fort, ging durch die Pforte, an einer Planke entlang, die das Grundstück von dem benachbarten trennte, linker Hand durch die Haustür, mit zwei Schritten über den Vorplatz, auf dem ein ärmlicher Läufer, eine alte graue Decke lag, und begann, die anspruchslosen Holztreppen hinaufzusteigen.

Die Ärmlichkeit setzt sich fort. Geführt von der alten Vermieterin, die dem Helden mit ihrem *Vogelgesicht* und einem *moosartigen Gewächs* auf der Stirn wie ein phantastische Figur bei E. T. A. Hoffmann erscheint, bekommt Albrecht van der Qualen eben jenen Raum gezeigt, den auch Viktor Mann gesehen hat:

Es war ein kleiner, niedriger Raum mit brauner Diele; seine Wände aber waren bis oben hinauf mit strohfarbenen Matten bekleidet. Das Fenster an der Rückwand rechts verhüllte in langen, schlanken Falten ein weißer Musselinvorhang. Die weiße Tür zum Nebenzimmer befand sich rechter Hand.

    Die alte Dame öffnete und hob ihre Lampe empor. Dieses Zimmer war erbärmlich kahl, mit nackten, weißen Wänden, von denen sich drei hellrot lackierte Rohrstühle abhoben wie Erdbeeren von Schlagsahne. Ein Kleiderschrank, eine Waschkommode nebst Spiegel ... Das Bett, ein außerordentliches mächtiges Mahagonimöbel, stand frei in der Mitte des Raumes.

Der Held mietet das Zimmer, besieht sich noch den Kleiderschrank ohne hölzerne Rückwand, schließt ihn – und geht essen. Zurückgekehrt freut er sich an einer Flasche Kognak in seinem Reisegepäck, entkleidet sich – und findet den Schrank offen; darin sitzt eine nackte Frau. Nach der ersten Überraschung fragt sie ihn: *Soll ich dir erzählen?* und dreht damit das klassische Verhältnis von Dichter und Muse ins Gegenteil um: Die Muse fragt, ob sie erzählen solle, und auf die Bitte des Helden läßt sie eine schwülstige Liebesgeschichte hören im Stil dekadenter Larmoyanz. Von nun an erzählt sie ihm ... *wie viele Abende? Wie viele Tage, Wochen oder Monate?* Ab und an vergißt sich der Held und will sie berühren – da verzieht sie sich und kehrt mehrere Abende nicht zurück. Zuletzt wird die Geschichte ganz aufgehoben; möglich ist auch, daß sie von dem Zugreisenden unterwegs nur geträumt wurde: ›*Alles muß in der Luft stehen*...‹.

Die autobiographischen und ortsbezogenen Details lassen damit das einstige Haus in der Marktstraße 5 nicht nur als Schauplatz der *Kleiderschrank*-Novelle erkennen, sondern mehr noch in ihr die Selbstparodie oder wenigstens ironische Karikatur des jungen Dichters. Ein kurioses Detail verstärkt noch diese Deutung. Denn nachweisbar ist im Münchener Adreßbuch für 1898 nicht nur Thomas Manns Vermieter, der Zimmermeister Josef Rank im I. Stock, sondern vielmehr im III. Stock, also als Zimmernachbarin des Autors, die *Hofphotographen*=*Wittwe* Wilhelmine Schivert, die, bei der erwiesenen Detailtreue und Kombinationsfreude Thomas Manns, durchaus das Vorbild zur Vermieterin mit dem *Moosgewächs* abgegeben haben könnte.

Wo Buddenbrooks beendet wurden (Feilitzschstrasse 5)

Am 4. Februar 1899 meldet Thomas Mann seinen Umzug in die Feilitzschstraße 5/III an (heute 32, seit 1901 *Gasthaus*, später *Wirtshaus Seerose*), wo er, nach den Worten seines späteren Duz-Freundes Kurt Martens *in einem Armeleutehaus (...) ein dürftiges Stübchen (bewohnte)*. Das Haus wurde zwar, gemäß der Jahreszahl im Balkongitter der Eingangsseite, 1897 erbaut, scheint aber zwei Jahre später noch immer nicht ganz fertig gewesen zu sein, denn der Schriftsteller Arthur Holitscher erinnert sich an *eine kleine Wohnung in einem halbfertigen Hause draußen in Schwabing*, wo er sich mit Thomas Mann zum gemeinsamen Musizieren traf.

Und eben dieses Haus, das durch den Dichterkreis der *Seerose* um Peter Paul Althaus das Lokal für Schwabings dritte Epoche nach 1945 abgab, ist der Ort, wo im Sommer 1900 *Buddenbrooks* beendet wurden. Eine private Initiative hat diesen Ort

Im Haus Feilitzschstraße 5/III (heute: 32) mit dem späteren »Wirtshaus Seerose« beendete Thomas Mann im Sommer 1900 seinen Roman Buddenbrooks *(1901). Im Vordergrund der Viereck-Hof aus dem 17. Jh.*

irrtümlich in die Giselastraße 15 verlegt und dort 1969 eine Tafel mit einer ebenso irrigen Zuordnung anbringen lassen. Denn Thomas Mann wohnte in der damaligen Pension Gisela nicht, wie die Tafel will, *zwischen 1898 und 1901*, sondern (laut Meldebogen) kurzfristig im August und September 1902 und hatte zu diesem Zeitpunkt *Buddenbrooks* bereits seit zwei Jahren beendet. Die Tafel am Haus Giselastraße 15 ist sehr wahrscheinlich die Folge einer Verwechslung von Dichtung und Wahrheit. Der erste Schwabinger Adressenchronist Kristian Bäthe bringt die erfundene Rückkehr des *Doktor Faustus* Adrian Leverkühn im Herbst 1912 aus Italien in die (münchnerisch betonte) *Schwabinger Fremdenpension (Pension Gisella)* mit Thomas Manns konkreter Rückkehr Ende April 1898 unkritisch in Verbindung, obwohl sogar eine Romanstelle deutlich angibt, daß *Adrians Aufenthalt in der Schwabinger Pension nur einige Tage währte* (Kap. XXVI).

Zum Zeitpunkt des Umzugs in die Feilitzschstraße 5 sind die *Buddenbrooks* bis auf den letzten von elf Teilen abgeschlossen. Das kann weiter aus den Erinnerungen des Schriftstellers Arthur Holitscher über den Beginn seiner Bekanntschaft mit Thomas Mann geschlossen werden:

Ich kam öfters zu ihm und wir musizierten. Er hatte sich eine kleine Wohnung in einem halbfertigen Hause draußen in Schwabing eingerichtet. Ein Pianino stand in dem Arbeitszimmer, auf dem Schreibtisch war ein mit dünnem Kranz geschmücktes Porträt Tolstojs zu sehen, große, mit präziser, steiler Schrift bedeckte Manuskriptblätter lagen, zu beträchtlicher Höhe getürmt, vor dem Bild. Es war das fast vollendete Manuskript der ›Buddenbrooks‹. Mann geigte vorzüglich und ich begleitete ihn, so gut ich konnte. Heute hatte er mir, ehe wir zu musizieren begannen, ein Kapitel aus dem Schlußteil des zweiten Bandes vorgelesen: die Szene beim Zahnarzt, und das, was dann folgte, der Tod des Vaters auf der Straße.

Holitscher mußte sich übrigens später zu seinem Leidwesen in der Figur des kauzigen Ästheten und Dichters Detlev Spinell aus Thomas Manns Novelle *Tristan* (1903) wiedererkennen. Thomas Mann hatte Holitscher im Kreis des *Simplicissimus* kennengelernt, dem er 1899 etwa ein Jahr lang als Lektor und Korrektor in der Schackstraße 4 angehörte. Diese Stelle hatte ihm wiederum Korfiz Holm vermittelt, den Thomas Mann noch von der gemeinsamen Schulzeit in Lübeck her kannte. Wie im *Simplicissimus*-Kapitel schon ausgeführt, vertrat Holm als Interims-Bevollmächtigter den Verleger Albert Langen, der vor der drohenden Strafe wegen »Majestätsbeleidigung« Kaiser Wilhelms II. 1898 in die Schweiz geflohen war. Und Thomas Mann profitierte von dieser Vakanz.

Nach getaner Arbeit in seiner Wohnung, der *allerdings wenig komfortablen Dichter-Clause und Filiale der Simplicissimus-Redaktion* (an Kurt Martens, 7.VI. 1899), achtet der junge Dichter – ganz im Gegensatz zu seinem Helden Albrecht van der Qualen – auf sportliche Ertüchtigung mit dem Fahrrad:

Ich war in jenen Jahren ein so leidenschaftlicher Radfahrer, daß ich fast keinen Schritt zu Fuße ging und selbst bei strömendem Regen, in Gummischuhen und Lodenpelerine, alle meine Wege auf dem Vehikel zurücklegte. Auf der Schulter trug ich es drei Treppen hinauf in meine Wohnung, wo es in der Küche seinen Platz hatte. Vormittags, nach der Arbeit, pflegte ich es zu putzen, indem ich es auf den Sattel stellte (Lebensabriß, 1930).

Am 18. Juli 1900 schließlich kann Thomas Mann seinem Schulfreund Otto Grautoff stolz vermelden: *Heute habe ich die letzte Zeile meines Romans geschrieben.* Der Roman *Buddenbrooks* erscheint im Oktober 1901 bei S. Fischer in Berlin. Die anfangs schwer verkäufliche zweibändige Ausgabe wird, in einen preiswerten Band zusammengefaßt, zu einem Verkaufserfolg, der Thomas Mann den Zugang zur höheren Münchener Gesellschaft und 1929 den Nobelpreis für Literatur verschafft.

Der Schlüsselroman vom *Verfall einer Familie* thematisiert am Niedergang der Kaufmannsfamilie Mann in Lübeck die *Seelengeschichte des deutschen Bürgertums* (Thomas Mann) im 19. Jahrhundert. München, der Ort seiner Entstehung, ist im Roman durch die schon erwähnte Karikatur des Hopfenhändlers Alois Permaneder vertreten. Die Tochter des Hauses, Tony Buddenbrook, geschiedene Grünlich, hat ihn auf einer Reise in die »Kunststadt« kennengelernt. Bei Permaneders Gegenbesuch in Lübeck – angeblich aus »geschäftlichen Gründen«, deren vorrangigster es ist, Tony zu einer zweiten Ehe zu überreden –, läßt Thomas Mann nicht nur sprachlich Süd- und Norddeutschland miteinander kollidieren; auch die gesellschaftliche und nicht zuletzt die religiöse Differenz zwischen dem katholischen Süden und dem protestantischen Norden führen zu kuriosen Mißverständnissen.

Angeregt zur Figur des Alois Permaneder wurde Thomas Mann einmal, wie gesagt, durch den Namen seiner Quartiergeberin 1898 in der Theresienstraße 82/0 und sodann durch eine Karikatur von E. Weiner im *Simplicissimus* von 1897 mit dem Titel *Erholung* und dem Text: *Wenn oaner den ganz'n Tag nix thuat,*

»Herr Permaneder«: handschriftliche Notiz von Thomas Mann auf einer Karikatur von E. Weiner aus dem Simplicissimus von 1897

muß er doch am Abend sei' Ruah hab'n. Deutlich versehen mit dem handschriftlichen Namenszug *Herr Permaneder* macht Thomas Mann daraus die folgende Versammlung bayerischer Klischees, gesehen mit den zunächst wohlwollenden, dann aber immer kritischeren Augen der Konsulin, Tonys Mutter:

Es war ein Mann von vierzig Jahren. Kurzgliedrig und beleibt, trug er einen weit offenstehenden Rock aus braunem Loden, eine helle und geblümte Weste, die in weicher Wölbung seinen Bauch bedeckte und auf der eine goldene Uhrkette mit einem wahren Bukett, einer ganzen Sammlung von Anhängseln aus Horn, Knochen, Silber und Korallen prangte, – ein Beinkleid ferner von unbestimmter graugrüner Farbe, welches zu kurz war und aus ungewöhnlich steifem Stoff gearbeitet schien, denn seine Ränder umstanden unten kreisförmig und faltenlos die Schäfte der kurzen und breiten Stiefel. – Der hellblonde, spärliche, fransenartig den Mund überhängende Schnurrbart gab dem kugelrunden Kopfe mit seiner gedrungenen Nase und seinem ziemlich dünnen und unfrisierten Haar etwas Seehundsartiges. Die ›Fliege‹, die der fremde Herr zwischen Kinn und Unterlippe trug, stand im Gegensatz zum Schnurrbart ein wenig borstig empor. Die Wangen waren außerordentlich dick, fett, aufgetrieben und gleichsam hinaufgeschoben zu den Augen, die sie zu zwei ganz schmalen, hellblauen Ritzen zusammenpreßten und in deren Winkeln sie Fältchen bildeten. Dies gab dem solcherart verquollenen Gesicht einen Mischausdruck von Ergrimmtheit und biederer, unbeholfener Gutmütigkeit. (...) In der einen seiner kurzen, weißen und fetten Hände hielt der Herr seinen Stock, in der anderen ein grünes Tirolerhütchen, geschmückt mit einem Gemsbart (VI,4).

Ein Zeitsprung am Rande: Die Kombination Ergrimmtheit und Gutmütigkeit wird 1923 in Bild und Text Karl Arnolds *Simplicissimus*-Karikatur *Der Münchner* als Propagandisten der Nazi-Ideologie bestimmen (s. Abb. S. 70).

Aber zurück zum Roman von 1901. Alois Permaneder schafft es, Tony zu einer zweiten Ehe zu überreden, und zieht mit ihr nach München. Die Mitgift in Höhe von 50.000 Mark kommt an und Permaneder geht von heute auf morgen in Pension. Seine Frau, als habe sie es geahnt, steht nur fassungslos vor ihm und ruft: *Permaneder!* Die Ehe verläuft von Anfang an unglücklich; tragisch wird es, als ein Kind zur Welt kommt und gleich stirbt. Dann erwischt Tony ihren Alois auf der Treppe, als er sich gerade an das Dienstmädchen heranmacht. Tony zieht sich daraufhin demonstrativ mit dem Bettzeug vom Schlaf- ins Wohnzimmer zurück. Anstatt nun seine Schuld einzugestehen, ruft der angetrunkene Permaneder ihr einen Fluch hinterher, der diese Ehe schroff beendet: *Geh zum Deifi, Saulud'r dreckats!*

Diesen Fluch hat Thomas Mann angeblich von seinem kleinen Bruder Viktor vorgesagt bekommen, der damit seinen Beitrag zur Weltliteratur hervorhebt und kurz überschlägt, welcher Teil der Summe für den Nobelpreis ihm eigentlich zustünde. Thomas Mann hat diese Darstellung jedoch dementiert, und seine Notizbücher bestätigen eigene Überlegungen.

GLADIUS DEI AM ODEONSPLATZ

Weitere Junggesellenwohnungen fand Thomas Mann in der Ungererstraße 24/I von Januar bis Juli 1902 und danach, wie schon angedeutet, für September und Oktober in der Pension Gisela (Giselastraße 15). Nach einem Kuraufenthalt bei seinem Bruder Heinrich in Riva am Gardasee nimmt er von Mitte November 1902 bis Ende September 1904 in der Konradstraße 11 eine *Recht hübsche kleine Wohnung* (an Kurt Martens,

15.XI.1902). In diese Zeit fällt das Erscheinen seines Novellenbandes *Tristan* (1903) mit der Einbandzeichnung von Alfred Kubin. Neben der Titelgeschichte und dem *Kleiderschrank*, dem für Thomas Manns Künstlertum zwischen Kaufmann und Bohème so programmatischen *Tonio Kröger* und dem sterbenden Anwalt in *Luischen*, präsentiert der Band auch die erstmals 1902 erschienene Novelle *Gladius Dei* mit den berühmten, mittlerweile geflügelten Anfangsworten *München leuchtete*.

Ein junger Mann namens Hieronymus, in Gewand und Absichten dem toskanischen Bußprediger Savonarola (1452-1498) nachempfunden, sieht am Odeonsplatz, in der Auslage des großen *Kunstmagazins, des weitläufigen Schönheitsgeschäfts von M. Blüthenzweig*, das aufsehenerregende Bild einer ihm zu offenherzigen stillenden Madonna und fühlt den göttlichen Auftrag, dagegen anzugehen. Sein Anliegen kollidiert jedoch empfindlich mit den Geschäftsinteressen des Kunsthändlers und wird mit einem Hinauswurf aus dem Geschäft quittiert. Diese bislang meist als Hommage Münchens, des Jugendstils und seiner Bohème verstandene Geschichte – der Stadt noch heute eine Gedenkmedaille »München leuchtet« wert –, ist in Wirklichkeit eine sublime Kritik an der Kunststadt des Dekors, der Reproduktionen und Abbildungen, der Repliken und der Werbung, mit anderen Worten: der Kunststadt aus zweiter Hand.

Zwar ist das Lob für August Endells berühmte Fassade des Hofateliers Elvira (1896/97) an der Von-der-Tann-Straße 15 (Ecke Königinstraße, heute Neubau: Generalkonsulat der USA) unverkennbar: *Manchmal tritt ein Kunstbau aus der Reihe der bürgerlichen hervor, das Werk eines phantasievollen jungen Architekten, breit und flachbogig, mit bizarrer Ornamentik, voll Witz und Stil.* Aber die Modelle der Kunstakademie tragen nicht einheimische Gewänder, sondern die *Tracht der Albaner Berge*; die richtig als *Loggia* bezeichnete Feldherrnhalle kopiert die Loggia dei Lanzi in Florenz; und der Name des Kunsthändlers *Blüthenzweig* ist, wie Peter-Klaus Schuster festgestellt hat, eine echte Thomas-Mann-

Kombination aus dem renommierten jüdischen Kunsthändler Jakob Littauer am Odeonsplatz 2 und dem erfolgreichen Münchener Kunstreproduktionenhändler Franz Hanfstaengl. Das beanstandete Bild schließlich – möglicherweise auf Franz von Stucks Skandalbild *Die Sünde* (1893) anspielend – wird als eine Photographie vom Original präsentiert, allerdings täuschend echt gerahmt und auf einer Staffelei ins Schaufenster gestellt. Vom strahlend blauen Himmel des Anfangshymnus bis zur Vision des göttlich-vernichtenden Feuerschwerts im schwefelgelben Himmel über dem Odeonsplatz am Schluß nimmt *Gladius Dei* zudem mit geradezu prophetischer Intensität die Entwicklung der »Kunststadt« zu eben jener fanatischen »Hauptstadt der Bewegung« voraus, von der nicht nur die Vernichtung von Bildern und Büchern ausging.

Der Rückblick des Chronisten Serenus Zeitblom sieht in Thomas Manns Roman *Doktor Faustus* (1947) die Epoche und ihre Entwicklung ganz ähnlich: *Wovon ich spreche, ist das München der späten Regentschaft, nur vier Jahre noch vom Kriege entfernt, dessen Folgen seine Gemütlichkeit in Gemütskrankheit verwandeln und eine trübe Groteske nach der anderen darin zeitigen sollten, – diese perspektivenschöne Hauptstadt, deren politische Problematik sich auf den launigen Gegensatz zwischen einem halb separatistischen Volkskatholizismus und einem lebfrischen Liberalismus reichsfrommer Observanz beschränkte* (Kap. XXIII). Wie aktuell im übrigen der kunstfeindliche religiöse Fanatismus im Lande noch heutzutage ist, zeigt die, vom gleichen Vorwurf der »Blasphemie« wie in *Gladius Dei* begleitete Zerstörung einer modernen Marienplastik im Sommer 1991 an der Isarbrücke bei Wolfratshausen.

Etabliert: Franz-Joseph-Strasse 2

Die letzten beiden Wohnungen als Junggeselle fand Thomas Mann in der Ainmillerstraße 31/III (Oktober 1904 bis Januar 1905) und für knapp zwei Wochen in der Pension Rau an der Franz-Joseph-Straße 4, bevor er am 11. Februar 1905 Katia Pringsheim, die Tochter des Mathematikprofessors Alfred Pringsheim, heiratete und mit ihr in die Wohnung Franz-Joseph-Straße 2/III (mit Telephonanschluß) einzog. In einem Brief an den Verfasser vom 30. März 1992 erinnert sich Golo Mann, daß Thomas Manns Schwiegermutter sich allerdings darüber empört habe, *daß er seine zarte Gemahlin mit der Trambahn die betreffende Wohnung erreichen ließ, während er selber noch einen Spaziergang im Dunklen vorzog.*

Über fünf Jahre, bis zum 4. Oktober 1910, wohnte die junge Familie in der Franz-Joseph-Straße 2. In dieser Zeit kamen die Kinder Erika (9.XI.1905), Klaus (18.XI.1906), Golo (27.III.1909) und Monika (7.VI.1910) zur Welt. Thomas Manns Biograph Peter de Mendelssohn hat das Interieur der Wohnung bis in die Ausstattung der Bücherwand rekonstruieren können. Der Einfluß des Schwiegervaters ist gewichtig:

Die Wohnung war nicht groß. Nach vorn, mit dem Blick auf den Garten, lagen Thomas Manns Arbeitszimmer, der Salon und das Speisezimmer. ›Um die Ecke‹ befanden sich ein Badezimmer, Thomas Manns Schlafzimmer, Frau Katias Zimmer, noch ein kleines Zimmer und ein Fremdenzimmer, das später zum Kinderzimmer wurde. (...) Professor Pringsheim hatte die Wohnung mit schönen alten Stücken aus dem berühmten Münchener Antiquitätenhaus Bernheimer eingerichtet. Im Salon stand ein neuer Stutzflügel, an dem Thomas Mann, wie Frau Katia sich erinnert, gern saß und ›aus Tristan phantasierte‹. Aus seiner Junggesellenwohnung hatte er außer drei Empire-Fauteuils nichts mitnehmen dürfen; auch sein Arbeitszimmer hatte der Schwiegervater so eingerichtet, wie er es für richtig und passend hielt.

Hier beendet Thomas Mann im Februar 1909 seinen zweiten Roman *Königliche Hoheit*, der noch im gleichen Jahr erscheint. Das Haus wurde im zweiten Weltkrieg zerstört. Am Eckhaus nebenan (Leopoldstraße 21) erinnert eine Tafel an ein Atelier des Malers J. W. Schulein in den Jahren 1908 bis 1930.

In der »besseren Gesellschaft«: Die Zeit im Herzogpark (1910-1933)

Anfang Oktober 1910 zieht die Familie Mann in die Mauerkircherstraße 13/II. Golo Mann schreibt in seinem oben angegebenen Brief: *Das waren in Anbetracht der vier Kinder und drei ›Mädchen‹, zwei Wohnungen in einem Stockwerk, also mit zwei Türen, an die ich mich noch erinnern kann.* Und Klaus Mann hält fest, wie er sich einmal nachts mit seiner Schwester Erika auf den kleinen Balkon der Wohnung gesetzt habe. Der Morgen graut: *Unser Hausmädchen kam mit Federhütchen und Regenschirm die Straße herunter, von einem Bummel heimkehrend, zugleich angeregt und übermüdet. Sie ertappte uns auf dem Balkon, und wir wurden wieder ins Bett gesteckt.* Thomas Mann arbeitet in dieser Zeit an *Tod in Venedig* (1912), dessen Beginn am Nordfriedhof spielt. Im Sommer 1912 erscheint die Erzählung im Hyperion-Verlag Hans von Weber, München, als 13. Hundertdruck.

Thomas Mann, seit 1908 Besitzer eines Landhauses in Bad Tölz, baut nun auch in München und kann am 7. Februar 1914 in das eigene Haus an der Poschingerstraße 1 (seit 1956 Thomas-Mann-Allee) einziehen. Golo Mann weist in seinem Brief an den Verfasser darauf hin, daß die Adresse richtiger Föhringer Allee hätte heißen müssen. Hier entstehen die *Betrachtungen eines Unpolitischen* (1918), *Der Zauberberg* (1924) und die ersten beiden Romane der Trilogie *Joseph und seine Brüder* (1933-1936). Die Gegend um das Haus herum hat Thomas Mann in einem *Idyll* unter dem Titel *Herr und Hund* (1919) prägnant festgehalten.

Haus Poschingerstraße 1 im Bau (1913/14)

Die Familie, zu der noch *das dritte Pärchen* Elisabeth (24.IV.1918) und Michael (21.IV.1919) kommt, wohnt im Haus Poschingerstraße 1 bis Anfang April 1933. Nach der Machtübernahme der Nazis und einem von Prominenten der *Richard-Wagner-Stadt* München wie Richard Strauss, Hans Pfitzner, Hans Knappertsbusch und Olaf Gulbransson unterzeichneten *Protest* gegen einen Vortrag Thomas Manns über *Leiden und Größe Richard Wagners* beginnt für Thomas Mann die Zeit des Exils in der Schweiz und in Amerika.

Das Haus an der Poschingerstraße wird beschlagnahmt und vermietet, das Bankvermögen mit der seit 1931 bestehenden Kapitalfluchtsteuer, die jetzt Reichsfluchtsteuer heißt, belegt und eingezogen. Nur mit Not gelingt es Thomas Mann, die beiden jüngsten Kinder und wichtige Manuskripte und Bücher in die Schweiz zu holen. Als Klaus Mann 1945 in der Uniform eines amerikanischen GI im Jeep vor dem Haus vorfährt, kann er nur noch dessen endgültigen Verfall feststellen: *Zunächst hielt ich es für unbeschädigt. Auf den ersten Blick nimmt sich das alte Ding gar nicht so übel aus. Der reine Bluff! – wie ich bei näherm Hinschauen alsbald konstatieren mußte. Das Gerüst hat standgehalten, aber nur als Attrappe und hohle Form. Drinnen ist alles wüst und ausgebrannt, wie in Hitlers ›Berghof‹. Über zerborstene Stufen klettere ich zum Portal und schlüpfe durch ein rußgeschwärztes Loch – wohin? Wo befand ich mich? Doch nicht in unserer Diele? Die war größer gewesen, mindestens doppelt so groß und überhaupt ganz anders.* Der Grund: Die Diele ist ebenso mit Zwischenwänden umgebaut worden wie die Zimmer.

Der Braunbär aus der Poschingerstraße 1 im Schaufenster des Ledergeschäfts von Ludwig A. Geith, Kreuzstraße 5, 1993

Das »Familienstück par excellence« (Viktor Mann)

In dieser Diele wiederum stand einst ein ausgestopfter Braunbär, der auf seinen Tatzen eine hölzerne Schale für die Visitenkarten trug. Wie Viktor Mann berichtet, war der Bär *ein Hochzeitsgeschenk aus Rußland für unsere Eltern* gewesen und daher ein besonders hochgeschätztes *Familienstück par excellence*. In *Buddenbrooks* ist der Bär ein Geschenk von Pastor Tiburtius und seiner Frau Clara aus Riga zur Taufe des kleinen Hanno: *Übrigens haben sie den Buddenbrooks ein prachtvolles Geschenk mitgebracht: einen mächtigen, aufrechten, ausgestopften, braunen Bären mit offenem Rachen, den ein Verwandter des Pastors irgendwo im Inneren Rußlands geschossen, und der jetzt, eine Visitenkartenschale zwischen den Tatzen, drunten auf dem Vorplatz steht* (VII,1). Später kommt der Bär noch im neuen Haus des Senators Thomas Buddenbrook *am Fuße der Haupttreppe* zu Ehren (VII,6). Dieser Bär hat sich an einer merkwürdigen Stelle in München erhalten. Bei der Zwangsversteigerung (deklariert als *Freiwillige Versteigerung*) des Hausrats der Poschingerstraße 1 am

6. und 7. Oktober 1937 durch den Versteigerer Ludwig Schrettenhuber, Schillerstraße 40, erwarb der Münchener Lederhändler Matt den Bären und stellte ihn ins Schaufenster seines Ladens in der Kreuzstraße / Ecke Eingang zum Asamhof. Dort stand er bis 1999 als Träger von Geschirrtüchern und fletschte seine Zähne. Dann verschwand er in einem Giesinger Keller.

Nach dem Krieg folgte Thomas Mann im Sommer 1949 zwar einer Einladung der Stadt München zu einem Besuch und einer Feier im Prinz-Carl-Palais, sein heruntergekommenes Haus hat er jedoch bei diesem wie bei einem späteren Besuch nicht mehr aufgesucht. Das Grundstück wurde später verkauft und 1957 auf dem alten Fundament ein neues Einfamilienhaus errichtet. Ablehnung erfuhr ein Antrag der achtziger Jahre, eine Gedenktafel in der Thomas-Mann-Allee anzubringen: Zum einen sei das Haus zu weit von der Straße entfernt und ein Betreten des Grundstücks den heutigen Bewohnern nicht zumutbar; zum anderen werde keinem Prominenten in München mehr als eine Tafel zugestanden. »München leuchtet« – doch was man sieht, das glaubt man nicht.

UNSTET
Heinrich Manns Wohnungen in München

Weit weniger als bei seinem jüngeren Bruder spiegelt sich im Werk Heinrich Manns seine lokale Biographie in München. Der Grund dafür ist, daß sich die Brüder aus ihren gemeinsamen Voraussetzungen in Lebensstil und Thematik ihrer Arbeiten völlig unterschiedlich, ja geradezu gegensätzlich entwickelten. Diese Differenz markieren am deutlichsten zwei Romantitel: Während Heinrich Mann seit 1906 an dem Roman *Der Untertan* (1914/1918), dem satirischen Hauptwerk der wilhelminischen Epoche, arbeitete, ließ Thomas Mann 1909 seinen Gesellschaftsroman *Königliche Hoheit* erscheinen. Untersicht versus Erhabenheit: An den beiden Romantiteln lassen sich zum einen die Gegensätze von Satire und Ironie aufweisen; vehement prallen hier aber vor allem soziale Kritik und ein großbürgerlich akzeptiertes Gesellschaftsbild literarisch aufeinander. Entsprechend kommentiert Thomas Mann selbstzufrieden ironisch seinen Aufstieg in die höhere Münchener Gesellschaft damit, er *habe geruht, mir eine Verfassung zu geben* (an Heinrich Mann, 17.1.1906). Und sowohl aus Standesgründen wie aber auch aus der unterschiedlichen politischen Wertung des Ersten Weltkriegs bleibt Thomas Mann der Hochzeit seines Bruders mit der Schauspielerin Maria Kanová am 27. August 1914 in München demonstrativ fern.

Dabei waren die Gemeinsamkeiten zunächst viel größer gewesen. Ebenfalls ohne Abitur, war Heinrich Mann schon 1889 vor dem ihm gegenüber äußerst skeptischen Vater nach Dresden geflohen und hatte dort eine Buchhändlerlehre begonnen. Sodann konnte er als Volontär im Berliner Verlag von Samuel Fischer Erfahrungen sammeln, die später allerdings mehr seinem Bruder als ihm selbst zugute kamen. Zwar hatte der Vater der

Brüder Mann in seinem Testament energisch verfügt, *den Neigungen meines ältesten Sohnes zu einer s.g. literarischen Thätigkeit entgegenzutreten*. Doch nach dem überraschenden Tod des Vaters – er starb 1891 an den Folgen einer Blutvergiftung – und der Liquidierung der Firma konnte sich Heinrich Mann der vom Vater verpönten Tätigkeit nicht nur uneingeschränkt widmen, sondern wurde darin noch durch die Mutter unterstützt, die den Druck des ersten Romans *In einer Familie* (1894) finanzierte und den Sohn zudem mit einem ansehnlichen monatlichen Wechsel ausstattete. Ein Blutsturz im Jahr 1892 zog jedoch immer wieder Sanatoriumsaufenthalte nach sich. In diesen Zeiten der verordneten Ruhe und – ab 1893 – wieder auf Reisen nach Paris und Italien, erlebt Heinrich Mann *eine geschärfte Einsamkeit* (Wilfried F. Schoeller), die seine Entwicklung forciert. In den Jahren 1896-1898 lebt er mit seinem Bruder in Rom und Palestrina. Während Thomas Mann dort mit dem Roman *Buddenbrooks* beginnt, entwickelt sich für Heinrich Mann eine Bleistiftnotiz unversehens zum Roman *Im Schlaraffenland* (1900), der »unter feinen Leuten« in Berlin spielt.

Aus Italien zurück, nehmen die Brüder in München, wie schon erwähnt, Logis in der Theresienstraße 82/0 bei Walburga Permaneder. Dort aber trennen sich ihre Wege; Heinrich Mann bleibt bis 1916 faktisch ohne festen Wohnsitz: Mehr als zwei Dutzend Wohnungen, in denen er sich zudem noch häufiger an- und abmeldet, verzeichnet allein sein Münchener Meldebogen in dieser Zeit; dazu kommen Aufenthalte in Berlin, Italien und an der Côte d'Azur. Das Unstete entspricht seiner immer größeren Einsamkeit; abgestoßen durch das, wie er beklagt, höchst unfreundliche Benehmen seines Bruders ihm gegenüber, löst er die Beziehung zu ihm wie auch zu seiner Schwester Julia, die sich ähnlich wie Thomas in der Münchener Gesellschaft etabliert. Verständnis für seine Eigenart bringen ihm nur noch seine Mutter und besonders seine Schwester Carla, die Schauspielerin, entgegen.

Heinrich Manns München-Roman, das Gegenstück zum Berliner *Schlaraffenland*, ist *Die Jagd nach Liebe* (1903). In der Figur der Schauspielerin Ute Ende hat sich Carla Mann wiedererkannt: *Dein Buch habe ich jetzt erhalten – besten Dank! – und schon ausgelesen. Die Ute hat mich außerordentlich interessiert, besonders da ich künstlerisch mehr Ähnlichkeit mit ihr habe, als Du glaubst. (...) Der Ute scheint auch alles Kranke zu liegen. Ich bin auch nicht eigentlich temperamentlos, aber mein Temperament scheint anormal zu sein. (...) Nur die, die einfach zusammenbrechen, geistig und körperlich, kann ich spielen.*

Olaf Gulbransson, Heinrich Mann (1904)

In tragischer Verwirrung von Spiel und Wirklichkeit wird sich Carla Mann 1910 in Polling auf dem Schweigharthof aus verletzter Liebesehre vergiften. Der Freitod der Clarissa Rodde in Kap. XXXV von Thomas Manns Roman *Doktor Faustus* (1947) ist direkt auf dieses Unglück beziehbar.

Der Held des Romans *Die Jagd nach Liebe* ist Claude Marehn, ein reicher Erbe, dessen prunkvoller Ästhetizismus vor dem Hintergrund der Schwabinger Bohème nur den eigenen seelischen Leerlauf kaschiert. Seine unglückliche Liebe zu der Schauspielerin findet keine Erfüllung, da beide nicht aus ihren jeweiligen Kunstwelten herausfinden können. Konkretes Vorbild für den reichen Erben war Alfred Walter Heymel, der finanzielle Stifter sowohl der Zeitschrift wie auch des Verlags *Die Insel* 1899 im Haus Leopoldstraße 4 (Abb. S. 137). Seine teure Jugendstil-Wohnung im Erdgeschoß dieses Hauses war weithin bekannt.

Dieses Haus, *nicht weit vom Siegestor*, wie es im Roman heißt, dient als Schauplatz für eine seiner Schlüsselstellen. Marehn richtet sich das Haus, das schon äußerlich das anmaßende Stilgemisch eines *babylonischen Rokoko* zeigt, ganz im überbordenden Jugendstil ein. In seinen luxuriösen und kaufwütig ohne wirklichen Geschmack versammelten Details erscheint symptomatisch das kritisch gesehene Lebensgefühl einer Spätzeit, die ihr Selbstwertgefühl verloren hat und nun versucht, mit großem Aufwand die innere Leere wettzumachen:

Claude behielt sich den linken Pavillon des riesigen Baues vor. In den drei Stockwerken fand er Raum für alle seine Einkäufe. Er machte noch viele andere auf den ersten Reiz der Neugierde hin und ohne irgendein Ganzes vor den Sinnen zu haben, ein Heim, ein Festhaus oder Arbeitssäle der Musen. Die Stühle mußten sich zu recht sonderbaren Knoten biegen, und recht spindeldürre Arme mußten herauswachsen. Im gelben Grund der Gobelinpolster mußten die blauen Muster unsicher schwimmen, wie Fettflecke. Die Schwäne und die Königskinder mit Messingkonturen mußten in den Glasmalereien auf einer Landschaft ohne Tiefe und mit Messingkonturen kleben. Claude saß bei Littauer umher, besah Pariser farbige Lithographien und sagte: ›Wahnsinnig, ganz wahnsinnig, das kaufe ich.‹

Er arbeitete Tag und Nacht. Es galt die Einrichtung der zwanzig Gemächer fertigzustellen, bevor Ute München verließ. Die luxuriöse Mühe wird zwar durch einen Besuch Utes belohnt, von ihr aber enttäuschend kommentiert:

Und endlich führte er seine Geliebte in diese Halle, die er um sie her erträumt hatte. Sie war unten hell, mit hohem weißen Kamin, grauen Ledersitzen und lila Pfauengefiedern vor den Türen. In kupfernen Kübeln prunkten violette Blumen. Als die üppigste von ihnen erschloß sich, unter ihnen wandelnd, Utes Haar. Wenn Claude sich setzte, rauschte es gegen die tiefblauen Decken, droben unter dem Glasdach. In der Höhe des zweiten Stockwerks kreisten rasche schlanke Malereien und luden Ute ein in ihre für sie erfundene Jagd.

Aber sie ging zerstreut darüber hinweg, sie erstieg achtlos die Treppe, über deren Teppich Claude die Biegung ihrer Schenkel ersehnt hatte. Auf dem Balkon, der die beiden Treppenarme überragte, regte sich eine leise Streichmusik. Ute blieb einen Augenblick stehen, faltete die Brauen und fragte: ›Was denkst du dir eigentlich dabei?‹
›Nichts‹, erwiderte Claude.
›Du mußt dich schrecklich langweilen, daß du auf so etwas verfällst.‹ (Kap. VII)

In diesem prunkvollen Aneinandervorbei wird die Kritik hörbar an einer Lebensform, die unfähig ist zum direkten Gespräch; das von Claude mit allen Mitteln herbeigesehnte Liebeswort spricht Ute bezeichnenderweise am Ende erst dem Toten gegenüber aus.

Diesen zeitkritischen Ansatz erweitert Heinrich Mann im Roman *Professor Unrat oder Das Ende eines Tyrannen* (1905), der durch den Film *Der blaue Engel* (1930) mit Marlene Dietrich zu Weltruhm gelangte. Der tyrannische Bildungshüter wandelt sich darin zu eben dem satanischen, erosbesessenen Kleinbürger, den er vorher immer in seinen mehr oder minder renitenten Schülern gewittert hatte; die dekadente Tragik der *Jagd nach Liebe* schlägt in satirisch ätzende Komik um.

Während er seit 1906 mit Notizen zu *Der Untertan* beschäftigt ist, läßt Heinrich Mann 1909 den Roman *Die kleine Stadt* erscheinen, worin am Beispiel von Palestrina ein ganzes Welttheater Revue passiert. Im Jahr darauf erscheinen erstmals seine wichtigen kulturpolitischen Essays *Voltaire – Goethe* sowie *Geist und Tat*. Besonders *Geist und Tat* wirkte nachdrücklich auf den expressionistischen Aktivismus; Heinrich Mann ging es allerdings weniger um anarchistische Ziele als um eine grundsätzlich politisierte literarische Öffentlichkeit; es ging ihm um die Stellungnahme, den Einspruch als Maßgabe.

Zwar in Europa zu Hause, ist Heinrich Mann in dieser Zeit jedoch weiterhin nirgends fest wohnhaft. Während der Proben zu seinem Theaterstück *Die große Liebe* lernt er 1912 in Berlin die

Eine Gedenktafel am Haus Leopoldstraße 59 erinnert an Heinrich Manns Wohnung im dritten Stock von 1914 bis 1928

Prager Schauspielerin Maria (Mimì) Kanová kennen, die er 1914 in München heiratet. Ebenfalls 1912 beginnt er die Niederschrift des *Untertan*, der 1914 beendet ist. Ein Vorabdruck in der Münchner Wochenschrift *Zeit im Bild* wird zwei Wochen nach Kriegsausbruch am 13. August 1914 abgebrochen.

Es hält ihn nun länger in der Stadt: Mitte Oktober meldet sich Heinrich Mann wieder in der Leopoldstraße 61/II an, wo er bereits bis Ende Juli gewohnt hatte. Nach einem Aufenthalt in Bad Kissingen logiert er etwas über einen Monat bis Ende September 1915 wieder in der Leopoldstraße 108/0, wechselt von Oktober 1915 bis Februar 1916 in die Tengstraße 31/II und ist Anfang März 1916 in der Leopoldstraße 48/II (Pension Richter).

In dieser Zeit ist sein großer Essay *Zola* (1915) erschienen als deutliches Exempel für das Programm von *Geist und Tat*. Die darin geführte, kaum verhüllte Attacke gegen den Bruder Thomas pariert letzterer durch seine hochpolitischen *Betrachtungen eines Unpolitischen* (1918), worin er den von Heinrich Mann vertretenen Typus des Intellektuellen als *Zivilisationsliteraten* vehement kritisiert. Heinrich Mann nimmt diesen Begriff wiederum bewußt als Auszeichnung auf und ehrt damit in seiner Gedenkrede am 16. März 1919 den ermordeten bayerischen Ministerpräsidenten Kurt Eisner. Dieser intellektuelle Konflikt der Brüder ist für die Epoche geradezu symptomatisch; er führt zum Abbruch der persönlichen Beziehungen. Erst 1922, nach Thomas Manns Entwicklung zum Sozialdemokraten, kommt es zur Aussöhnung.

Zurück in die Kriegszeit. Heinrich Mann findet endlich auch eine feste Bleibe. Von Anfang April 1916 an wohnt er mit seiner Frau – ab 1916 auch mit der Tochter Leonie – bis 1928 in der Leopoldstraße 59/III, wo heute eine Tafel an ihn erinnert.

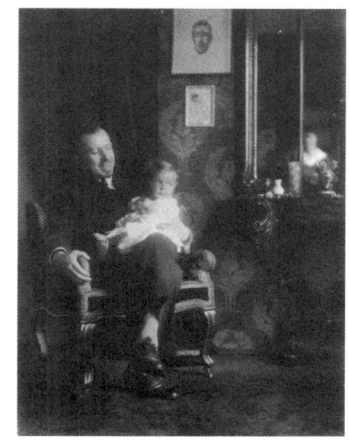

Heinrich Mann mit seiner Tochter Leonie (1917)

Die Tage vergehen mit geregelter Arbeit am Vormittag und ausgedehnten Spaziergängen am Nachmittag. Ein kleines Detail vom Umgang Heinrich Manns im München der Kriegszeit hat Erich Mühsam überliefert:

Im Laufe der Zeit, während ich längst die unterirdischen Verbindungen pflegte, von denen ich selbstverständlich auch vor den literarischen Freunden nichts laut werden ließ, fanden sich dann doch engere Zirkel zusammen, die gegeneinander kein Mißtrauen mehr fühlten. Im Café Luitpold hatte sich ein Nachmittagskreis gebildet, der dort regelmäßig Frank Wedekind, Kurt Martens, Gustav Meyrink und häufig auch Heinrich Mann und mich zusammenführte. Hier wurden mit gedämpfter Stimme die Ereignisse besprochen und aus höheren Gesichtspunkten betrachtet als den an lauten Tischen beliebten.

Privater erscheint eine Erinnerung Heinrich Manns an Frank Wedekind in seinem Lebensbuch *Ein Zeitalter wird besichtigt* (1945):

Der Krieg kam, unsereiner entwöhnte sich der Öffentlichkeit, da trank er gern seinen Wein bei mir. In meinem Arbeitszimmer, das 1916 allein noch geheizt wurde, saß er am Ofen. Der Dramatiker sah Personen, nicht Gegenstände; nach einiger Zeit bemerkte er dennoch ein Bild, gleich neben seinem Platz. Es war ein alter Kupferstich, eine italienische Prinzessin des Cinquecento, die Haare aufgestellt über der Stirn, das Gesicht wurde dadurch besonders streng und rein. ›Ist das nicht – ?‹ fragte er. Ich antwortete: ›Gewiß.‹ Denn es war seine Frau, die ganze Lust und alles Leid des Alternden.

Der Untertan erscheint 1916 in kleinster Auflage als Privatdruck, offiziell erst 1918 nach Kriegsende im Verlag Kurt Wolff (Leipzig) – und wird ein sensationeller Erfolg. Es besteht ein riesiger Bedarf: In wenigen Wochen werden 100.000 Exemplare verkauft. Die Demaskierung des deutschen Spießers, seine Lust an Befehl und Gehorsam, das überdeutliche und weiterhin aktuelle Verhältnis von politischer Unmündigkeit und gewalttätiger Anpassung wirkt als Spiegel; Heinrich Mann wird später lediglich bedauern, daß die Deutschen sein Buch immer nur dann läsen, wenn sie wieder einen Krieg verloren hätten.

Mit dem Roman und der im Jahr darauf erscheinenden Essay-Sammlung *Macht und Mensch* (1919) setzt Heinrich Mann deutliche literatur-politische Signale. Wirtschaftlich weniger erfolgreich ist sein Versuch, die Romane *Der Untertan*, *Die Armen* (1917) und *Der Kopf* (1925) zu einer Reihe unter dem Titel *Romane der deutschen Gesellschaft im Zeitalter Wilhelms II.* zusammenzufassen. Kritisch kommentiert er die politische Entwicklung in der Weimarer Republik und sieht schon früh Diktatur und Faschismus voraus. 1928 siedelt Heinrich Mann nach Berlin über, wo er 1931 zum Präsidenten der Sektion Dichtkunst bei der Preußischen Akademie der Künste ernannt wird. Im Jahr davor wurde er von seiner Frau Maria geschieden.

Anders als sein Bruder Thomas sieht er nach Hitlers Machtübernahme nur das Exil als einzigen Ausweg für sich. Sein

Terminkalender enthält am 21. Februar 1933 den lakonischen Eintrag: *abgereist*. Von Frankreich, wo Heinrich Mann die beiden großen *Henri Quatre*-Romane schreibt (1935/1938), flieht er 1940 über Spanien und Portugal in die USA. Dort heiratet er 1939 Nelly Kroeger, die sich 1944 das Leben nimmt. 1947 stirbt Maria Kanová in Prag an den Folgen einer fünfjährigen Haft im KZ Theresienstadt.

Heinrich Manns Erinnerungen *Ein Zeitalter wird besichtigt* (1945) sind der letzte herausragende Ertrag seiner amerikanischen Zeit. Der Berufung 1949 zum Präsidenten der Deutschen Akademie der Künste in Ostberlin kann er nicht mehr folgen; am 12. März 1950 ist Heinrich Mann in Santa Monica/California gestorben. Im Anschluß an die Thomas-Mann-Allee führt in München seit 1956 die Heinrich-Mann-Allee direkt am rechten Ufer der Isar entlang nach Norden bis zum Stauwehr.

Ankündigungsplakat der Insel von Emil Rudolf Weiß

DIE INSEL
Otto Julius Bierbaum, Alfred Walter Heymel, Rudolf Alexander Schröder

Zwei grüne Jungs und ein alter Hase. Das sind 1899 in München die Voraussetzungen für *Die Insel*, sowohl für die kurzlebige Zeitschrift wie für den langlebigen (heute sogar in Leipzig und in Frankfurt am Main existierenden) Verlag. Die beiden grünen Jungs sind die Bremer Vettern und Studenten Alfred Walter Heymel (1878-1914) und Rudolf Alexander Schröder (1878-1962); der alte Hase ist der damals vierunddreißigjährige Dichter Otto Julius Bierbaum (1865-1910). Er hatte sich literarisch bereits mit mehreren Gedichtbänden, als Herausgeber der kostbar aufgemachten Zeitschrift *Pan* (1895) und mit dem Kabarettroman *Stilpe* (1897) einen Namen gemacht. Die beiden Studenten kannte dagegen in München noch niemand.

Im Abstand von einem Jahr kommen die Vettern in die Kunststadt. Schröder nimmt im November 1897 ein Architekturstudium auf und zieht bis 1900 in das Rückgebäude der Rottmannstraße 14/0. Heymel folgt Ende 1898 und wohnt bis Ende Januar 1899 in der Türkenstraße 11/0.

Schon auf den Schulbänken des Alten Gymnasiums in Bremen hatten die beiden einen Plan gefaßt, der jetzt in München realisiert werden soll. In der Nachfolge des *Pan* und analog zu der englischen Kunstzeitschrift *The studio* wollen sie ein Periodikum mit exquisiter Ausstattung für neue literarische Ansätze gründen und parallel dazu mit einem Verlag auch buchkünstlerisch ein neues anspruchsvolles Forum schaffen. Das ist nicht nur eine utopisch verstiegene Idee junger Dichter, die es nicht erwarten können, sich gedruckt zu sehen; es ist weit eher der Ausdruck eines bestimmten ästhetischen Zeitgefühls der Jahrhundertwende. Während aber der vielseitig interessierte Schröder, der sich neben den Architekturstudien auch als Musiker und Dichter versucht, dem Unternehmen anfangs mit etwas Vorbehalt gegenübersteht, will der selbsternannte *Ritter Ungestüm* Heymel so schnell wie möglich Taten sehen. Er allein bringt dafür die eine unabdingbare, alle Hindernisse ebnende Voraussetzung mit: Er hat Geld, sogar sehr viel Geld.

Auf geradezu wundersame Weise hatte sich bei Alfred Walter Heymel die Gefahr gesellschaftlicher Ächtung durch seine uneheliche Geburt – er war 1878 in Dresden als Walter Hayes Misch zur Welt gekommen – in die Aussicht auf einen märchenhaften Reichtum verwandelt. Bedingung dafür war die Adoption des Zweijährigen durch den Großkaufmann und Bremer Konsul Adolph Heymel (1822-1890) und seine Frau Theodora. Nach dem Tod des seit 1888 verwitweten Konsuls lebte Heymel zwar in der Bremer Familie seines Vormunds, eines Juristen namens Nagel, aber eine herzlich familiäre Aufnahme fand er nicht dort, sondern in der Familie seines Adoptivonkels Johannes Schröder, wo die Freundschaft der beiden Vettern begann. Die Erbschaft, die dem jungen Heymel mit der Volljährigkeit zufiel, war so bedeutend, daß er direkt in die gesellschaftlichen Höhen eines kunstliebenden Herrenreiters aufstieg. Dieser Dandy, nach Worten Franz Bleis *ein Genie der Freundschaft in Wirken und Tun*, konnte jetzt nicht nur die zunächst auf drei Jahrgänge festgelegte Zeitschrift im voraus finanzieren; zusätzlich leistete er sich ein kostspieliges Wohnungsensemble im Haus Leopoldstraße 4, wo es beinahe nicht mehr darauf ankam, daß auch die Zeitschrift und der Verlag hier ihre Adresse hatten.

Auf Initiative Heymels wurde im Frühjahr 1899 Otto Julius Bierbaum als erfahrener Herausgeber für die *Insel* gewonnen. Nachdem Bierbaum Heymels ersten Gedichtband *In der Frühe* (Bremen, Dezember 1898) gelobt hatte, kam im Frühjahr 1899 ein Besuch der beiden Vettern bei ihm in Dresden zustande. Dabei wurde die endgültige Mitarbeit Bierbaums an der Zeitschrift (nicht aber am Verlag) gesichert und der Beginn der beiden Unternehmen für den Herbst und den Dezember des Jahres festgelegt.

Ihre erste Adresse in München hat *Die Insel* in der Prinz-Ludwig-Straße 5/I am Karolinenplatz, wo Heymel von Januar 1899 bis zum Juli 1900 gemeldet ist. Die Räume dieser Etagenwohnung, so erinnert sich der Bremer Maler Heinrich Vogeler (1872-1942), einer der ersten Ausstatter der Zeitschrift, hatte Schröder für seinen Vetter *mit auserlesenem Geschmack eingerichtet*; an der Wand hängen ein Aquarell von Manet und Zeichnungen von Gauguin.

Während sich die jungen Herausgeber mit der schönen Seite des Kunstlebens beschäftigen können, versucht Otto Julius Bierbaum die nötigen qualitätvollen Mitarbeiter für die Zeitschrift zu gewinnen. Eine der interessantesten Eigenschaften der *Insel* ist dabei die programmlose Nähe älterer und neuer Namen nicht nur der deutschen, sondern auch der französischen und englischen Literatur; so stehen in den drei Jahrgängen E.T.A. Hoffmann neben Hugo von Hofmannsthal und Robert Walser; die Briefe des Abbé Galiani neben André Gide und der englische philosophische Schriftsteller Walter Pater neben dem schreibenden Zeichner Aubrey Beardsley. Unter den Illustratoren und Ausstattern ragen Emil Rudolf Weiß, Heinrich Vogeler, Marcus Behmer und Th.Th.Heine heraus; das berühmte Signet des Verlags, das Insel-Schiff, entwirft Peter Behrens.

Anstatt sich über das gehaltvolle Debüt zu freuen, bemängelt der kunsthandwerklich ehrgeizige Schröder Bierbaums eigenmächtige Gestaltung der ersten Hefte. Schriftbild und Buchschmuck – das Wort stammt, laut Schröder, von Bierbaum –, führen zu ersten Meinungsverschiedenheiten, die nie ganz ausgeräumt werden können. Der latente Konflikt endet 1901 mit Schröders Verzicht auf eine weitere Zusammenarbeit. Den dritten Jahrgang – bis zum September 1902 – betreut Bierbaum dann ganz allein, unterstützt von Frank Wedekind und Franz Blei, den Altersgenossen Bierbaums und wichtigen Mitarbeitern schon der ersten Hefte.

Olaf Gulbransson, Otto Julius Bierbaum (1904)

Im Zusammenprall beinahe schon zweier Generationen, verstärkt noch durch den sagenhaften Reichtum Heymels, konnten die Zeitschrift wie auch der Verlag anfangs kein einheitliches oder gar harmonierendes Programm entwickeln. Franz Blei befand knapp: *Kein Programm, aber eine Vorliebe. Kein Wille, aber ein entgegenkommendes Wünschen.* Altes und Neues stand unvermittelt nebeneinander und gab gerade dadurch den unverwechselbaren Eindruck einer Zeitenwende.

Doch der Dissens hatte noch tiefere Gründe. Otto Julius Bierbaum kam nicht nur aus einer anderen Zeit, er kam auch aus einer anderen Welt als seine beiden Mitherausgeber. Der Sohn eines Konditormeisters aus Grünberg in Schlesien mußte nach dem Konkurs des Vaters ein Studium von Philosophie, Jura und Sinologie abbrechen und sich durch journalistische Arbeit selbst versorgen. Schon 1890 zog er nach München, nahm Verbindungen mit Verlagen auf, und veröffentlichte 1892 seinen ersten Gedichtband *Erlebte Gedichte*. Gerade die Erinnerung an seine erste Zeit in München dürfte die Differenz zu Heymel und Schröder von Anfang an bestimmt haben. Denn wie sich Michael Georg Conrad (1846-1927), seit 1885 Herausgeber der naturalistischen Zeitschrift *Die Gesellschaft*, 1912 im Gedenkbuch für Bierbaum erinnert, habe der auf den Glückwunsch zur neuen *Insel* geantwortet: ›Lieber Conrad, ich wollte, ich hätte noch einmal die Träume wie damals, wo ein literarischer Habenichts ein armselig Studentenstübchen – keine feudale sturmfreie Bude – an der Ecke der Kaulbach= und Veterinärstraße bewohnte, über einem käse=, hering= und petroleumduftenden Kramladen – –‹.

Bierbaum war ab Februar 1892 für vier Monate in der Veterinärstraße 5/I gemeldet; die immer wieder als Adresse ohne Beleg angeführte Kaulbachstraße 41 kommt in seinem Meldebogen nicht vor. Nicht im gleichen Haus, aber gleich nebenan, im Haus Veterinärstraße 3, befand sich das *Colonialwaarengeschäft* von Cäcilie Schrettle, der Witwe eines Bahnhofsrestaurateurs. Vermutlich ist sie die von Alois Wohlmuth im erwähnten Gedenkband erinnerte *prächtige alte Biederfrau*, die *in der Kaulbachstraße ein großes Delikatessen= und Kolonialwarengeschäft* leitete und im ersten Stock ihres Hauses Zimmer vermietete: *Bierbaum mietete sich oben ein und – unten! Mein Gott, es war ja alles im Haus ... auch einige hübsche Töchter, die, wenn sie bis zum Sinken der Sonne vorn im Laden Zucker und Kaffee gewogen, Wurst und Schinken geschnitten, in den Abendstunden im Hinterstübchen den Tag so gern poetisch ausklingen ließen: – Bierbaum las, und Mutter und Töchter lauschten andachtsvoll!*

Eine Münchener Bohèmeszene wie aus dem Poesiealbum – und dennoch echter als das, was sich Bierbaums Mitarbeiter an der Leopoldstraße 4 später leisten können. Doch dazu später. Bierbaum trifft die Wahl seiner Liebsten aber nicht aus dem Angebot in der Veterinärstraße, sondern findet sein Glück bei einem Aufenthalt am Ammersee in der Tochter eines Zinngießers. Zwar werden der Verbindung mit Auguste Rathgeber, genannt Gusti, von seiten der Mutter alle möglichen Hindernisse in den Weg gelegt, doch die Liebenden weichen nach London aus und heiraten dort am 16. August 1892. Später wohnen sie auf der sogenannten Öd über St. Heinrich am Starnberger See.

Die turbulenten Erlebnisse dieser Liebes- und Hochzeitsgeschichte bilden den Stoff zu Bierbaums Roman *Die Freiersfahrten und Freiersmeinungen des weiberfeindlichen Herrn Pankrazius Graunzer* (1895). Ein Treuebruch Gustis mit dem Komponisten Oscar Fried führte jedoch 1899 zur Scheidung und zu Bierbaums Lamento *Ach, mein Schatz ist durchgegangen...*

Zwischen diesen beiden Eckdaten von Glück und Trübsal liegt die Zeit Bierbaums als vielgelesener und vielvertonter Dichter. Die Komponisten der Münchner Schule Ludwig Thuille (1861-1907) und Felix Mottl (1856-1911) vertonen seine Singspiele *Lobetanz* (1895;1898) und *Gugeline* (1899) sowie *Pan im Busch* (1900) mit großem Erfolg. Sein Kabarett-Roman *Stilpe. Roman aus der Froschperspektive* (1897) bereitet dann die Sammlung *Deutsche Chansons* (1900) vor, die im Vorwort das Stichwort des *Stilpe* wieder aufnimmt: *Angewandte Lyrik – da haben Sie unser Schlagwort.* Das Buch ist die erste imaginäre deutsche Brettl-Bühne, und ihre Lieder werden ab 1901 in Berlin und München auf den tatsächlichen Brettln vorgetragen. Sein *Münchner Studentenlied* stehe hier für Bierbaums im Vergleich mit Wedekind etwas naiven Ton:

Ein Geschpusi muß ich haben! / Alles wankt, doch das steht fest: / So ein liebes, kleines Mädchen, / Das sich gerne haben läßt. / Ein Geschpusi möcht ich haben. // Denn ich bin nun so geschaffen, / Daß ich Mädchen lieben muß; / Nulla dies sine linea / Heißt: kein Tag sei ohne Kuß; / Denn ich bin nun so geschaffen // (...) // Zwar ich habe nur ein Zimmer, / Und das Zimmer ist sehr klein, / Doch es können darin zwei / Ganz unbändig glücklich sein, / In dem einen kleinen Zimmer. // Also komm und laß nicht warten! / Auf dem Tisch steht schon ein Strauß, / Und das kahle, kleine Zimmer / Sieht heut ganz verwegen aus. / Also komm und laß nicht warten!

Mit den Liedern aus dieser eher armen Welt können Bierbaums junge Mitarbeiter oder besser: sein Arbeitgeber und dessen Adlatus im ersten Jahr der *Insel* nicht viel anfangen; sie haben statt dessen ein Auge vor allem für die Gestaltung von Heymels neuer Wohnung in der Leopoldstraße 4. Schröder, der ehrgeizige Innenarchitekt, schildert in einem vielzitierten Rückblick *Aus den Münchner Anfängen des Insel-Verlags* (1935) die von ihm vorgenommene Ausstattung der vielen verschiedenen Zimmer. Das Ornament im Stil der Zeit sollte verhaltene Anwendung finden und dafür insgesamt *geradlinige Schlichtheit,* an der Zeit Goethes und Stifters orientiert, die Räume bestimmen. Unterstützt von Paul Ludwig Troost (1878-1934), dem späteren Architekten Hitlers, und Heinrich Vogeler nimmt Schröders Umgestaltung der Parterrewohnung im Haus Leopoldstraße 4 fast ein Jahr bis zum Juli 1900 in Anspruch.

Das Haus Leopoldstraße 4, »nicht weit vom Siegestor« (Heinrich Mann)

Jeder Raum bekommt eine eigene Farbe, das Eßzimmer wird rosa gehalten, das Kupferstichzimmer hellgrün, die Bibliothek blau, das Billardzimmer gelb und schwarz. Die Einrichtung der Räume ist kostbar und bis ins Detail aufeinander abgestimmt. Ein Raum jedoch fällt selbst aus diesem exquisiten Ensemble heraus. Entsprechend seiner preziösen Besonderheit hat ihn Schröder mit erzählenden Worten Heymels geschildert und dabei gezeigt, wie sehr sich hier Lebensform und Kunstarbeit ununterscheidbar annäherten:

Aber der schönste und eigenartigste Raum war der in einen großen, dunklen Spiegelsaal verwandelte Vorraum der Wohnung. Heymel hat ihn in einer kleinen Erzählung hübsch geschildert. Ich rücke den betreffenden Absatz hier ein: ›Als man mit Obst und Dessert fertig geworden war, begab man sich an das Kaminfeuer einer geräumigen Halle, die dadurch von einer eigentümlich geheimnisvollen Stimmung war, daß hohe, etwas matte Spiegel, die nur an einzelnen Stellen von dunkelbraunen Nußbaumtäfelungen unterbrochen wurden, ihre Wände bekleideten. Da die Spiegel sich gegenüber standen, erweiterten sie durch unendliche Widerbilder die Halle zu einem gewaltigen gläsernen Palast von Spiegelsälen und bildeten so für die Phantasie einen seltsamen und wundervollen

Arbeitszimmer im Haus Leopoldstraße 4 (um 1900)

Irrgarten, in dem sie sich in abendlichen Träumereien ergehen mochte. Es standen in der Halle große, steife, schwarze Ledersofas und Ledersessel, von denen die Freunde vier in die Nähe des Kamins rückten. Der Diener stellte auf einen der kleinen runden Tische, die zahlreich zur Bequemlichkeit der Rauchenden und Lesenden umherstanden, einen Punsch, schenkte ein und wurde dann zu Bett geschickt.‹

Die Kosten für diese Wohnung beliefen sich auf insgesamt 115.000 Mark, eine für damalige Verhältnisse ungeheuer hohe Summe, einem heutigen Millionenbetrag vergleichbar. Zwar gibt es auch ein Arbeitszimmer, die Wohnung wird nach ihrer Fertigstellung aber weit eher, wie Schröder weiter ausführt, *zum Schauplatz eines sehr unfeierlichen, lustigen und heißblütigen Junggesellentreibens*. Nur schwer ist von dort in eine geregelte Arbeit oder zu künstlerischer Disziplin zurückzufinden.

Ein Hallodri-Unternehmen auf großem Fuß – Schröder ist es bald leid und geht ab 1901 eigene Wege. Er macht sich später einen Namen als angesehener Übersetzer der *Odyssee;* 1909 gründet er zusammen mit Hugo von Hofmannsthal und Rudolf Borchardt die Zeitschrift *Hesperus.*

Heymel heiratet 1904 in Tutzing Margarete von Kühlmann, die gleichaltrige Tochter eines Generaldirektors, und zieht für einige Zeit wieder nach Bremen. Auf Wunsch der Familie von Kühlmann erwirbt Heymel 1907 durch die Stiftung einer großen Sammlung peruanischer Goldschmiedekunst den erblichen Adel des Königreichs Bayern. Noch 1907 beginnt Heymel, die von Paul Nikolaus Cossmann herausgegebenen *Süddeutschen Monatshefte* finanziell zu unterstützen. Zwischen 1908 und 1910 redigiert er den Kunstteil der Zeitschrift *Hyperion* von Franz Blei und Carl Sternheim. Für zwei Jahre zieht er zuletzt mit seiner Frau in München ins eigene Haus in Bogenhausen, Poschingerstraße 5, und läßt es sich wieder von Schröder umbauen und einrichten. Wenige Jahre später wird in direkter Nachbarschaft das Münchner Wohnhaus von Thomas Mann und seiner Familie entstehen. Anfang Oktober 1910 verkauft Heymel sein Haus für 300.000 Mark, knapp drei Wochen später wird seine Ehe geschieden. Kurz nach Ausbruch des Ersten Weltkriegs stirbt der begeisterte Reiter, große Freund und Mäzen in Berlin an Tuberkulose.

Als Herausgeber der *Insel* wohnt Otto Julius Bierbaum in München Anfang Oktober 1899 für zwei Monate in der Ainmillerstraße 24/III bei dem Komponisten Ludwig Thuille; zieht dann in die Gerner Straße 4/0 am Nymphenburger Kanal und von dort im Oktober 1901 in die Wotanstraße 50/II am Hirschgarten. In dieser Wohnung versammeln sich am 24. November 1901, dem Vorabend seiner Hochzeit mit der um zwölf Jahre jüngeren Florentinerin Gemma Pruneti Lotti (1877-1925), einige Freunde Bierbaums. Fast auf den Tag genau zehn Jahre später hat Alfred Kubin diesen Abend auf einer Zeichnung erinnert, die er mit noch weiteren Zeichnungen in einem humorvollen Künstlerbrief der seit dem 1. Februar 1910 verwitweten Gemma Bierbaum zur Aufmunterung schickt. In leicht karikier-

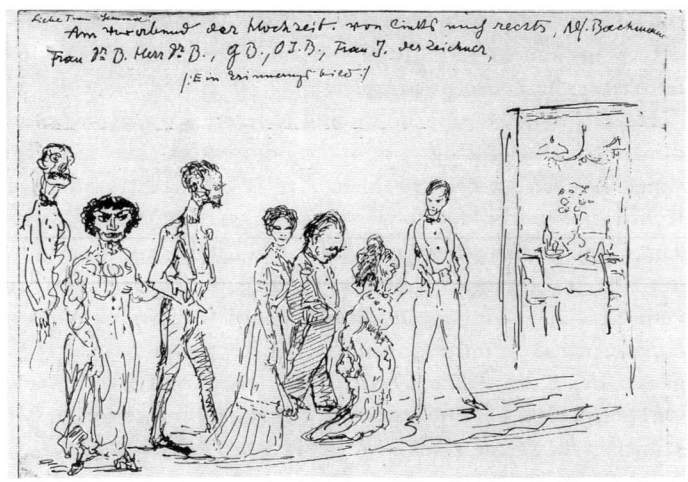

Alfred Kubin, Ein Erinnerungsbild. Am Vorabend der Hochzeit von Gemma und Otto Julius Bierbaum 1901. Briefskizze 1910

ter Verzerrung sind der Maler Alfred Bachmann, das Ehepaar Maria und Franz Blei, Bierbaum und seine Lotti sowie eine ältere *Frau J.* am Arm des Zeichners Kubin zu sehen.

Nach der Hochzeit spielt Italien auch im Werk Bierbaums eine besondere Rolle. Erwähnenswert ist vor allem das erste deutsche Autoreisebuch, die zusammen mit seiner Frau im Frühjahr und Sommer 1902 unternommene und aus Briefen an Freunden zusammengestellte *Empfindsame Reise im Automobil von Berlin nach Sorrent und zurück an den Rhein* (1903). Die modernisierte Form von Laurence Sternes *Sentimental Journey through France and Italy* (1768) hat in all ihrer Flüchtigkeit des Erlebens bis heute nichts von ihrem Charme des neuartigen Abenteuers verloren.

Nach Aufenthalten in Berlin und Südtirol kehrten Bierbaum und seine Frau nach München zurück und wohnten zwischen 1906 und 1908 in der Pasinger Hermannstraße 13 (heute Wehnerstraße). Zu Beginn dieser Zeit erscheint Bierbaums Schlüsselroman *Prinz Kuckuck. Leben, Taten, Meinungen und Höllenfahrt eines Wollüstlings. In einem Zeitroman* (1906/07). Das Buch ist die Abrechnung mit der *Insel*, besser noch mit ihrer Epoche, in der eine Erscheinung wie Alfred Walter Heymel möglich werden konnte. Heymels Lebensgeschichte gibt auch unverkennbar das prototypische Modell ab für Bierbaums Helden. Verständlich ist, daß die Zeitgenossen den Roman sehr unterschiedlich auffaßten, je nachdem auf welcher Seite sie standen. Aus heutiger Sicht ist das Buch ein literarisches Kuriosum mit zum Teil bestechenden Passagen wie etwa im Abschnitt *Die goldene Pfeife* (I,4,8), wo kabarettreif die endlosen Diskussionen um den Namen und das vage Ziel der Zeitschrift vorgeführt werden, Diskussionen, die durch die tatsächliche Wirkung der *Insel* ad absurdum geführt wurden. Denn die hohen Auflagen der Hefte zwischen 10.000 (Nr.1) und 3.000 Exemplaren konnten von den wenigen Abonnenten – ihre Zahl schwankte zwischen 100 und 400 – noch nicht einmal ansatzweise gedeckt werden. Bierbaums Fazit im Roman: *Der Morgenstern stand am literarischen Himmel, aber niemand wollte ihn sehen.*

Nach dem Ende der Zeitschrift überlebte jedoch der Verlag; ab 1905 von Anton Kippenberg in Leipzig übernommen, entwickelte sich die *Insel* zu einem Verlag von Weltrang. Das Verhältnis von Anton und Katharina Kippenberg zu ihrem wichtigen Autor Rainer Maria Rilke wurde dabei für beide Seiten zu einem außerordentlichen Glücksfall; ab 1916 öffnete sich der Verlag aber auch einer neuen Stimme wie der des jungen Münchner Expressionisten Johannes R. Becher.

Noch einmal zurück zu Otto Julius Bierbaum. Das Gedenkbuch von 1912, in dem weder Heymel noch Schröder, dafür Michael Georg Conrad und Thomas Mann vertreten sind, enthält zuletzt den Beitrag eines Dreiundzwanzigjährigen, der von einem Besuch mit seinem Bruder im Juli 1907 bei Bierbaum in der Pasinger Hermannstraße 13 berichtet. Es ist der spätere Freund Johannes R. Bechers und sein erster Verleger Heinrich

F. S. Bachmair (1889-1960), der 1907 noch bei den Eltern in der Planeggerstraße 5/I wohnte. Mit ihm klopft noch einmal die Jugend bei dem gerade erst zweiundvierzigjährigen Bierbaum an. Jetzt geht es allerdings nicht um eine kostspielige Zeitschrift wie acht Jahre vorher oder wenigstens um einen hochherzigen Plan; es geht bloß darum, den Eindruck von der Wohnung eines renommierten Dichters zu gewinnen, dessen Gattin sich nicht scheut, bei den telephonisch anfragenden Besuchern einen Topf Liebigs Fleischextrakt als Mitbringsel zu bestellen. Bachmairs Wohnungsschilderung gibt das notwendige Pendant zu der exaltierten Umgebung in der Leopoldstraße 4 ab: *Schon die vielen Bilder, bunte und schwarz=weiße, die den Flur schmückten, verkündeten, daß hier ein Kenner und Liebhaber schöner Dinge wohne. Vollends das Arbeitszimmer des Dichters war es, was meine Sinne und Gedanken noch lange beschäftigte. Bücher, Bilder und andere Köstlichkeiten, aus den verschiedensten Zeiten und Ländern zusammengetragen, waren von dem feinen Geschmack ihres Besitzers zu einem Ganzen vereinigt, das nicht das geringste mit der beängstigenden Fülle eines ›Raritätenkabinetts‹ gemein hatte. Im Gegenteil, es war behaglich hier, behaglicher als in manchem ›stilgerecht‹ eingerichteten Raume, wo ein forcierter Komfort beinahe zur Schikane wird. Behaglichkeit, die liebte er, der Arbiter elegantiarium. Das sagten schon der große Schreibtisch mit dem bequemen Sessel, das Biedermeierkanapee von gewaltigen Dimensionen (...), nicht zuletzt die vielleicht etwas grotesk anmutende Hauskleidung Bierbaums.* Hier wird im Interieur ein kleiner Ausschnitt eines Dichterlebens sichtbar, das nicht auf Reichtum, nicht auf Rausch, sondern auf den Genuß einer Behaglichkeit aus war, deren Wert sich durch die kurz bemessene Lebenszeit nur erhöhte.

Am Pasinger Stadtpark erinnern neben der einstigen Hermannstraße die Bierbaum- und die Bachmairstraße aber leider nur indirekt an diese Begegnung zweier Generationen im Jahr 1907, denn die Bachmairstraße ist nach dem Vater des Verlegers, dem Apotheker, Stadtrat und Ehrenbürger der Gemeinde Pasing Joseph Bachmair (1859 bis 1926) benannt.

KOSMOS FÜR EINGEWEIHTE
Kreise um Stefan George

Eine Welt für sich. Abgehoben exklusiv, in Dachkammern dem Alltag entzogen. Die Menschheit wird eingeteilt in *Enorme* und *Belanglose* im Verhältnis 1 zu 99. Der Begriff Bohème ist hier natürlich verpönt, doch trifft er den Sachverhalt ziemlich genau, wenn man in Anlehnung an die *stubenreine Bohème* in Thomas Manns *Doktor Faustus* den George-Kreis mit einem Wort von Jürgen Kolbe als *Edelbohème* versteht.

Der George-Kreis war ein Phänomen. Sein Grundgesetz war das Ideal eines Mannes, der nicht weniger vorhatte, als die deutsche Dichtung gründlich zu reformieren und sich selbst dabei zur entscheidenden Instanz einer Zeitenwende zu erklären. Dabei galt es nicht als Unterwerfung, vielmehr als Auszeichnung, zum Diener des selbsternannten Meisters erkoren zu werden. Nähe und Abstand im Kreis untereinander entsprachen der Nähe und dem Abstand zu dem, was sich in Vergangenheit und Gegenwart als würdig erwies, vom Meister als »Dichtung« gelobt, oder als »Literatur« verachtet zu werden. Carl Einstein hat 1911 in einem Aufsatz über *Die Verkündigung* im George-Kreis hellsichtig dargestellt, wie sehr dort die Jünger dem vom Meister gesetzten Anspruch nur im Gestus, nicht aber in der Form entsprachen; wie statt dessen Georges formale Strenge zu einer *Dilettantenmystik* abgewertet und sogar *zu elenden Ideologien* mißbraucht werden konnte. Geht auch vieles im Kreis auf hohen Stelzen einher, so sind ihm dennoch, insgesamt gesehen, neben einigen bleibenden Gedichten, wichtigen *Umdichtungen* (Baudelaire, Mallarmé, Dante, Shakespeare) und theoretischen Arbeiten etwa zu Shakespeare und Goethe nicht zuletzt die herausragende Wiederentdeckung Jean Pauls und Hölderlins zu verdanken. Der Dichterkreis, anachronistisch wie ein aus den Anfängen der Siedlung »bei den munichen« übriggebliebenes Konvent, erwies sich darin als antiklassizistisch und brach einer Reihe von neuen Bewertungen die Bahn.

Pilgerfahrten

Stefan George (1869-1933), der Sohn eines Weinhändlers aus Büdesheim bei Bingen am Rhein, war schon als Kind für das Besondere; sein Spielkamerad Julius Simon berichtet, daß sich der junge George beim Kinderspiel »König und Erster Minister« nicht an die Verabredung hielt, nach einer Weile die Königsrolle wieder abzugeben. Diesen dominanten Grundzug seines Wesens behielt George zeitlebens bei, erst recht, als er nach dem Abitur in Darmstadt auf Reisen durch Europa diejenigen Mitstreiter suchte, die gut genug und zugleich bereit wären, seinen strengen Ansprüchen zu genügen.

Wie für die entscheidenden Größen der Schwabinger Bohème wird auch für den Enkel eines Küfers aus Lothringen Paris eine besonders wichtige Station seiner Reise, als er dort im März 1889 die Bekanntschaft des Dichters Stéphane Mallarmé (1842-1898) an einem von dessen legendären Dienstagabenden machen darf. In Mallarmé, dem wichtigsten symbolistischen Dichter seiner Epoche, der die reine Autonomie der dichterischen Sprache erstrebte, und den Dichtern seines Kreises fand George das Vorbild für sein eigenes Unternehmen in der deutschen Sprache. Dieser Thron war noch frei, war noch gar nicht aufgestellt – George half dem energisch ab.

Ausgestattet mit einem ansehnlichen Erbe, das ihn bis nach dem Ersten Weltkrieg unabhängig macht, beginnt George Anfang der neunziger Jahre in Berlin als Student seine Suche nach Gleichgesinnten; zugleich läßt er seine erste Gedichtsammlung *Hymnen* (1890) als Privatdruck erscheinen. Sie ist das erste Beispiel eines elitären Kunstprogramms, das später Georges *Blätter für die Kunst* (1892-1919) als *neue fühlweise und mache*, als eine *geistige kunst* oder, noch deutlicher am symbolistischen l'art-pour-l'art-Prinzip orientiert, als *kunst für die kunst* vorstellen werden. Äußerlich zeigt sich der neue Stil an der Kleinschreibung der Substantive und einer fortschreitenden Reduzierung der Satzzeichen; stilistisch wird durch Verknappung eine Verdichtung des Ausdrucks angestrebt, und inhaltlich geht es um die besondere Stellung des Dichters selbst, der sich, wie im Gedicht *Im Park*, streng zur Arbeit ruft: *Er hat den griffel der sich sträubt zu führen*.

Georges Reisen führen ihn 1891 erstmals nach München; dort wohnt er im Februar bei seinem jüngeren Bruder Friedrich (1870-1925), der hier seinen Militärdienst als Einjährig-Freiwilliger ableistet, in der Pappenheimstraße 13/II. Es entsteht das auf München bezogene Gedicht *In alte lande laden bogenhallen*, das in die Sammlung *Pilgerfahrten* (1891) eingeht, die George wie die *Hymnen* im Vorjahr als Privatdruck erscheinen läßt. Gewidmet sind sie dem jungen Dichter Hugo von Hofmannsthal (1874-1929) in Wien, den George seit Ende des Jahres eindringlich, aber letztlich erfolglos für sich und seinen Plan einer *geistigen allianz* zu gewinnen versucht. Vorrangig geht es um die Mitarbeit Hofmannsthals an den *Blättern für die Kunst*, deren erstes Heft Anfang Oktober 1892 wieder als Privatdruck, herausgegeben von Carl August Klein, in Berlin erscheint. Doch schon bei dieser ersten Begegnung, die Hofmannsthal erstmals eine Bestätigung seines Talents in einem größeren poetischen Zusammenhang beschert, erfährt George die Grenze seiner Bemühungen, mehr zu fordern als nur guten Willen. Von dieser Begegnung aus führt ihr Weg die beiden Dichter in geradezu beispielhaft konträre Bereiche: Hofmannsthal wird seinen, wie er es nennt, *Weg zum Sozialen als Weg zum besseren Selbst* ab 1903 über die Opernlibretti für Richard Strauss finden; George dagegen nimmt immer mehr die Rolle des autokratischen Dichters ein, der in seinem

Karl Wolfskehl, Alfred Schuler, Ludwig Klages, Stefan George, Albert Verwey (April 1902)

dritten privaten Gedichtband *Algabal* (1892) seine Wahlverwandten im spätrömischen Kaiser Heliogabalus und in König Ludwig II. findet, den er als *verhöhnter dulderkönig* anspricht.

»Kosmiker« in München

Zurück in München, wo er zum Wintersemester 1893/94 seine Studien fortsetzt und vom 16. Oktober 1893 bis zum 27. März 1894 in der Heßstraße 9/I bei der Ingenieurswitwe Johanna Witzell gemeldet ist, wird George auf seiner Suche nach möglichen Confrères mehrfach fündig. So lernt er den frisch promovierten Germanisten Karl Wolfskehl (1864-1948) aus Darmstadt nach erstem Briefwechsel persönlich kennen. Wolfskehl erweist sich bald als der treueste der George-Anhänger; fast drei Jahrzehnte lang wird er, der mit einer unvergleichbar universalen Bildung ausgestattet ist und selbst über ein großes poetisches Talent verfügt, seine Dienste als Wohnungsgeber, Redakteur und Herausgeber ganz dem Meister widmen.

Zur selben Zeit macht George in München auch die Bekanntschaft des Philosophen und Graphologen Ludwig Klages (1872-1956) und des bejahrten Archäologiestudenten Alfred Schuler (1856-1923), die zusammen mit Wolfskehl und dem erst 1902 dazukommenden Dichter Ludwig Derleth (1870-1948) bis 1904 die seltsame und nicht nur für George folgenreiche Runde der sogenannten »Kosmiker« bilden.

Allmählich vergrößert George den Mitarbeiterkreis der *Blätter für die Kunst* und macht sie zu einem europäischen Forum; zu Paul Gérardy (1870-1933) aus Belgien kommen Leopold von Andrian (1875-1951) aus Wien, der Holländer Albert Verwey (1865-1937) und vor allem Melchior Lechter (1865-1937) aus Berlin, der vom Gedichtband *Das Jahr der Seele* (1897) an alle Werke Georges ausstattet; er entwickelt auch für George eine eigene Schrifttype. Mit Georg Bondi (1865-1935) findet George schließlich 1898 in Rom den Verleger, der ab 1899 alle bisherigen und zukünftigen Gedichtbände Georges sowie die Arbeiten seines Kreises publiziert. Damit sind die Bedingungen gegeben, *das trockene feld des deutschen schrifttumes zu bearbeiten*, wie George Ende Januar 1897 an Albert Verwey aus seiner neuen Münchener Wohnung in der Heßstraße 32/III schreibt, von wo aus er bald wieder auf Reisen geht.

München gegenüber, das er über lange Zeit hinweg meist am Anfang und am Ende eines Jahres besucht, verhält sich George zunächst sehr reserviert. Als Wolfskehl im Herbst 1898 plant, ganz nach München zu ziehen, erreicht ihn am 9. Oktober ein Rüffel des Meisters: *Etwas verwundert hat mich Ihre fahrt nach München und Ihr gedanke an die möglichkeit dort zu siedeln. Es ist mir wie Ihnen bekannt, dass dort das Leben für uns schwerer ist denn in Berlin, und die gerühmte ›billigkeit‹ nur dem nützt, der sich ganz der bajuvarischen weise anbequemt.* Ein halbes Jahr später sind diese

Vorbehalte plötzlich ganz ausgeräumt. Der Grund dafür ist, daß Wolfskehl nach der Hochzeit mit Hanna de Haan (1878-1946) am 29. Dezember 1898 in Darmstadt den gemeinsamen Hausstand doch in München, in der Hermann-Schmid-Straße 7/0 an der Theresienwiese begründet. Von dort berichtet George am 20. April 1899 Albert Verwey, offenbar ganz im Bann von »Isarathen«, er sei eben dort, *wo Karl Wolfskehl seinen sitz aufgeschlagen in räumen wo meister und jünger weisheit suchend und schönheit liebend wandeln – eine vorahnung neuer hellenischer tage und nächte.*

Dieser positiven Einstimmung folgt kurz darauf ein entsprechender Dämpfer in der Wohnung von Alfred Schuler in der Luisenstraße 38a/II (ab 1898: 69/II). Schuler, der hier bei seiner Mutter wohnt, hatte als Student der Geschichte und der Archäologie eine Schwäche für das späte Rom entwickelt; diese Vergangenheit beschwor er unablässig, zum einen durch eine besondere Vorliebe für korybantische, also zügellose Tänze (mit denen er beispielsweise auch den kranken Nietzsche heilen wollte!) und zum anderen durch lateinisch parfümierte Texte einer offensichtlich implodierten Erotik (sein Idol war Kaiserin Elisabeth von Österreich), die er als »kosmogonische« oder »neronische« Fragmente bezeichnete; erst 1940 wurden sie von Ludwig Klages zusammen mit einer als Einleitung ausgegebenen antisemitischen Hetzschrift veröffentlicht.

Schuler also inszeniert ein »römisches Fest« und will George magisch bannen: Inmitten von Kerzen, Lorbeer, Blüten und Weihrauch liest er pathetisch aus seinen hochabstrusen Fragmenten und wirft George tatsächlich um. Hilfesuchend wendet der sich an Klages: *Das ist Wahnsinn! Ich ertrage es nicht ... Führen Sie mich fort; führen Sie mich in ein Wirtshaus, wo biedere Bürger, wo ganz gewöhnliche Menschen Zigarren rauchen und Bier trinken!* Ihn erschreckt die Fratze eines vorgeblich »kosmischen« Verhaltens, das durch mangelnde künstlerische Souveränität der Komik und dem Wahn weitaus näherliegt als dem hellenischen Ideal Georges. Einen unmittelbaren Reflex auf dieses Erlebnis läßt sich im

Widmungsgedicht *A.S.* der Sammlung *Das Jahr der Seele* (1897) erkennen; die Wirklichkeit des Erlebten wird in Frage gestellt und die sinnenverwirrende, ja vergiftende Wirkung dieser angerufenen *wahneswelten* benannt. Noch deutlicher, geradezu ironisch wird George in dem von Karl Wolfskehl beeinflußten Gedicht *Porta Nigra / Ingenio Alf. Scolari* aus *Der Siebente Ring* (1907); der Geist Schulers spricht selbst – und wird ausgelacht: *Wir schatten atmen kräftiger! lebendige / Gespenster! lacht der knabe Manlius...* Dennoch zeigt sich George noch über den Bruch mit den »Kosmikern« Klages und Schuler im Jahr 1904 hinaus motivisch stark von ihnen beeinflußt.

Etwa ein Jahr später findet sich George wieder in München ein und verlebt mit Wolfskehl im März 1900 friedliche Tage bei der Arbeit an der Anthologie *Deutsche Dichtung* [Bd.1. Jean Paul. 1900; Bd.2. Goethe. 1901. Bd.3. Das Jahrhundert Goethes. 1902]. Im Mai 1900 ziehen Wolfskehls um in die Leopoldstraße 51/I; bis September 1904 ist hier auch Georges Adresse bei seinen mehr oder minder kurzen Aufenthalten in München. Besonders der Februar 1901 bleibt ihm sehr angenehm in Erinnerung. Er trifft *mit allen freunden* zusammen, lernt unter anderen die Gräfin Franziska zu Reventlow kennen und schreibt am 27. Februar an Melchior Lechter, offenbar jetzt auch ganz *der bajuvarischen weise anbequemt: Hier ist das leben doch lebbar denn hier giebt es noch Geister etwas aus der Berliner luft ganz verjagtes nach dem Ihnen schon einmal die sehnsucht kommen wird.* Diesem Lebensgefühl ist ein Gedicht (aus dem Band *Der Siebente Ring*) zu verdanken, dessen Anfangszeile – mit einer leichten Akzentverschiebung – den Lebens- und Ortsbildern dieses Buches den Titel gab:

München. // Mauern wo geister noch zu wandern wagen. / Boden vom doppelgift noch nicht verseucht: / Du stadt von volk und jugend! heimat deucht / Uns erst wo Unsrer Frauen türme ragen.

Das klingt nicht erst heute nach Ideologie. In diesen vier Versen versammelt eine modernitätsfeindliche Wunschvorstellung all die Klischees, die bei entsprechenden Feindbildern leicht zu sattsam bekannten Schlagworten werden: Präsenz alter Zeit (Tradition); Bodenständigkeit ohne das *doppelgift* Asphalt und Kritik; *volk und jugend*, *heimat* und Kirche. So schaut ein König wohlwollend auf sein treuherzig-tüchtiges Volk herab und freut sich über die vertagte Revolution. Auf einer Gratwanderung zwischen Utopie und Ideologie bleiben Georges künstlerische wie kulturpolitische Absichten meist ambivalent; oft ist es nur der strenge künstlerische Wille und der davon ausstrahlende Nimbus, der ihn vor dem Kitsch und der Lächerlichkeit bewahrt.

Ganz entschieden ideologisch agieren dagegen die »Kosmiker« und liefern die angedeuteten Feindbilder, allen voran Alfred Schuler mit einer rassistischen Substanzentheorie, die zwischen vorgeblich positiven (römischen, germanischen, »arischen«) und negativen (semitisch-»molochitischen«) Eigenschaften unterscheidet. Schlüsselbegriff in diesem reduzierten Weltbild ist die Vorstellung einer als *Blutleuchte* bezeichneten menschlichen Ausnahmeerscheinung der jeweiligen »Rasse«. Wie eine Gesprächsnotiz von Karl Wolfskehl festhält, hat George schon Mitte Februar 1901 deutlich die möglichen Folgen dieser Theorie erkannt; er sah hier *in seiner Konsequenz ... die Elimination alles Schönen, alles Lebendigen, aller Kräfte zugunsten eines blutleeren Gespensterwortes*.

Der Bruch Georges mit den antisemitischen »Kosmikern« Anfang 1904 wurde fällig nach der Aufforderung, George solle sich von seinen jüdischen Freunden und Mitarbeitern trennen. Bedenkt man weiter, daß ausgerechnet Schuler die Swastika, also das Hakenkeuz als indogermanisches Sonnenrad, in den Kreis einführte, wo es zum Signet der *Blätter für die Kunst* wurde; daß Schuler während des Ersten Weltkriegs und danach vielbeachtete Vorträge in München hielt, von denen sich etwa Rilke so sehr beeindruckt zeigte, daß er seine *Sonette an Orpheus* (1923) in direkte Verbindung mit Schuler brachte; und daß Schuler mit seinen Vorträgen 1922 auch ins Haus der Verlegersgattin Elsa

Bruckmann kam, von wo aus ein gewisser Adolf Hitler seinen gesellschaftlichen Aufstieg nehmen konnte – dann wird deutlich, auf welche Weise sich ein elitärer Spleen zu einem tödlich popularisierten Feindbildschema ausweiten konnte, das bis heute von seiner Perfidie nichts eingebüßt hat, ganz im Gegenteil. Der Unterschied zwischen George und Schuler ist der zwischen Geistern und Gespenstern; es ist nur eine Nuance, aber sie besteht.

Maximin

Szenenwechsel. Raus an die frische Luft. Anfang Februar 1902 fällt dem dreizehnjährigen Schüler Maximilian Kronberger (1888-1904) in der Leopoldstraße ein Herr auf, der ganz offensichtlich immer wieder die Begegnung mit ihm sucht: *Er war ziemlich groß, hielt sich jedoch schief, die rechte Schulter höher als die linke. Am interessantesten war sein Kopf. Die Stirne hoch, die geistreichen Augen ziemlich tiefliegend, die Nase feingeschnitten, der Mund gewöhnlich fest zusammengekniffen, das Kinn etwas vorspringend, die Backenknochen scharf markiert. Er hatte langes, schwarzes, nach hinten gekämmtes, seidenweiches üppiges Haar; trug gewöhnlich schwarzen Mantel, dunkle Jacke, graue Beinkleider, Stock mit eingelegtem Knopf und ziemlich hohen Hut.* Ein Freund sagt dem jungen Maximilian, der Herr sei wohl ein Mitglied der *Elf Scharfrichter*.

Es gibt kaum einen besseren Witz, der diese erste Begegnung von Stefan George mit seinem später zum jungen Gott erhobenen Menschenideal *Maximin* wieder auf den Boden des einstigen Münchener Alltags zurückbrächte. Denn für George war diese Begegnung ein mystisches Erlebnis, wie er es in der Vorrede zum Gedenkbuch von 1907 stilisiert:

Als wir Maximin zum erstenmal in unsrer Stadt begegneten stand er noch in den knabenjahren. Er kam uns aus dem Siegesbogen geschritten mit der unbeirrbaren festigkeit des jungen fechters und den mienen feldherrlicher obergewalt jedoch gemildert durch jene regbarkeit und schwermut die erst durch jahrhunderte christlicher bildung in die angesichter des volkes gekommen war. Wir erkannten in ihm den darsteller einer allmächtigen jugend wie wir sie erträumt hatten ... einer jugend die unser erbe nehmen und neue reiche erobern könnte.

Maximilian, am 14. April 1888 in Berlin geboren, ist der Sohn des Kaufmanns Alfred Kronberger (1857-1916?). Die Familie wohnt seit März 1901 am Nikolaiplatz 1/II beim Zimmermeister Fendl. Im gleichen Haus parterre rechts wird Mitte September 1901 beim gleichen Vermieter Frau Julia Mann, Senatorswitwe aus Lübeck, ihre Nachbarin; sie wohnt hier bis Anfang April 1903. Kronbergers ziehen dagegen schon Anfang Oktober 1902 ums Eck in die Nikolaistraße 9/II.

Stefan George geht dem Jüngling also nach und spricht ihn vor dessen Wohnhaus am Nikolaiplatz 1 mit der Bitte an, ihn zeichnen zu dürfen. Die Bitte wird gewährt: In Begleitung seiner zwei Jahre jüngeren Schwester Johanna Elisabeth läßt sich Maximilian von George zum Photographen mitnehmen – im künstlerischen Schwabing dieser Tage ist das, wie es scheint, kein besonders ungewöhnliches Anliegen. George verschweigt einstweilen seine dichterischen Pläne und verabschiedet sich für länger.

Der Hymnus auf die Begegnung mit dem Jüngling am Siegestor ist ganz ernst gemeint. Sein Ton ist Symptom einer Spätzeit, die ihr Selbstwertgefühl in idealisierendem Überschwang als Flucht aus dem Alltag findet; und auch der einsame George kann am Karfreitag 1902 seine feudale Schwermut nur in der entsprechenden Kulisse, der *königlichen verlassenheit* von Schloß Nymphenburg *wiegen*, ein Erlebnis, das wiederum das Gedicht *Der verwunschene Garten* (in *Der Siebente Ring*) nach sich zieht.

Erst knapp ein Jahr später begegnet George in Begleitung von Wolfskehl seinem Idol Maximin wieder auf der Straße; diesmal nimmt er ihn mit in die Leopoldstraße 51 und gibt ihm dort das vor einem Jahr gemachte Photo. Jetzt besucht Maximin seinen Verehrer öfter und zeigt ihm auch die ersten eigenen Gedichte, in denen, laut George, ein *trübdüsterer Zug* vorherrscht; gleichwohl entstehen Georges erste lyrische Entgegnungen.

Es ist Faschingszeit. Der unnahbare George nimmt tatsächlich an einem Ball der *Elf Scharfrichter* teil, wird erkannt und mit Ovationen begrüßt. Doch steht ihm nicht der Sinn nach billigen Vergnügungen, er besinnt sich auf antike Festfreuden. Dementsprechend findet am Sonntag, dem 22. Februar 1903, in Wolfskehls Wohnung ein antiker Maskenzug statt. Auch Maximin ist eingeladen und erlebt George als Cäsar, Schuler als Persephone und den Dichter Henry von Heiseler (1875-1928) als Hermes. Daran schließt sich das legendäre *Antike Fest* an, bei dem Karl Wolfskehl den Tyrsosstab des Dionysos hält, Schuler sich als Magna Mater verkleidet und neben anderen auch Franziska zu Reventlow, Oscar A. H. Schmitz und der junge Franz Hessel auftreten, die im Frühjahr 1904, nach Georges Bruch mit den »Kosmikern«, in drei Ausgaben der Zeitschriftenparodie *Der Schwabinger Beobachter* das Treiben auf diesem Fest und das hochgestochene Gebaren der »Kosmiker« satirisch verhöhnen werden. Und 1913 läßt Franziska Gräfin zu Reventlow in ihrem Schlüsselroman *Herrn Dames Aufzeichnungen oder Begebenheiten aus einem merkwürdigen Stadtteil* um dieses antike Fest herum die Atmosphäre eines Ortes entstehen, dem sie in genialer Verallgemeinerung den Namen *Wahnmoching* geben wird: *Wahnmoching im bildlichen Sinne geht weit über den Rahmen eines Stadtteils hinaus. Wahnmoching ist eine geistige Bewegung, ein Niveau, eine Richtung, ein Protest, ein neuer Kult oder vielmehr der Versuch, aus uralten Kulten wieder neue religiöse Möglichkeiten zu gewinnen – Wahnmoching ist noch vieles, vieles andere, aber das werden Sie erst allmählich begreifen lernen.* So erfährt es der junge Herr Dame, der als Parodie auf das »kosmische« Ideal des Hermaphroditen zu verstehen ist; alles andere denn universaler oder einheitlicher Mensch, muß der tumbe Tor das merkwürdige Geschehen besonders deutlich erklärt bekommen.

Im März 1903 zieht George aus der Leopoldstraße 51 aus und mietet sich mit einem seiner wichtigsten Jünger, Friedrich Gundolf (1880-1931), in der Belgradstraße 57 laut Maximin *ein Häuschen*; gemeint sind damit wohl die Giebelzimmer eines Gärtnerhauses der Pension Fürmann, eines wichtigen Künstlerheims der Schwabinger Bohème. Auf seinen Gründer und Leiter Heinrich Fürmann (1870-1936) hat Karl Wolfskehl eine wunderbare Hommage geschrieben, die zum Denkmal wurde:

VATER DER FAHRENDEN // *Zum Gedächtnis Fürmanns, des Gründers und Erhalters des Künstlerheims an der Belgradstrasse, Schwabing // Lex mihi ars! im Doppelsinn war dein Motto. / Vorm Satan, nicht vor Gott verlorst im Lotto. / Kein Spritzer Spiessergift trübt' deinen Blankschild, / Im Dom der Herzen stehn als Denkbild, Dankbild / Dein gilbend Haus – Baracke oder Schloss? / Der Saal, wo Lied und Kuss den Alltag schloss, / Doch wer vom Bau pochte umsonst die Tür an, / Vernahm nicht gleich im Chor: ›Boheimchen, führ an! ... / Zum Schluss trog noch dein Freitod schleimgen Tyrann! / Denn jetzt half überlegnen Lachens Wehr nicht, / Betreu uns auch im Ewigen Schwabing, Fürmann, / Auch drüben die berühmte Bowle rühr an / Und kreid auch dort uns nie gestundete Gebühr an!*

George bekommt in der Pension Fürmann Besuch von Maximin, dem er zur Konfirmation die drei Bände *Deutsche Dichtung* schenkt; im Gegenzug ist George zum Abendessen bei Kronbergers eingeladen. Dann reist er wieder ab.

Im Dezember beginnt für George in München das *böse Jahr* 1904 mit der Trennung von den »Kosmikern«. Gesprächs- und Versöhnungsangebote im Januar lehnt er strikt ab, die Entfremdung von Klages, dessen Verlust er mehr bedauert als den Schulers, sei bei ihm, George, schon seit einem Jahr spürbar gewesen. Erleichtert reagiert am 7. Januar Friedrich Gundolf in einem Brief an den Meister, wobei er auf Klages' Adresse in der

Schwabinger Landstraße 30/II (ab 1910 Leopoldstraße 119) anspielt, wo der zwischen 1900 und 1909 wohnte:

Dass die Kosmische Welt früher oder später wie eine grosse schöne schillernde Seifenblase platze war auch unprofetischen Gemütern vorauszusehen. Das einzig dauernd Traurige dabei wäre nur wenn die Kraft der Erhobenheit und der wundervolle Schwung des Landsträsser Edelhirsches verloren ginge! Dass der violette Ringelnero [Schuler] *im bösen Spiel stäke, glaube ich zu ahnen, der lag lang wie ein Alp auf der Leopoldstrasse und Karl folgte ihm nur aus Angst vor der Corybantiasis bis zum Humanitär-wissenschaftl. Comité. Wie schön wäre es wenn all diese Greuel endeten und eine Klarheit der ersten Lehre und Leere folgte.*

Von dieser Trennung ist George so mitgenommen und *präokkupiert*, daß sich sogar sein *leitstern* Maximin von ihm trennen will. Nach einer vorwurfsvollen Rede über das ungerechte Verhalten des Jungen söhnt sich George mit ihm wieder aus – die gute Laune kehrt zurück. Im Februar 1904 ist mitten im Fasching das Erscheinen der 7. Folge der *Blätter für die Kunst* zu feiern; das geschieht bei einem erneuten Maskenzug am Sonntag, dem 14. Februar in der Wohnung Henry von Heiselers an der Ungererstraße 11/I. Wolfskehl hat dazu die dramatische Dichtung *Maskenzug 1904* verfaßt, die den Teilnehmern ihre Rollen und pathetischen Stimmen vorgibt. George tritt als lorbeergeschmückter Dante auf, Wolfskehl als Homer und Maximin als Florentiner Edelknabe. Zwei Tage später am Faschingsdienstag stellen die Freunde den Dichterzug in Wolfskehls Wohnung nach und nehmen Photos auf.

Ungesehen reiht sich der Tod in diesen edlen Reigen. Zwei Monate nach dem Dichterzug und einen Tag nach seinem 16. Geburtstag stirbt Maximilian Kronberger, kaum aus Wien zurück, wo er noch Ende März George besucht hatte, in München ganz plötzlich an Meningitis. Dieser Tod ist für George kaum zu verwinden; auch die *schönere freiere wohnung* von Wolfskehls in der Leopoldstraße 87/III, die sie Anfang September 1904 bezogen

Maskenzug 1904: George als Dante mit florentinischem Edelknaben (Maximin); Wolfskehl als Homer mit Begleitern

haben, kann ihn nicht über den Schmerz hinwegtrösten. Ein Jahr später, am 27. April 1905, schreibt er böse und traurig zugleich an Melchior Lechter und erläutert dabei indirekt sein München-Gedicht:

München ist die einzige Stadt der Erde ohne ›den Bürger‹ hier giebt es nur volk und jugend. Niemand sagt dass diese immer angenehm sind. aber tausendmal besser als dieses Berliner mischmasch von unterbeamten juden und huren (...) Ich bin die ganze zeit im schatten dieses Toten gewandelt. Und als die jährung nahte wurde es immer beängstender. Ich hielt es schließlich in M nicht mehr aus. Melchior Lechter gestaltet auch das *Gedenkbuch Maximin* (1907), worin George seine Gedichte an den jungen Freund versammelt zum Zeichen einer poetischen Apotheose; das letzte Gedicht *Entrückung* faßt ein ganzes Lebensgefühl in die Anfangszeile *Ich fühle luft von anderem planeten.*

In Georges Trauerzeit 1904 platzen schließlich noch die drei Ausgaben des *Schwabinger Beobachters* und eine Tätlichkeit: Opfer eines Überfalls auf der »kosmischen Wiese« vor dem Haus seines Vetters, des Dichters Friedrich Huch (1873-1913), in der Keferstraße 2/I (wohl die Wiese um das Schlößchen Biederstein, ein königliches Sommerhaus aus den Jahren 1803/1830, das 1934 abgerissen wurde), wird der *Sonnenknabe* Roderich Huch auf dem Weg zu seiner Wohnung in der Osterwaldstraße 6. Der Vetter von Ricarda Huch ist der Verfasser des vierten *Schwabinger Beobachters,* den die Gräfin Reventlow übrigens nicht gelungen fand, und kann nur mit knapper Not dem Angriff des »Panthers« Albrecht Hentschel, eines Paläontologen und Freundes der Gräfin Reventlow, entgehen. In seinen *Erinnerungen an Kreise und Krisen der Jahrhundertwende in München-Schwabing* hat Roderich Huch ebenso an den Vorfall erinnert wie die Gräfin Reventlow in ihrem Schlüsselroman *Herrn Dames Aufzeichnungen.* Die Attacke hatte zur Folge, daß sich Karl Wolfskehl aus Angst vor den »Kosmikern« sogar einen Revolver zulegte, mit dem er sich Anfang Januar 1906 jedoch nur selbst verwundete.

Im Kugelzimmer

Der im gleichen Jahr wie das *Gedenkbuch Maximin* erschienene Gedichtband *Der Siebente Ring* (1907) bezeichnet im Werk Georges Abschluß und Neubeginn zugleich. Von hier datiert der engere Zusammenschluß des Kreises zu einer Elite, die ihren Ästhetizismus zu einer Kulturpolitik erweitern will, in der sich George zum »Führer« des »geheimen« und ergo besseren Deutschland erklärt. Nach dem Umzug von Hanna und Karl Wolfskehl Anfang Februar 1909 in die Römerstraße 16/0 und I wird dort ab November 1909 im vierten Stock eine Dachwohnung mit drei Zimmern ganz für George freigehalten und eingerichtet. Ein aufgefundenes altes *Cassa-Buch* des Hauses gibt

Römerstraße 16: Karl Wolfskehl mit Angehörigen auf dem Balkon seiner Wohnung im ersten Stock; oben das Giebelfenster mit kleinem Balkon des »Kugelzimmers« (um 1910)

Stefan George im »Kugelzimmer« (Februar 1910)

Aufschluß darüber, daß Wolfskehl ab November 1909 für die Dachwohnung vierteljährlich 120 Mark, für seine eigenen Wohnungen mit insgesamt acht Zimmern dagegen 625 Mark zahlte – damals ein absoluter Spitzenpreis.

Das äußere der drei Dachzimmer, nach außen verlängert durch einen kleinen Balkon, war Georges Arbeitszimmer. Hier traf er sich mit seinen Freunden, hier hielt er seine Colloquien ab. Es ist die Zeit ab 1910, da im George-Kreis das *Jahrbuch für die geistige Bewegung* herausgegeben wird, deren Beiträger sich ausdrücklich *einem gesamtwillen – einer Idee* [des Meisters George],- *unterordnen,* und *in der jugend das gefühl für die gefährdeten grundkräfte wachrufen (wollen): für ernst, würde und ehrfurcht.* So will es das Vorwort des ersten *Jahrbuchs,* dem noch zwei weitere folgten.

Mit einer Auflage von 500 Exemplaren richtete sich das hehre Ziel jedoch nicht an die Jugend allgemein, sondern an eine elitäre Auswahl. Einige der Auserwählten wurden gar bis zu George vorgelassen. So berichtet Hans Brasch von einem Besuch im März 1914: *Er wohnte im Dachgeschoss des Wolfskehl- 'schen Hauses in Schwabing, und auf ein bestimmtes Klingelzeichen tat er mir selbst auf. Auch hier war seine Umgebung karg und eher streng- einfach als etwa üppig und mystisch. Im Arbeitszimmer zogen sich glatte schmale Sitzbänke ohne Lehne die Wände entlang, mit graublauem Stoff bespannt. Der Raum wurde das Kugelzimmer genannt, weil er von einer in der Mitte hängenden Milchglaskugel beleuchtet wurde. Diese einfache sonnenartig im Raum hängende Lampe war damals etwas ganz Fremdes; seitdem ist sie eine allgemeine Beleuchtungsform geworden. Damals erinnerte die Kugellampe an etwas wie Sonne, Kosmos, Mitte und Runde, und war wie ein Abbild seines Wesens.*

Schon früher, im Februar 1910, war Herbert Steiner bei George zu Gast und schildert, wie im Kugelzimmer die Welten tauschen. Alfred Schulers Einfluß ist unverkennbar; beinahe ist sogar Georges deklamierende Stimme zu hören: *Wir nahmen aus einem Schrank togaartige Gewänder, George und Friedrich Gundolf weiße, ich eins aus Kamelhaar. Der Herr des Hauses und seine Gattin kamen, der niedere Tisch war mit Efeu bekränzt, Geschirr und Krüge waren altes Zinn. George lag, nach römischer Sitte auf den Ellbogen gestützt. Er hob den Becher und trank mir zu: ›Immer frisch auf Traumglück auszugehen / Und zu schwanken auch in Traumgefahr...‹ Nach dem Mahl erhob sich George und las, einer Bitte vom Vorjahr gedenkend, ›auf Wunsch der Jugend‹, ›Goethes letzte Nacht in Italien.‹ Es war ein skandierender, klanglos-starrer Zaubersang, allzu hart auf den Rhythmus gestellt, jede Zeile ein Ganzes, jedes Wort gebunden in die Zeile, gewiß allem Schauspielerischem entgegen, aber kaum bewegt, kaum moduliert. Nach ihm lasen die Freunde, im gleichen Tonfall, nur gelöster, Dichtungen aus den ›Blättern‹.*

George selbst hatte die Einrichtung des Zimmers entworfen. Es durfte nicht mit Straßenschuhen betreten werden, das Draußen sollte fern bleiben. Alles war ganz einfach, ohne Ornament. An den mit rauhem Stoff bespannten Wänden liefen Bänke entlang, über der einen Bank ein schmales Brett, darauf ein Leuchter und wenige Bücher: Platos ›Phai-

dros‹ in Rudolf Kassners Übersetzung, Shakespeares Sonette, Goethes ›Winckelmann‹ in der George werten Ausgabe letzter Hand, ein Band Gedichte, den eine Frau ihm verehrt hatte. Ein Bild hing dort, die Photographie Maximins, aufgenommen bei der Rückkehr von einem Maskenfest, die gleiche, die dem Gedächtnisband von 1906 [richtig: 1907] voransteht, nur zeigte sie hier fast die ganze Figur: Maximin steht hüllenlos, den Kranz im Haar, die Hand hält den Stab.

Steiner sieht demnach auch einige der 50 Bücher, die nach Georges Ansicht für einen Dichter völlig ausreichen sollten; weitere Bücher seien nur Bildung. Er hatte gut reden: Ein paar Stockwerke unter ihm wohnte inmitten Tausender von Büchern das Universalgenie Karl Wolfskehl und war jederzeit zu jeder gewünschten Auskunft in der Lage und bereit!

Nach den Gesprächen war sich der Meister nicht zu schade, auf Spaziergängen seinen Besuchern, wie im folgenden Hans Brasch, als Stadtführer zu dienen: ... *wir gingen in raschem Schritt durch die schönen Strassen seiner geliebten Stadt, wo noch so viel von seinen tiefsten Erlebnissen und Taten nachklang: Siegestor, Englischer Garten, Marienplatz. Dort zeigte er mir das Haus* [Nr. 2/IV], *wo Ludwig Derleth* [seit 1906], *und in der Luisenstrasse* [69/II] *das, in dem Alfred Schuler, der Römer der kosmischen Runde, wohnte, ein echtes altes vielstöckiges Münchner Mietshaus, das auf die nüchterne Strasse niedersah. (...) Der Schauer jener ›kosmischen Zeit‹ war noch vielfach in seinen Worten spürbar, wenn er von Derleth oder Schuler, vom ›kosmischen Haus‹ und der ›kosmischen Wiese‹ sprach, – aber der Abgrund war geschlossen und wurde nicht wieder aufgetan.*

Im Kugelzimmer der Römerstraße 16 bespricht George mit Norbert von Hellingrath (1888-1916), der über Pindar-Übersetzungen promovierte, die Transkription der Handschriften Friedrich Hölderlins; weiter kümmert er sich hier intensiv um Gundolfs Shakespeare-Übersetzung (1908-1914) sowie um dessen Buch *Shakespeare und der deutsche Geist* (1911). Das erste *Jahrbuch für die geistige Bewegung* (1910) soll das Anliegen des Kreises anderen Themen und weiteren Kreisen zugänglich machen.

George blüht auf, ist ganz in seinem Element. Friedrich Gundolf sieht im Januar 1912 den *Meister* [...] *grösser und reicher und heller als je.* Beim Pfingstsymposion 1913 weist George seine Jünger im übrigen darauf hin, bürgerliche Berufe zu ergreifen, um nicht ins einseitig Literatenhafte zu verfallen.

Der Kriegseuphorie, die 1914 auch die jungen Männer des George-Kreises erfaßt – Karl Wolfskehl schreibt in einem offenen Brief an Romain Rolland, dieser Krieg sei *von Gott. Unser Dichter hat ihn gewusst –,* begegnet George nüchtern-verärgert mit Gegenfragen wie der, ob der Bürger vielleicht durch den Krieg gewandelt werde und ob so tatsächlich der neue Mensch entstehen könne. Im übrigen steht der Dichter-Seher selbstverständlich über dem Krieg – *was ist IHM mord von hunderttausenden/ vor mord am leben selbst?* (*Der Krieg*, 1917): Er kann sich – ob Sieg, ob Niederlage – seinen Reim darauf machen und seine Jünglinge als strahlende Sieger oder geläuterte Verlierer in *Das Neue Reich* (1928) führen, wie der Titel seines letzten Gedichtbandes lautet. Doch so zeitgemäß reaktionär dieser Band auch zu sein scheint, setzt sich in ihm nur die Gratwanderung zwischen Utopie und Ideologie fort, die das Gedicht *München* (1907) so beispielhaft verdichtet. Der letzte Band enthält bezeichnende Gegensätze wie das krude Raunen in *Geheimes Deutschland* und das völlig autonome Schlußgedicht *Du schlank und rein wie eine flamme.* Die Uneinheitlichkeit ist letztlich der Ausdruck eines Scheiterns bei dem Versuch, eine ästhetisch-idealistische Utopie in konkrete Kulturpolitik zu wandeln.

Die Zeit im Kugelzimmer ist schon viel früher zu Ende. Karl Wolfskehl gibt 1919 die Wohnungen in der Römerstraße auf (bleibt dort jedoch noch bis 1920 gemeldet) und zieht mit seiner Frau und den beiden Töchtern Renate und Judith in das eigene Schloß nach Kiechlinsbergen am Kaiserstuhl. Erst 1925 kehrt Wolfskehl wieder nach München zurück. George kann jetzt bei seinen späteren Besuchen in München auf den Grazer Dichter Hans Anton (1900-1933) zählen. So wohnt er im August 1924 zwei Wochen bei ihm in der Franz-Joseph-Straße 2/I. Einer seiner Besucher, vermutlich Berthold Graf Schenk von Stauffenberg, wird dabei von den Hausbewohnern für einen Prinzen von Bayern gehalten – Georges Lebensstil hat sich nicht gewandelt. Ab 1926 wohnt George dann immer wieder für kürzere Zeit bei Hans Anton in Solln, Terlanerstraße 8. Anfang 1930 zeigt er sich orientierungslos, will sich weder in Berlin noch in München oder Heidelberg mehr niederlassen; seine »Staats«-Idee ist 1931 nur noch mit Erinnerungen verbunden.

Sein hohes Selbstwertgefühl und seine künstlerische Strenge bewahren ihn jedoch auch am Ende seines Lebens vor einem Angebot der regierenden politischen Ideologie. Auf die Anfrage der Preußischen Dichterakademie in Berlin – nach der »Neuordnung« durch den Ausschluß von Thomas und Heinrich Mann –, ob George einen »Ehrenposten« mit einem Vorschlagsrecht für Stipendien übernehmen wolle, lehnt George mit der Begründung ab, *er habe seit fast einem halben Jahrhundert deutsche Dichtung und deutschen Geist verwaltet ohne Akademie.* Diese Antwort wird verfaßt in der Wohnung von Walter Anton in München-Nymphenburg, Richildenstraße; es ist der 10. Mai 1933, in Deutschland brennen die Bücher. Noch im gleichen Jahr, am 4. Dezember, stirbt Stefan George, vermutlich an Urämie, in Minusio bei Locarno. Die Totenwache hält neben seinen Brüdern auch Claus Graf Schenk von Stauffenberg, der spätere gescheiterte Attentäter vom 20. Juli 1944.

In München erinnert seit 1984 der Stefan-George-Ring in der Nähe der Trabrennbahn Daglfing an den Dichter.

BEIM PROPHETEN

Thomas Mann zu Besuch bei Ludwig Derleth

Warte schwabing, schwabing warte / Dich holt Jesus Bonaparte – mit diesem Motto über dem zweiten *Schwabinger Beobachter* (1904) werden dort auch die *Proklamationen* des fränkischen Dichters Ludwig Derleth (1870-1948) parodiert, die den »heidnischen« Fragmenten Alfred Schulers einen ebenso fanatischen christlichen Militarismus, die Propagierung von Gewalt zur Welteroberung im Zeichen des Kreuzes, zur Seite stellen. Im Widmungsgedicht *An Derleth* (in *Der Siebente Ring*, 1907) fragt George zwar, wann Derleth sich der *gewalt der liebe* überlassen wolle, teilt aber ausdrücklich dessen ungebundenes Wahnpotential: *In unsrer runde macht uns dies zum paare:/ Wir los von jedem band von gut und haus:/ Wir einzig können stets beim ersten saus/ Wo grad wir stehn nachfolgen der fanfare.*

Derleths *Proklamationen* stehen im Zentrum einer Novelle von Thomas Mann, die topographisch wie thematisch für das Thema der Schwabinger Bohème unverzichtbar ist; Derleth dient als Muster für den folgenreichen Typus der Kombination Wahn und Gewalt.

Der Besuch des erzählenden Novellisten *Beim Propheten* (1904; Buch-Erstdruck 1914) bezieht sich konkret auf eine Lesung, die in der damaligen Dachwohnung Derleths in der Destouchesstraße 1/IV an Karfreitag 1904 stattfand. Die Novelle entstand unmittelbar nach der Lesung in Auftragshast: *Der Neuen Freien Presse habe ich für ihre Osternummer, weil sie mich nicht in Ruhe ließ, einen unglaublichen Schmarren in 1 1/2 Tagen zusammengeschmiert und betrachte mich fortan nicht mehr als literarisch unbescholten. Hoffentlich ist der Dreck zu spät gekommen*, schreibt Thomas Mann am 2. April 1904 aus der Konradstraße 11 seinem Freund Kurt Martens. Der *Dreck* kam zu spät und erschien in der *Neuen Freien Presse,* Wien, erst am 22. Mai 1904.

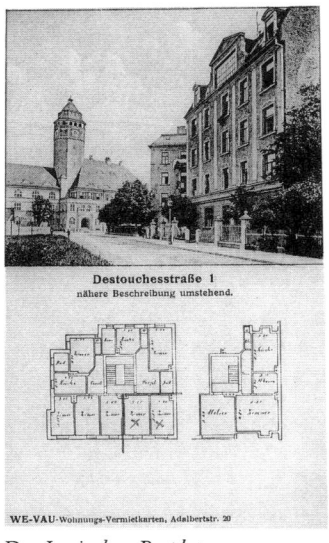

Das Logis des »Propheten«

Da Derleth bei dem vereidigten Buchrevisor Gottlieb Christoph gemeldet war und der IV. Stock des Hauses Destouchesstraße 1 im Münchener Adreßbuch für das Jahr 1904 nicht angegeben wird, könnte vor allem der Hinweis in der Novelle, daß die Tür zur Wohnung des *Propheten bereits den Charakter eines Speichereinganges trug*, dem tatsächlichen Sachverhalt entsprechen, den üblicherweise das Wort Atelierwohnung schönt. Auf einer *WE-VAU-Wohnungs-Vermietkarte* wird dagegen der IV. Stock, bestehend aus *Atelier mit Altane, Zimmer, Keller u. Speicher,* vom Vermieter Christoph für 50 Mark angeboten.

Die Gegend um diese Straße ist programmatisch abgelegen; es ist, laut Novelle, das andere, das mystisch-fanatische, ja verbrecherische Außenseitertum, das sich hier an der Peripherie versammelt: *Seltsame Orte gibt es, seltsame Gehirne, seltsame Regionen des Geistes, hoch und ärmlich. An den Peripherien der Großstädte, dort, wo die Laternen spärlicher werden und die Gendarmen zu zweien gehen, muß man in den Häusern emporsteigen, bis es nicht weiter geht, bis in schräge Dachkammern, wo junge, bleiche Genies, Verbrecher des Traumes, mit verschränkten Armen vor sich hinbrüten, bis in billig und bedeutungsvoll geschmückte Ateliers, wo einsame, empörte und von innen verzehrte Künstler, hungrig und stolz, im Zigarettenqualm mit letzten und wüsten Idealen ringen. Hier ist das Ende, das Eis, die Reinheit und das Nichts. [...] Hier ist die Luft so dünn und keusch, daß die Miasmen des Lebens nicht mehr gedeihen. Hier herrscht der Trotz, die äußerste*

Konsequenz, das verzweifelt thronende Ich, die Freiheit, der Wahnsinn und der Tod ...

So beginnt die Novelle und verheißt nichts Gutes. Schweigsam begeben sich die Gäste – ein polnischer Maler mit seiner Geliebten, ein jüdischer Lyriker mit Gattin im Reformkleid, ein Spiritist und ein junger Philosoph zusammen mit dem *aus einer andern Sphäre* kommenden Novellisten (mit deutlichen Zügen von Thomas Mann selbst) – über die Treppe nach oben. Einander fremde Welten begegnen sich im Treppenhaus; allerdings entspricht keiner der im folgenden aufgezählten Berufe den Angaben im Adreßbuch, sie sind stilisiert: *Im trüben Licht der kleinen Petroleumlampen, die an den Biegungen der Treppe auf den Fenstergesimsen standen, lasen sie im Vorübergehen die Namen an den Wohnungstüren. Sie stiegen an den Heim- und Sorgenstätten eines Versicherungsbeamten, einer Hebamme, einer Feinwäscherin, eines ›Agenten‹, eines Leichdornoperateurs vorüber, still, ohne Verachtung, aber fremd. Sie stiegen in dem engen Treppenhaus wie in einem halbdunklen Schacht empor, zuversichtlich und ohne Aufenthalt; denn von da oben, von dort, wo es nicht weiter ging, winkte ihnen ein Schimmer, ein zarter und flüchtig bewegter Schein aus letzter Höhe.* Oben in einer ärmlichen Mansarde angekommen, werden die Gäste im flackernden Licht vieler Kerzen von der Schwester des *Propheten* Daniel, *Maria Josefa,* also Anna Maria Derleth, empfangen. Sie erfahren, daß nicht Daniel selbst, sondern ein Jünger aus der Schweiz (gemeint ist der Germanist Rudolf Blümel), der noch kommen soll, aus den *Proklamationen* vorlesen wird.

Die Zwischenzeit gibt Gelegenheit, das Interieur der Wohnung zu betrachten, in dem ein Napoleonbildnis, eine Heiligenfigur mit Betschemel und eine Photographie des Autors in beziehungsreicher Nähe zueinander stehen; dazu kommen noch weitere Attribute von Geist, Gewalt und Tod. Zu den Gästen gesellen sich unterdessen neben anderen *ein phantastischer Zeichner mit greisenhaftem Kindergesicht*, in dem Alfred Kubin erkennbar ist, sowie *eine unverheiratete junge Mutter von adeliger Herkunft, die von ihrer Familie verstoßen, aber ohne alle geistigen Ansprüche war und einzig und allein auf Grund ihrer Mutterschaft in diesen Kreisen Aufnahme gefunden hatte* - ein etwas maliziöses Porträt der Franziska Gräfin zu Reventlow. Zuletzt kommt noch *die reiche Dame* an, mit der Hedwig Pringsheim, die spätere Schwiegermutter Thomas Manns, gemeint ist.

Endlich trifft der erwartete Vorleser ein und liest pathetisch aus den *Proklamationen* vor, die folgendermaßen beschrieben werden: *Es waren Predigten, Gleichnisse, Thesen, Gesetze, Visionen, Prophezeiungen und tagesbefehlartige Aufrufe, die in einem Stilgemisch aus Psalter= und Offenbarungston mit militärisch=strategischen sowie philosophisch=kritischen Fachausdrücken in bunter und unabsehbarer Reihe einander folgten. Ein fieberhaftes und furchtbar gereiztes Ich reckte sich im einsamen Größenwahn hervor und bedrohte die Welt mit einem Schwall von gewaltsamen Worten. Christus imperator maximus war sein Name, und er warb todbereite Truppen zur Unterwerfung des Erdballs* [...]. ›*Soldaten!*‹ *schloß er, am äußersten Ende seiner Kraft, mit versagender Donnerstimme:* ›*Ich überliefere euch zur Plünderung – die Welt!*‹

Keiner der geladenen Gäste widerspricht; sie reagieren alle mehr oder minder teilnahmslos, mehr oder minder gepeinigt durch das lange Lesen und Zuhören (der Novellist vertreibt *mannhaft* die Vision einer Schinkensemmel), nicht durch den Inhalt selbst. Der gehört in *Daniels Reich* und wird vom Novellisten, der *ein gewisses Verhältnis zum Leben* hat, zwar genau erkannt und beurteilt, aber nicht für gefährlich gehalten. Es scheint, als solle sich diese merkwürdige Erscheinung durch ihre Bloßstellung von selbst erledigen.

Doch in *Doktor Faustus* (1947), wo in Kapitel XXXIV (Fortsetzung) ein Kreis Münchener Intellektueller die verhängnisvolle politische Strategie aus Gewalt, Diktatur und Verdummung lachend gutheißt, taucht mit Daniel Zur Höhe erneut der sowohl lokal als auch thematisch verstiegene Dichter der *Proklamationen* wieder auf; hier erst werden sie endlich *einem lyrisch-rhetorischen*

Ausdruck schwelgerischen Terrorismus zugeordnet und vom Erzähler als unverantwortlicher Scherz, als *der steilste ästhetische Unfug, der mir vorgekommen*, bezeichnet. Vielleicht lag in der Unvorstellbarkeit, daß dieser *Unfug* je ernst genommen werden könnte, gerade eine der Bedingungen dafür, daß er bitterster Ernst werden konnte.

BÜCHER, BÜCHER, BÜCHER, BÜCHER
Karl Wolfskehl

Einem der wenigen wirklich universalen Geister, die jemals in den Mauern der Stadt München gewandelt sind, dem lebensvollen Liebhaber von Menschen und Büchern, dem festfrohen Dionysos im eigens dafür verfaßten antiken *Maskenzug 1904*, dem hünenhaften »Zeus von Schwabing« kommt weitaus mehr zu als nur der erste Rang im Olymp der Bohème. Der deutsch-jüdische Dichter Karl Wolfskehl (1869-1948) sah seinerseits in Stefan George den führenden deutschen Dichter, dem er mit all seinen Kräften dienen wollte. Seine eigenen Dichtungen, die er gesammelt 1903 veröffentlichte, stehen auch ganz unter dem Einfluß Georges, sind aber weit eher unruhiger, drängender, von frühexpressionistischem Aufbruch bestimmter Ausdruck eines magisch-mystischen Lebensgefühls. Gesegnet mit einem ebenso universalen wie großzügigen Geist, bildete Wolfskehl im George-Kreis praktisch und ideell das wirklich »kosmische« Zentrum, von dem so wichtige Impulse ausgingen wie etwa die Wiederentdeckung des Baseler Gelehrten Johann Jakob Bachofen (1815-1887) und seiner Schrift *Das Mutterrecht* (1861). Anders aber als die einseitigen Feindbild-Ideologen Schuler und Klages war Wolfskehl zur Synthese fähig; er dachte antik und modern, enthusiastisch und nüchtern in einem, war zugleich bekennender Zionist und mit Leidenschaft Deutscher.

Der Sohn des hessischen Bankiers und Landtagspräsidenten Otto Wolfskehl aus einer alteingesessenen jüdischen Familie in Darmstadt hatte dort zur gleichen Zeit das humanistische Gymnasium besucht wie Stefan George, ohne daß die beiden späteren Freunde aufeinander aufmerksam wurden. Wolfskehl, der in Berlin, Leipzig und Gießen Germanistik studierte und 1893 über *Germanische Werbungssagen* promovierte, machte noch im gleichen Jahr in München die persönliche Bekanntschaft Georges. Schnell avancierte er durch seine unbestrittene Kompetenz zum Hauptmitarbeiter an den *Blättern für die Kunst* (1892-1919) und zum Mitherausgeber der dreibändigen Anthologie *Deutsche Dichtung* (1900-1902).

Auch außerhalb des Kreises ging Wolfskehl neue eigene Bindungen ein. So stellte er 1903 die Geduld seiner Frau durch die einjährige leidenschaftliche Liebesbeziehung zu der Gräfin Reventlow auf die Probe. Außerdem war er sich nicht zu schade, die von Alexander von Bernus (1880–1965) Anfang November 1907 im Gartengebäude der Ainmillerstraße 31/II ins Leben gerufenen *Schwabinger Schattenspiele* mit dem Stück *Wolfdietrich und die rauhe Els* zu eröffnen; ganz im Gegenteil: Gerade diese alte asiatische Theaterform erlaubte die völlige Reduzierung der äußeren Mittel zugunsten der reinen dichterischen Sprache und kam so den Intentionen Georges nahe. Die privaten Schattenspiele bei Alexander von Bernus und 1909 auch bei Victor Manheimer im »Stubenrauchschlößl« (Werneckstraße 5, ab 1955: Nr.18) hatten zwar *bei dem geladenen hochgeistigen Publikum* großen Erfolg, wie der Silhouettenschneider und Zeichner Rolf von Hoerschelmann (1885-1947) in seiner Aufsatzsammlung *Leben ohne Alltag* (1947) berichtet, konnten sich aber mit ihrem hohen Anspruch im Zeitalter der ersten Kinos nicht öffentlich durchsetzen.

Schon im März 1907 hatte Wolfskehl mit ebenso buchbesessenen Freunden wie dem E.T.A. Hoffmann-Herausgeber Carl Georg von Maassen, dem Entdecker der jungen modernen Literatur Franz Blei und dem Antiquar Emil Hirsch die »Gesellschaft der

Münchner Bibliophilen« gegründet. Die regen lese-, lebens- und festfreudigen Aktivitäten der Gesellschaft standen in einigem Gegensatz zum getragenen Ernst und weihevollen Ton im George-Kreis und bildeten gleichzeitig dessen komplementäre Ergänzung. Zudem wurden Wolfskehls diverse Wohnungen in München – besonders die beiden in der Leopoldstraße und im ersten Stock der Römerstraße 16 zwischen 1900 und 1919 – nicht nur die Stützpunkte für Stefan George allein, sondern Treffpunkte all jener künstlerischen und gebildeten Menschen, die Schwabing seinen guten Ruf verliehen.

Seit 1915 Besitzer des Schlosses Kiechlinsbergen am Kaiserstuhl, wohin er mit seiner Frau Hanna und den Töchtern Renate (geb. 1899) und Judith (geb. 1901) Ende August 1919 umzog, verlor Wolfskehl wie so viele andere sein Vermögen durch die Inflation und mußte in den zwanziger Jahren noch einmal von vorn anfangen; zunächst als deutscher Hauslehrer in Florenz, sodann als hochkarätiger und vielseitiger Publizist von München aus. Im Juni 1925 faßte er hier wieder Fuß in der Viktor-Scheffel-Straße 11/IV; später zog er in die Gabelsbergerstraße 49/II, wo sein Erkennungszeichen der legendäre »Wurstzipfel« vor dem Fenster war. Nach einjähriger Abwesenheit von München bezog Wolfskehl im Herbst 1932 noch eine kleine Atelierwohnung im gleichen Haus – sie wurde seine letzte Bleibe in Deutschland.

Wolfskehl kannte sich in der, wie er sie nannte, *engen Riesenkleinstadt* München aus wie kaum ein zweiter und sah in ihr eine geradezu organische Voraussetzung für Geist und Kunst: *Gerade diese andere Welt, dieses in überkommener, selbstgenügsamer Weise schlechthin existierende, seine ›Königlich Bayerische Ruh‹ eifersüchtig wahrende prächtige Münchner Volkstum war die Grundlage, man möchte sagen der Mutterboden für das andere, das koloniale München, das Geistmünchen.*

Unter den vielen einzelnen Beiträgen dazu ragt bei Wolfskehl die Bibliophilie heraus. Niemand in seiner Umgebung wußte so

Karl Wolfskehl in seiner Bibliothek, Leopoldstraße 87 (um 1905)

sehr über die vielen Verbindungen zwischen Menschen und Büchern Bescheid. Die Spanne reichte dabei von profundester Fachwissenschaft, wie sie der Katalog *Deutsche Barockliteratur – Von Opitz bis Brockes* (1927) des Antiquariats Karl & Faber zur Versteigerung aus der Sammlung Victor Manheimer in München belegt, bis zum *Chor der Bücherwürmer* (1930) und den 1931 unter dem Titel *Bücher. Bücher. Bücher. Bücher* zusammengefaßten *Elementen der Bücherliebeskunst*. Ob er von *Bücherfreuden* berichtete – *Es gibt einen echten Bücherkult, so wie es Frauendienst gibt und – selten vielleicht – Bücherhände gleich wie Weinzungen* – oder vom *Finderglück* der Sammler, sei es bei einer Versteigerung, sei es auf der alten Auer Dult, sei es sogar noch am Ende der Welt in Neuseeland – der Umgang mit Büchern war für den selbsternannten *Biblio-Erotiker* die Synthese von Leib und Seele schlechthin, eine Lebensform, der er selbst 1932 in München das schönste Lob gesungen hat:

Lobgesang // Büchern bin ich zugeschworen, / Bücher bilden meine Welt. / Bin an Bücher ganz verloren, / Bin von Büchern rings umstellt. // Zärter noch als Mädchenwangen / Streichl ich ein geliebtes Buch, / Atme bebend vor Verlangen / Echten Pergamentgeruch. // Inkunabeln, Erstausgaben, / Sonder-, Luxus, Einzeldruck: / Alles, alles möcht ich haben – / Nicht zum Lesen, bloss zum Guck: // Bücher sprechen ungelesen – / Seit ich gut mit Büchern stand / Weiss ich ihr geheimstes Wesen: / Welch ein Band knüpft mancher Band! // Bücher, Bücher, Bücher, Bücher / Meines Lebens Brot und Wein! / Hüllt einst nicht in Leichentücher - / Schlagt mich in van Geldern ein!

Ein Wort zu Victor Manheimer (1877-1943): Der promovierte Literatur- und Kunstwissenschaftler aus Berlin gehörte für Karl Wolfskehl, wie er im Barock-Katalog 1927 schrieb, zu dem in Deutschland eher seltenen *Typ des Gelehrten, der zugleich Bücherfreund, Büchersammler ist, im besonderen Sinne des Wortes*. In seinem Buch *Gelebt im Paradies* (1953) erinnert sich der einstige *Simplicissimus*-Redakteur Hermann Sinsheimer genauer an das gastliche Haus Manheimers in der Werneckstraße 5 (ab 1955: Nr. 18), das sogenannte »Stubenrauchschlößl«. Es war *ein ehemaliges Kavaliershäuschen, in einem verschwiegenen Park am Rande des Englischen Gartens gelegen. Der Bewohner dieses anmutigen Anwesens aus dem achtzehnten Jahrhundert war ein reicher Berliner Fabrikantensohn, verliebt in interessante Bücher, schöne Frauen und lange Gespräche.* [...]

Hier tafelte, trank, tanzte und nächtete eine Münchener Elite, hier feierte sie Gartenfeste, fällte sie ihre Urteile, sättigte sie sich an Vorurteilen – in kleinen, geschmackvoll möblierten Zimmern voll Büchern und Bildern oder auf den Rasenplätzen des Parks unter sonnen-, mond- oder lampionbeschienenen Bäumen sitzend, von mittags bis Mitternacht und darüber hinaus. Es war eine Insel der Seligen, auf die im Sommer das Heu von den Wiesen des Englischen Gartens herüberduftete und wo im Winter die schönsten Frauen sich mit den gescheitesten Männern zu verstehen glaubten.

Im Haus nebenan, dem sogenannten Werneckschlößchen, wurde im Mai [richtig: Juni] *1919 der Revolutionär Ernst Toller von den ›Weißen‹ aus seinem Versteck ausgehoben. Das war der Anfang vom Ende nicht nur für Manheimers Haus, sondern für die ganze Münchener freiheitliche Epoche.*

Victor Manheimer zog erst zurück nach Berlin, dann nach Rom. Wolfskehl traf ihn zuletzt im Sommer 1937 in Südtirol und plante 1937 mit ihm die Emigration nach Mexiko. Doch Manheimer ging statt dessen zum Ärger Wolfskehls nach Amsterdam, wurde dort nach der Okkupation von der Gestapo aufgespürt und nahm sich angesichts der drohenden Deportation durch einen Fenstersprung das Leben.

Als nach dem Reichstagsbrand 1933 die rapide Entwicklung Münchens zur »Hauptstadt der Bewegung« nicht mehr aufzuhalten war, ging Karl Wolfskehl sofort ins Exil, das ihn über die Schweiz und Italien bis nach des *Erdballs letztem Inselriff*, nach Auckland/Neuseeland führte. Von Ende Juni 1938 lebte Wolfskehl hier fast auf den Tag genau zehn Jahre in ebenso fruchtbarer wie trauriger Abgeschiedenheit, unterstützt von Dr. Margot Ruben, die er zur literarischen Nachlaßverwalterin und Herausgeberin seiner Werke einsetzte. In Neuseeland lebte nicht nur das von ihm mit allen Kräften geförderte *Geistmünchen* in seiner Person weiter. Seine Briefe aus diesen Jahren, die der nahezu blinde Mann faktenreich aus dem bloßen Gedächtnis diktierte und in die Welt, vor allem nach Europa, schickte, sind von einer solchen Fülle und Lebendigkeit des Geistes, von einer solch grenzenlosen Belesenheit und Kenntnis, daß beinahe übersehen werden kann, wie sehr sie von Trauer und Zorn über den Verlust der Heimat bestimmt sind. Diese Arbeit kulminiert in zwei großen programmatischen Gedichten, die in einem Zeitraum von mehr als zehn Jahren entstanden: Zum einen in *Hiob Oder Die Vier Spiegel* (1950) und vor allem in dem als letztes zu Lebzeiten

Wolfskehls 1947 in Zürich erschienenen Gedicht *An die Deutschen*. Wolfskehl hat es als *Lebensgedicht* bezeichnet; es ist eine letzte Bestimmung dessen, den eine längere Tradition und tieferes Verständnis für die Werte deutscher Sprache und Dichtung von denen trennt, die, wie etwa Ludwig Klages, den *Geist als Widersacher der Seele* (1929-1932) betrachteten und Antisemitismus propagierten. Zuletzt läßt sich das lyrische Ich vom toten George aus dem Jenseits anrufen und sein stolzes Wort *Wo ich bin ist Deutscher Geist* bestätigen:

Überdaure! Bleib am Steuer! / Selige See lacht, Land ergleisst! / Wo du bist, du Immertreuer, / Wo du bist, du Freier, Freister, / Du der wahrt und wagt und preist — / Wo du bist, ist Deutscher Geist.

In der Nacht zum 30. Juni 1948 ist Karl Wolfskehl gestorben; sein Grab auf dem Stadtfriedhof Waikumete bei Auckland trägt die Inschrift *Exul Poeta* (Verbannter Dichter). In der Parkstadt Bogenhausen ist seit 1952 eine Straße nach Wolfskehl benannt; eine Tafel am Haus Römerstraße 16 erinnert seit 1989 ebenfalls an den Dichter. Doch seine Werke sind schon lange vergriffen.

WAHNMOCHING
Franziska Gräfin zu Reventlow

Wahnmoching - unter diesem Begriff läßt Franziska Gräfin zu Reventlow (1871-1918) in ihrem Schlüsselroman *Herrn Dames Aufzeichnungen oder Begebenheiten aus einem merkwürdigen Stadtteil* (1913) die Atmosphäre eines Ortes entstehen, an dem Geister und Gespenster, idealistisches Wähnen und spiritueller Wahn auf der Basis ländlich-kleinbürgerlicher Lebensformen möglich werden konnten. *Wahnmoching* ist jedoch nicht einfach identisch mit Schwabing um 1900, noch weniger nur auf die Ideen im »Kosmiker«-Kreis um Stefan George zu beziehen, auch wenn das Antike Fest von 1903, an dem die Gräfin selbst teilgenommen hat, zum Höhepunkt der Handlung wird. *Wahnmoching*, das bekommt der junge Herr Dame erklärt, ist eine von bestimmten Orten unabhängige Lebensform: *Wahnmoching im bildlichen Sinne geht weit über den Rahmen eines Stadtteils hinaus. Wahnmoching ist eine geistige Bewegung, eine Richtung, ein Protest, ein neuer Kult oder vielmehr der Versuch, aus uralten Kulten wieder neue religiöse Möglichkeiten zu gewinnen – Wahnmoching ist noch vieles, vieles andere, und das werden Sie erst allmählich begreifen lernen.* So gesehen ist Wahnmoching auch zeitlos und läßt sich bis heute in den Lehren vor allem religiöser Sekten wiedererkennen. Dennoch sind *Herrn Dames Aufzeichnungen* auch als konkretes Zeitzeugnis höchst authentisch, jedenfalls nach Ansicht von Karl Wolfskehl, der das sicher wie kein zweiter beurteilen konnte. Noch aus dem neuseeländischen Exil hat er in einem Brief vom 23. September 1946 an Ludwig Curtius in Rom das höchste Lob über das Buch der Gräfin ausgesprochen: *Die beste Quelle, fast bis ans Tatsächliche heran, jedenfalls doch für Stimmung und Luft der Epoche, ist und bleibt der Reventlow ›Herrn Dames Aufzeichnungen‹.*

Bis zu dieser Souveränität der Darstellung ist es jedoch für die Gräfin ein weiter, beschwerlicher Weg, der Weg einer Emanzipation in Etappen. Es ist ein Kampf gegen Konventionen der Unterdrückung und Lieblosigkeit, für ein intensives Lebensgefühl, das die Liebe als ein Fest feiert. Auch wenn sie sich selbstironisch mit einbezieht, wenn sie im Roman *Der Geldkomplex* (1916) den Glauben an den *Schwachsinn des Weibes* vertritt oder in einem Brief an ihren Mentor Paul Stern Ende Juni 1912 kokett bedauert, *nicht etwas ›intellektueller‹ zu sein*; wenn sie, in einer Gegenreaktion zu den Emanzipationsbestrebungen der Zeit, schon 1899 im Aufsatz *Was Frauen ziemt/ Viragines oder Hetären?* eine Frauenbewegung fordert, *die das Weib als Geschlechtswesen befreit, es fordern lehrt, was es zu fordern berechtigt ist, volle geschlechtliche Freiheit, das ist, freie Verfügung über seinen Körper, die uns das Hetärentum wiederbringt* – so muß doch beachtet werden, wie genau diese Frau ihr Leben in Tagebüchern und Briefen beobachtet hat, wie sehr sie ihre Selbstkritik und Lebenslust trotz schlimmster Hindernisse wie Krankheit, Einsamkeit und materielle Not doch zur Gestaltung eines Lebens einsetzen konnte, das beinahe ungefiltert in ihre Schriften und Bücher einging. Die Aufrichtigkeit und Wahrheit ihrer Darstellung faszinieren noch heute und erhalten das Leben der Gräfin, bei aller individuellen und zeitgebundenen Einmaligkeit, ähnlich aktuell wie ihren Begriff *Wahnmoching*.

Herkunft

Die traumatische Grunderfahrung im Leben der Franziska (eigentlich Fanny) Gräfin zu Reventlow, die in Husum am 18. Mai 1871 als zweite Tochter und fünftes von sechs Kindern der Gräfin Emilie, geb. zu Rantzau, und des Landrats Ludwig Graf zu Reventlow zur Welt kommt, ist die lieblose Erziehung zur »höheren Tochter« im Elternhaus. Das junge aufgeweckte Mädchen widersetzt sich den strengen Maßregeln und wird deshalb mit 15 Jahren in ein Erziehungsheim für höhere Töchter gesteckt. Anstatt sich dort zu fügen, erweist sie sich erst recht als widerspenstig; sie wird aus dem Heim gewiesen und kehrt in ein noch strengeres Elternhaus zurück. Einziger Ausweg ist ein Leben nach innen; Fanny führt Tagebuch, denkt viel nach und bleibt wach.

Aussicht auf Befreiung eröffnet der Umzug der Familie 1889 nach Lübeck. Über ihren jüngeren Bruder Karl (1874-1961) lernt sie im dortigen Ibsen-Club die freigeistigen Ideen der Epoche kennen, die sie im eigenen Denken nur bestätigen. Eine Ausbildung zur Lehrerin macht ihr klar, wie gering die Aussichten in diesen Tagen auch für eine gebildete Frau sind, ihren Beruf mit persönlicher Unabhängigkeit zu verbinden. Diese eine berufliche Ausbildung bringt der Gräfin später immerhin den Vorteil, ihr Kind, den 1897 außerehelich geborenen Sohn Rolf, selbst erziehen und ausbilden zu können und so vor den seelentötenden Schulen der wilhelminischen Epoche zu bewahren.

Auf die angehende Lehrerin werden in Lübeck zwei Gymnasiasten aufmerksam. Es sind der spätere Prokurist im Verlag Albert Langen, Korfiz Holm, und der spätere Anarcho-Kommunist Erich Mühsam, dem die Gräfin 1911 ihre zweite Ehe mit einem baltischen Baron verdanken wird. Doch bis dahin ist es noch sehr weit, abgesehen davon, daß die *blendend schöne blonde Seminaristin* (Erich Mühsam) keinerlei Notiz von den beiden nimmt. Wichtiger sind ihr die »platonische« Beziehung zu einem Oberprimaner und vor allem die ersten konkreten Liebeserfahrungen mit einem älteren und erfahrenen Mann, eine Liebe, die sich in vielen langen Briefen ausspricht. Als die mißtrauische Mutter die Briefe an ihre Tochter entdeckt, muß Fanny zwecks »Besserung« zu einer Pfarrersfamilie aufs Land ziehen.

Befreiung

Ungeduldig wartet sie ihre Volljährigkeit im Mai 1892 ab – kann aber erst im Frühjahr 1893 mit geliehenen hundert Mark aus dem Machtbereich der strengen Eltern fliehen. Sie verlobt sich mit einem guten Bekannten aus dem Ibsen-Club, dem Gerichtsassessor Walter Lübke, und kommt im August 1893 nach München, um hier, vermutlich in der Privatschule von Anton Ažbé, Malerei zu lernen. Sie wohnt erst bis zum April 1894 in der Theresienstraße 66/IV, dann im Rückgebäude der Türkenstraße 81/III. Gleich in dieser ersten Zeit macht sie wichtige Bekanntschaften wie die von Michael Georg Conrad, dem Herausgeber der Zeitschrift *Die Gesellschaft,* dem die Gräfin am 30. Dezember 1893 einen aufschlußreichen Brief über ihre künstlerischen Pläne schreibt. Sie hatte offenbar ursprünglich vorgehabt, Bildhauerin zu werden, aber aus körperlichen Gründen resigniert und sich erst dann der Malerei zugewendet. Schon jetzt ist ihr das Schreiben eine beinahe selbstverständliche Notwendigkeit zur Seelenentlastung; alles Erlebte und Bedachte muß sie, nach eigenem Bekunden, aufschreiben, *um es loszuwerden*. Im übrigen gesteht sie freimütig:

Und doch ist dieses Künstler-Bohèmeleben das Beste von meinem ganzen bisherigen Leben gewesen. Es ist wenigstens frei, ganz frei und man sieht hinter den Kulissen ungleich viel wahrer, und an den Menschen lernt man in der Not viel Gutes kennen, an das man sonst nur als Kind glaubt. So schlicht, wie sie tut, sind ihre ersten literarischen Skizzen jedoch nicht; sie erscheinen zur Jahreswende 1893/94 in den *Husumer Nachrichten* als erste Proben eines sachlich kritischen Blicks, der die Gräfin zeitlebens auszeichnet. Die Skizze *Warum?* fragt nach dem sozialen Hintergrund eines Schülerselbstmords; die *Momentaufnahme Frühschoppen* aus der Kunststadt München zeigt die Differenz von Arbeitsleben und Kunstabsichten und das Elend hinter dem Rausch der Bohème.

Immer heftiger schlägt für die Gräfin das Pendel zwischen Konvention und Befreiung aus. Zwar kehrt sie zu ihrem Verlobten zurück, heiratet ihn auch Ende Mai 1894, ist aber bereits von einem anderen Mann schwanger, kommt noch dazu, wie sie im Tagebuch gesteht, *mit einer neuen frischen Maisünde* von einem dritten heim – und erleidet im Juni eine Fehlgeburt. Die Spannungen zwischen der liebenden Achtung für ihren Mann und dem Rausch der befreienden Leidenschaften kulminieren in einer schweren Erkrankung – sie wirkt wie eine Selbstbestrafung als einziger und letzter Ausweg. Die Kette dieser Erkrankungen und notwendigen Operationen reißt bis zum Tod der Gräfin während eines Eingriffs nicht mehr ab; Korfiz Holm gegenüber macht sie einmal den Scherz, sie denke daran, ihre Haut mit Druckknöpfen zu versehen, um nicht immer wieder aufgeschnitten werden zu müssen. Ende Juli 1894 liegt sie jedenfalls das erste Mal in der privaten Münchener Heilanstalt Josephinum, Arcisstraße 41; weitere Aufenthalte werden folgen.

Nach ihrer Genesung beginnt die Gräfin ihr eigenes Leben zu führen; wichtige Hilfe ist ihr dabei das Tagebuch, das sie von Februar 1895 bis zum Herbst 1910 als getreuen Spiegel ihrer Entwicklung und auch als Stoff für ihren ersten Roman benutzt. Ihre Aufrichtigkeit und Konsequenz führt zur Trennung und 1897 zur Scheidung von Walter Lübke. Gerade dieses Jahr ist geprägt von schweren Depressionen, Selbstzweifeln bis zu Selbstmordgedanken, aber auch von Hoffnung. Im Januar 1897 weiß sie sich wieder schwanger, leidet aber an einer Krankheit und hat kaum noch Geld. Beinahe der ganze Hausrat ist schon versteigert (sie nächtigt auf *Divan, dem Schrecklichen*), und ihr Vermieter Dr. Natili in der Heßstraße 46/I, wo sie seit Ende Januar 1896 wohnt, droht mit Hinauswurf. Diese Misere hellt der junge Rilke etwas auf, der jeden Morgen ein Gedicht in den Briefkasten wirft.

Doch Poesie macht nicht satt. Anfang April 1897 beschließt die Gräfin, sich bei Albert Langen nach Arbeit zu erkundigen.

Sie bekommt ein Buch zur Übersetzung mit und einen Vorschuß
– und beginnt so ihre oft beklagte, schlecht bezahlte, oft in
regelrechtem Akkord vorangetriebene Arbeit an Übersetzungen
aus dem Französischen (Maupassant, Zola, Prévost), die ihr
jedoch nicht nur eine gewisse materielle Sicherheit verschaffen,
sondern auch eine intensive literarische Schulung, von der sie für
die eigenen Bücher profitiert.

Das Geld von Langen kommt genau zur rechten Zeit: Mitte
April platzt ihrem Vermieter in der Heßstraße 46 der Kragen, er
dringt ins Zimmer der Gräfin ein und läßt ihre Sachen vor die
Türe werfen. Um der drohenden Anklage zu entgehen, weicht
sie an den Bodensee aus und ist in der dortigen Einsamkeit froh,
über Ostern Besuch von Rilke zu bekommen.

Unter ihrer kurzen Prosa, die sie in verschiedenen angesehenen Zeitschriften wie *Die Gesellschaft* und *Simplicissimus* veröffentlicht, sei eine von zwei Humoresken hervorgehoben, die sie zusammen mit O. Eugen Thossan in der gemeinsamen Sammlung *Klosterjungen* (1897) veröffentlicht. Die Geschichte heißt *Das gräfliche Milchgeschäft* und schildert den Versuch einer Gräfin, sich seriös als Geschäftsfrau zu etablieren, lange vor dem ähnlichen Versuch des Hausdichters der Künstlerkneipe *Simplicissimus*, des späteren Joachim Ringelnatz, mit seinem Tabakladen in der Schellingstraße. Das Unternehmen der Gräfin geht noch viel schneller schief als das des Hausdichters; schon bald kommen ihre Freunde nicht mehr nach, die unverkaufte Restmilch abends wegzutrinken. Trotz des Mißerfolgs, oder gerade deshalb, ist die Humoreske ein besonders gelungenes und lebhaftes Beispiel für das halb gaunerhafte, halb blauäugige Bemühen einer schillernden Bohème, im bürgerlichen Milieu Fuß zu fassen.

DAS KIND

Anfang Mai 1897 kehrt die Gräfin Reventlow wieder nach München zurück und nimmt bei Frau Anna Güttner, der Frau eines Bildhauers aus Triest, Logis in einem kleinen Zimmer der Georgenstraße 27/I, das ihre Lebenssituation gut veranschaulicht: *Ein kleines stilles Zimmer, es ist nicht so verkommen wie das Atelier früher, ich habe nur wenige Sachen drin, mein großer alter Tisch – der heimelt mich förmlich an – steht zwischen zwei Fenstern, die auf den Hof hinaussehen – und den Divan zum schlafen. Nachts ist es kalt, ich habe noch immer nicht das Bettzeug auslösen können und noch 26 Mark für den ganzen Monat. Mit Zimmer und Mittagessen zahl' ich hier 50 Mark, Frau Güttner ist lieb und nett und tut mir wohl. Aber ich seh' sie wenig, sitze nur in meiner Höhle und schreibe an den Übersetzungen. Langen hat mir gesagt, daß er den ganzen Sommer für mich zu tun hat* (Tagebuch, 7. V. 1897).

Selbst im seriösen *Kommissär, dem alten Bekannten* auf der Meldestelle, weckt die Gräfin ungeahnte Leidenschaft; die *wilde Szene*, die er ihr laut Tagebuch vom 18. Mai macht – *Ich wäre eine Sphinx und er ein Schurke, aber er könne nicht anders usw.* -, hat ihr einen solch *nachhaltigen Schrecken* versetzt, daß sie gleich zu Beginn ihrer Galerie von Männertypen in den *Amouresken Von Paul zu Pedro* (1912) dieses Erlebnis als Beispiel für den Typus »verheirateter Mann« heranzieht.

Anfang Juli 1897 bereitet die Gräfin das Nest oder, wie sie selbst sagt, die eigene Höhle für sich und das Kind vor. Ein Haus weiter, Georgenstraße 29/I im *Gasthaus zu den vier Nußbäumen*, findet sie eine Wohnung, die ihr so tabu *wie ein Heiligtum* vorkommt (Tagebuch, 15.VII. 1897). Sie nimmt sich ein Mädchen als Hilfe, aber die Ängste, die Einsamkeit, die Selbstmordgedanken bleiben. Endlich kommt in dieser Wohnung am 1. September 1897 nach schmerzhafter Geburt ihr Sohn Rolf zur Welt: *Dann kam man so langsam ins Leben zurück. Ich lag in meinem Wohnzimmer und sah grüne Bäume und Sonne und hatte mein Kind, endlich mein Kind, o mein Gott, mein Kind. Alles hängt an ihm, all meine Liebe und all mein Leben, und die Welt ist wieder herrlich für mich geworden, wieder Götter und Tempel und der blaue Himmel darüber.* Mit dem gleichen Wort *September* wie dieser Tagebuchauszug ist auch die Schlußsequenz des autobiographischen Schlüsselromans *Ellen Olestjerne* (1903) überschrieben; Leben und Fiktion gehen bei der Schilderung von *Leiden und Lust* dieser Geburt fast nahtlos ineinander über.

Die Gräfin hatte schon vorher, ganz im Sinn eines Wortes von Friedrich Nietzsche, auch für sich die Lösung vom *Rätsel meines Ich (...) in der Mutterschaft* gesehen (Tagebuch, 28. IV. 1897). Das Kind, dessen Vater sie verschweigt, wird demnach fortan der zentrale Zweck ihres Daseins. Der zentrale, aber nicht der einzige. Denn wie sie in dem Aufsatz *Was Frauen ziemt! Viragines oder Hetären?* ausführt, heißt Mutterschaft für die Frau nicht unbedingt auch Monogamie, ganz im Gegenteil. Von dieser provokanten Gegenmeinung zur damaligen Frauenbewegung leitete später der mit der Gräfin befreundete und sie besonders fördernde »Kosmiker« Ludwig Klages seine mythische Sicht auf die alleinerziehende Mutter als *heidnische Heilige* (Tagebuch, 10. III. 1901) ab.

Mutter und Hetäre

Die Zeit im *Gasthaus zu den vier Nußbäumen* ist im Mai 1898 zu Ende, denn Mitte April hat die Gräfin für sich und das Kind eine *herrliche Wohnung gefunden mit Hofplatz und Garten. Sonst ist sie etwas dunkel und feucht. Aber nun kann mein Bübchen immer draußen sein und rote Backen kriegen, in letzter Zeit ist er vom Zahnen so blaß geworden* (Tagebuch, 15.IV.1898). Die Adresse ist Hohenzollernstraße 1c/0, Rückgebäude. Jetzt will die Gräfin Schauspielerin werden, gibt ihr weniges Geld, das sie mit den Übersetzungen und Witzen für den *Simplicissimus* verdient, für Unterricht aus, ist aber auch viel mit dem Rad unterwegs und schreibt am 17. Juni lapidar ins Tagebuch: *Geübt, geradelt, übersetzt.* Das erhoffte Engagement im Theater am Gärtnerplatz platzt jedoch Ende Oktober, und im November kommt der Gerichtsvollzieher in die *tödlich feuchte* Wohnung.

Im Jahr 1899 arbeitet sie geradezu im Akkord an den Übersetzungen, um Zeit für das Kind, sich und die Männer zu gewinnen. Über den Dichter Friedrich Huch lernt sie Ludwig Klages und Hans Busse kennen, mit denen sie im Dachauer Moos Gespräche über *Das Mutter- und Hetärenthema* führt (Tagebuch, 15. VIII. 1899). Für Anfang Oktober ist bald darauf wieder eine neue Wohnung gefunden, und erneut fällt selbst der Abschied aus der feuchten Wohnung schwer; dann aber meldet sich die Gräfin in der Werneckstraße 19/I (ab 1955: Nr. 17) an, von wo aus sie mittags zum Essen ins Café Noris an der Leopoldstraße 41 gehen kann. Um Geld zu verdienen, versucht sie sich halbherzig als Versicherungsvertreterin und ist froh, wenn ihr die Leute die Tür gleich vor der Nase zuschlagen.

Ihr Leben spielt sich weiter ab zwischen extremen Krankheitsdepressionen und exzessivem Lebensrausch besonders zu Beginn eines jeden Jahres im Münchener Fasching. Entsprechend heißt es im Tagebuch am 17. Februar 1900: *Das Leben ist ein Narrentanz, ein Affentheater.* Über Klages lernt sie Karl Wolfskehl und Stefan George kennen, den sie nicht nur treffend als *Weihenstefan* bezeichnet, sondern schon nach der ersten Begegnung am 20. Februar 1901 in seiner eigenartigen Ambivalenz erkennt: *Fast unheimlich, dieser seltsam gebildete Kopf mit den erloschenen Augen. Kommt einem nicht recht wie ein wirklicher Mensch vor, trotzdem er lachen kann.*

Noch bevor sie mit ihrem Begleiter Albrecht Hentschel und dem Sohn in der zweiten Jahreshälfte 1900 auf eine Reise nach Samos geht (wo sie wieder eine Fehlgeburt erleidet), plant die Gräfin einen Roman über ihre Jugend. Von Korfiz Holm bekommt sie dafür auch einen Vorschuß, der sie später nicht daran hindert, das Buch, ihren Roman *Ellen Olestjerne,* 1903 zunächst im Münchener Verlag des polnischen Revolutionärs Julian Marchlewski (1866-1925) aus dem Münchener Lenin-Umkreis (1900-1902) erscheinen zu lassen; erst die dritte Auflage 1911 erscheint im Langen-Verlag. Angeregt und in ihrem Vorhaben unterstützt wird sie vor allem von Ludwig Klages, und zwar nicht nur mit Rat, sondern auch mit Tat durch die Vermittlung der reichen Fabrikantengattin Paula Richter aus Lodz, die der Gräfin zwischen November 1901 und Juni 1902 als Mäzenatin hilft. Ohne die Fron der Übersetzungen kann die Gräfin jetzt ganz aus sich herausgehen, das Leben in vollen Zügen genießen, vor allem bei Aufenthalten auf dem Land, nach denen die Rückkehr in die Stadt immer wieder um so schwerer fällt. Ihr Buch schreibt die Gräfin zwischen 1901 und Anfang November 1902 an verschiedenen Orten, allein in München in fünf verschiedenen Wohnungen; fertig wird es anscheinend in der Schellingstraße 92/0. Der Abschluß des Buches fällt mit dem Ende der Beziehung zu Ludwig Klages zusammen.

IM ECKHAUS

Nach einem kurzen Intermezzo in der Herzogstraße 1/II von Weihnachten 1902 an findet die Gräfin mit Hilfe des polnischen Kunstmalers Bogdan von Suchocki (sie nennt ihn schlicht Such) Anfang Januar 1903 eine *herrenlose* Wohnung mit Atelier in der Dietlindenstraße 1/III und zieht gleich um. Der Karneval reißt sie bald wieder von Fest zu Fest und von Mann zu Mann; während sie mit Karl Wolfskehl, ihrem »Carlo«, eine leidenschaftliche Liebe erlebt, löst sie sich immer mehr von Ludwig Klages. Weitere Galane sind, neben Roderich Huch, der Schriftsteller Oscar A.H. Schmitz (1873-1931), ab 1904 Schwager von Alfred Kubin, und der junge Franz Hessel (1880-1941). Kein Interesse für sie alle hat die Gräfin auf einem Ball der *Elf Scharfrichter,* als sie dort ihrem Idol Frank Wedekind, von dem sie früher schon heftig geträumt hat, so nahe kommt, daß sie ihn fragen kann, *ob ich ihm jetzt endlich einmal gefalle. Darauf ›fabelhafter‹ Blick, und ich reiße aus, damit dieser große Augenblick durch nichts zerstört würde* (Tagebuch, 5. I. 1903).

Franz Hessel, Sohn eines jüdischen Kaufmanns aus Berlin, finanziert im Sommer einen gemeinsamen Aufenthalt mit der Gräfin in dem als fad empfundenen Solln. Dabei entsteht der Plan einer Wohngemeinschaft auch in München. Und obwohl sie gegen *Lebenskommunismus* im allgemeinen und gegen Franz Hessel im besonderen einiges einzuwenden hat, entscheidet sich die Gräfin, dem Kind und ihren Malereiplänen zuliebe, doch für eine ménage à trois, die sie in einem Brief an Karl Wolfskehl vom August 1903 näher erläutert: [...] – *wir drei wollen zusammenziehen, Such, Hessel und ich, mit möglichst separierten Räumen, eventuell sogar verschiedenen Wohnungen im selben Haus, aber gemeinsame Küche, der Such und ich abwechselnd vorstehen werden etc. – Mit dem, was Hessel besitzt und Such verdient, kommen wir so heraus, daß ich ganz umsonst lebe und nichts zu tun brauche, wie dem Haushalt etwas auf die Finger zu sehen*. Sie ist sicher, ihre *Alleinheit* wahren und sich so ganz dem Malen widmen zu können, um bald endgültig zu wissen, ob das ihr weiterer Weg ist.

Im November 1903 beginnt dann die Zeit der Wohngemeinschaft in der Kaulbachstraße 63, dem legendären *Eckhaus*, das nicht am Straßeneck, sondern übereck im rechten Winkel vor einem längeren Rückgebäude mit großem Atelierfenster stand. Dieses Fenster wiederum wurde zum bestimmenden Motiv der Umschlagzeichnung von Alphons Woelfle für *Herrn Dames Aufzeichnungen* (1913) (Abb. S. 192), die sich um dieses Haus drehen. Vermieter war dort übrigens der Dekorationsmaler Adolf Lentner, der seine Wohnung in der Kaulbachstraße 75/0 hatte und auch in Nr. 77 gemeldet war. Auch der heutige Neubau hat die L-Form des alten Eckhauses bewahrt. Das neue Ensemble, durch einen Schwebegang mit dem Nebenhaus Nr. 63a verbun-

Das »Eckhaus« in der Kaulbachstraße 63 (6. April 1910)

den, gehört zum katholischen Mädchenwohnheim Ermelinda; eine Gedenktafel für die Gräfin wurde dort vor einigen Jahren verständlicherweise verweigert.

Zu Beginn seines noch unveröffentlichten Typoskriptes *Kaleidoskop des Lebens* erinnert sich Rolf Reventlow (1897-1981) an das Eckhaus: *In Schwabing wohn(t)en wir nun in einem alten Häuschen in der Kaulbachstraße in einer Art Wohnkollektiv, Mutter, ihr Freund Such und der Schriftsteller Franz Hessel. Das Häuschen war kleiner – und viel älter – als die umliegenden Zinshäuser, hatte einen total verwahrlosten Garten, einen leeren Schuppen, viele ungenützte Zimmer, ein Atelier, das Mutter mit Beschlag belegt hatte, und eine seltsam angelegte Wohnküche mit Veranda, die eine Art Gemeinschaftsraum darstellte und in der Such für alle zu kochen pflegte.*

Dieses Eckhaus ist also der zentrale Schauplatz im Schlüsselroman der Schwabinger Bohème und verdient daher eine nähere Betrachtung. Der erste Besuch des Helden mit seinem Diener Chamotte zur Faschingszeit gibt in Kapitel 4 einen guten Ein-

Franziska Gräfin zu Reventlow in der Küche, dem »Tirol« der Kaulbachstraße 63

druck von der Atmosphäre um dieses Haus und seine Bewohner: *Sie kommen in eine Nebenstraße, an der Ecke steht ein altes Haus mit großem grünem Tor und einer altmodischen Glocke. Chamotte zieht die Glocke – dreimal –, denn nur auf dieses Zeichen wird man eingelassen. Man geht durch einen Laubengang und über einen gepflasterten Hof – wieder eine Tür und wieder dasselbe Glockenzeichen.* Zum Schrecken der beiden Besucher öffnet ihnen ein grausiger mittelalterlicher Henkersknecht; es ist der kostümierte Orlonsky alias Suchocki. Er führt die Besucher hinauf: *Der Henker mit seiner Lampe geht voran, durch einen dunklen Flur, eine Treppe hinauf, in einen großen hellerleuchteten Raum, eine Art Küche, wie man sie in Bauernhäusern findet. In der einen Ecke ist der Herd, in der anderen ein gewaltiger Tisch mit ledergepolsterten Bänken und Stühlen – an den Wänden altes Kupferzeug und Fayencengeschirr, ein ganzes Museum.* Hier in der legendären Küche – Oscar A.H. Schmitz gibt ihr in seinem Schwabing-Roman *Bürgerliche Bohème* (1912/1918) den Spitznamen *Tirol* - treffen die Besucher auf Susanna (alias Franziska Reventlow), einen jungen Herrn (Willy alias Franz Hessel) und das siebenjährige Kind.

Etwas später, in Kapitel 8, werden auch die anderen Räume der Wohnung geschildert: *Dies alte Haus ist merkwürdig und geräumig gebaut. Oben die große Küche ist zugleich der gemeinsame Salon, daneben liegen Willys Zimmer, und im Seitenflügel wohnt Susanna mit dem rätselhaften Kind [...]. Unten im Parterre hat Orlonsky sein Reich, und neben dem großen Flur, durch den man hereinkommt, gibt es noch eine Reihe von halbdunklen Zimmern, wo die Gäste untergebracht werden. Orlonsky hat es dort mit vielen Diwanen, Polstern und anderen Lagerstätten etwas phantastisch, aber sehr gemütlich hergerichtet, das Ganze gleicht etwas einer Herberge, wo die müden Freunde des Hauses sich ausruhen und erholen können. Mit dem Ausruhen war es allerdings manchmal nicht weit her [...].*

Im Roman dient das Eckhaus als Gegenstück zur Wohnung des Professors Hofmann (alias Wolfskehl), in der am 22. Februar 1903 das legendäre Antike Fest mit vorhergehendem Maskenzug stattfand. Bei diesem Fest waren, wie Fotos belegen, neben der Gräfin auch Oscar A.H. Schmitz und Franz Hessel dabei. Mit den beiden verfaßt die Gräfin im Frühjahr 1904 drei Ausgaben der Zeitschriftenparodie *Der Schwabinger Beobachter,* mit einem besonderen Augenmerk gleich zu Beginn auf die *Schwabinger Cäsarenwoche* im März 1904.

In beiden Häusern, dem Eckhaus sowohl wie dem Haus des Professors, werden Lebensformen möglich, die gegen bestehende Konventionen gerichtet sind, einmal ganz praktisch, sodann in der gefährlichen Mischung aus Narrentanz und ideologischem Wahn. Es gelingt der Gräfin Reventlow im Roman, bei der von eigenen Erlebnissen geprägten Schilderung der beiden Häuser prototypische Gemeinsamkeiten und Gegensätze aufzuzeigen; all das war anderswo ähnlich möglich. Erst diese Typisierung bei gleichzeitiger Bewahrung der konkreten Atmosphäre macht das Buch so wertvoll und hebt es weit über ähnliche Ansätze wie den emanzipationsfeindlichen »Sittenroman« *Wenn wir Frauen erwachen...* (1912; ab 1918: *Bürgerliche Bohème*) von Oscar A.H. Schmitz und den ersten Roman Franz Hessels, eine éducation sentimentale mit dem Titel *Der Kramladen des Glücks* (1913), hinaus.

Ein Wort noch zu Franz Hessel. Von den Vorbehalten der Gräfin ihm gegenüber war schon die Rede. Sie rühren vermutlich von der Rolle der Ersatzmutter her, die Hessel ihr so auffällig in seinem Roman zuweist (Hessels Mutter hieß übrigens wie die Gräfin mit Vornamen Fanny), die zu spielen sie jedoch nicht gewillt war. Die zweite wichtige Instanz für Hessel in München war Karl Wolfskehl; ihn würdigt Hessel in der Geschichte *Hermes* (1928) als Seelenführer seiner frühen Zeit. Nicht unerwähnt seien zuletzt Hessels ganz zu Unrecht vergessene *Münchner Novellen* unter dem Titel *Laura Wunderl* (1908). Besonders die Titelgeschichte vom Leben und Sterben einer Münchener Straßendirne ist als genaue Milieu- und Zeitstudie von großem Wert. Hier viel mehr als im Roman von 1913 sind die Grundzüge des späteren großen Flaneurs in Berlin und Paris zu erkennen, der zusammen mit Walter Benjamin erstmals Marcel Proust ins Deutsche übersetzte. Nach dem Auszug aus dem Eckhaus ist für Franz Hessel in München übrigens in der Zeit von Januar bis April 1907 auf dem Meldebogen eine Adresse am Pündterplatz 4/II angegeben. Der letzte Eintrag (nach unsicherem Logis in der Kaulbachstraße) ist dort seine Abmeldung nach Rom am 18. Juli 1909.

*

Die Wohngemeinschaft in der Kaulbachstraße 63 dauert bis zum Juni 1906. An keinem anderen Ort in München bleibt die Gräfin länger wohnen, hier fühlt sie sich geradezu heimisch. Doch das Schicksal meint es nicht gut mit ihr. Auf einer Reise mit Hessel und Such durch Italien erleidet sie im September 1904 in Forte dei Marmi eine Fehlgeburt weiblicher Zwillinge; das eine Kind wird tot geboren, die Tochter Sibylle stirbt nach einem Tag. Kurz danach ist die Wohngemeinschaft gefährdet; Such, der Vater der Kinder, plant für das folgende Jahr den Auszug. Nach einem großen Krach Anfang April 1905 renkt sich die Stimmung zum Glück wieder ein. Von einer Reise nach Berlin zu ihren Brüdern Ludwig (1864-1906) und Ernst (1869-1943) – Ludwig ist Reichstagsabgeordneter 1903/06; sein Bruder wird es von 1924-1943, ab 1927 für die NSDAP – zurückgekehrt, fühlt sich die Gräfin an Silvester 1905 *wieder daheim in meiner Kaulbachstraße* und ist dort *so glücklich, innerlich froh und leicht, als ob das ganze Leben von vorn anfänge*. Wieder kommt ein Fasching mit Festen und Freuden und dem wohligen Seufzer: *Ach Leben, Leben, Leben, es ist doch göttlich* (Tagebuch, 16.II.1906). Aber Tod und Ende sind nicht fern. Am 26. Mai stirbt der geliebte Bruder Ludwig in Wiesbaden. Das Ende der Wohngemeinschaft besiegelt kurz darauf eine gefährliche Attacke Suchockis, der sich, vermutlich in rasender Eifersucht, auf die Gräfin stürzt und sie würgt. Wieder heißt es aus- und umziehen, der Seufzer lautet jetzt resigniert: *Ach wir Heimatlosen* (Tagebuch, 21.VI.1906).

Abstieg und Flucht

Von nun an geht's bergab. Von November 1906 bis zum Herbst 1910 ist die Gräfin Reventlow in München in sieben verschiedenen Wohnungen gemeldet; nicht auf dem Meldebogen steht verständlicherweise die am 16. September 1906 für nur einen Tag im alten Atelierhaus der Theresienstraße 54 bezogene Wohnung, die nach *(Krakeel) mit den alten Hausweibern* gleich wieder gekündigt wird. Es ist eine Zeit des Niedergangs in allen Bereichen, besonders körperlich und materiell. Im Sommer 1907 muß

Im vierten Stock dieses Hauses an der Leopoldstraße 41 fand die Gräfin Reventlow 1910 ihre letzte Wohnung in München

sich die Gräfin wieder im Josephinum operieren lassen. Und anstatt mit ihrem Sohn, ihrem *Göttertier,* auch wirklich ein *Götterleben* zu führen, fühlt sie sich wie Prometheus *festgeschmiedet an unsre kleine Wohnung über vier Stiegen* - gemeint ist wohl die Bleibe im Haus Herzogstraße 7, wo sie im dritten Stock gemeldet ist.

Von der einen *Schandbude* (Tagebuch, 3. VII. 1908) im Rückgebäude der Schwabinger Landstraße 43/0 geht es in die andere (Ludwigshöherstraße 2/0), bis sich die Gräfin im Oktober 1908 in ihrer vorletzten Wohnung in München, in der Helmtrudenstraße 5/III anmelden kann. Sie laviert zwischen unerwartetem *Geldregen* an Weihnachten und dem Plan, durch Glasmalerei mit Prospektwerbung ein sicheres Einkommen zu erzielen. Nach dem Sommeraufenthalt am Chiemsee erwarten sie jedoch in München anstelle vieler Käufer schon wieder tobend ein Hausbesitzer und sein Hausmeister, um ihr zu kündigen. So macht sie sich ein letztes Mal in München auf die Suche nach einer Wohnung und findet sie Anfang Dezember 1909 im Haus Leopoldstraße 41/IV über dem Café Noris. An dem Haus, das durch Kriegseinwirkung drei seiner einstigen vier Stockwerke verloren hat, erinnert seit 1971 eine Tafel an das Café und die Gräfin, die nach dem Einzug ins Tagebuch schreibt: *Wir freuen uns an der neuen Wohnung mit der roten Jubeltapete. Erste Woche vergeht mit Einrichten, die zweite mit Gläsern. Prospekt ist verschickt, einziges Resultat ein Auftrag von Mohr.* Es bleibt bei dieser mangelnden Resonanz; Anfang

März muß die Gräfin im Auftrag von Kathi Kobus 50 Möpse für die Künstlerkneipe *Simplicissimus* malen.

Noch einmal schöpft die Gräfin Hoffnung und rechnet auf einen Gläserverkauf bei den 1910 wieder fälligen Passionsspielen in Oberammergau. Diesmal verderben der Regen und, wie Erich Mühsam meint, das zu billige Angebot das Geschäft. Die Gräfin bleibt – wie einst ihr alter ego auf unverkaufter Milch – auf ihren Gläsern sitzen und wird sogar, wie Erich Mühsam berichtet, an dem Plan, sie vom Boot aus im Kleinhesseloher See zu versenken, von einem aufmerksamen Parkwächter gehindert. Resigniert heißt es am 17. August 1910 im Tagebuch: *Man ergebe sich in sein Schicksal – wenn man kein andres hat.* Sie ergibt sich – und tritt Anfang Oktober die Flucht aus München an. Zum ersten Mal muß sie sich für längere Zeit von ihrem geliebten Kind trennen; sie schickt den Jungen zu Freunden nach Österreich, steigt selbst schweren Herzens in den Zug nach Berlin und kommt über Paris nach Ascona, in den Umkreis der Künstlerkolonie am Monte Verità.

IN ASCONA

Was wird aus uns beiden – so lautet der letzte bange Eintrag im Tagebuch der Gräfin am 15. Oktober 1910. Mutter und Kind sind aber bald wieder zusammen in Ascona und können dort auf Dauer bleiben. Eine wichtige Bedingung dafür leitet Erich Mühsam in die Wege. Er macht die Gräfin darauf aufmerksam, daß sie sich durch eine formale Trauung mit dem baltischen Baron Alexander von Rechenberg-Linten die Hälfte einer beträchtlichen, nur durch die Eheschließung überhaupt möglichen und sogar bald zu erwartenden Erbschaft sichern könnte. Die lakonische Reaktion der Gräfin ist, daß der neue Name ganz praktisch sei, da sie das Monogramm in ihren Taschentüchern behalten könne. Sie willigt ein und heiratet im Mai 1911 den von ihr nur

Umschlagzeichnung von Alphons Woelfle (1913)

Seeräuber genannten tauben und entsprechend eigenwilligen Mann.

Die Gräfin Reventlow arbeitet weiter an Übersetzungen und kleiner Prosa für den *Simplicissimus*. Sie hat aufgehört, Tagebuch zu führen, und plant neue eigene Bücher als Fortsetzung des verschlüsselten Lebensromans. Schon im Dezember 1910 beginnt sie mit imaginativen Briefen an Franz Hessel, die in Anspielung auf die berühmten *Hetärengespräche* des Lukian oder des Aretino zunächst *Teegespräche* heißen sollten. Tatsächlich bekamen die im Untertitel *Amouresken* genannten Briefe 1912 den Titel *Von Paul zu Pedro*. Zwischen diesen beiden Polen enthalten die Briefe ein zeitlos gültiges Repertoire von Männertypen, nicht nur im Leben der Gräfin, aber natürlich vorrangig aus ihren Erfahrungen zusammengestellt – vom schon angedeuteten Typus »verheirateter Mann« zum Typ »Retter« (gemeint ist Ludwig Klages), von der eleganten *Begleitdogge* (Franz Hessel) zum »fremden Herrn«.

Gleich danach, im Juni 1912, beginnt die Gräfin das *Schwabinger Buch*, das noch im gleichen Sommer fertig werden soll. Sie schafft den Termin dank der tatkräftigen Hilfe des Privatgelehrten Dr. Paul Stern (1869-1933) in München, der als *Philosoph Dr. Sendt* im Buch dem jungen Herrn Dame die Geheimnisse der »kosmischen« Weltanschauung in allen Details ebenso erläutert, wie es Paul Stern der Gräfin gegenüber in zahlreichen Briefen unternahm. Am 10. November kann die Gräfin von Mallorca aus an Franz Hessel schreiben: *Inzwischen wurde auch der Schwabinger Roman fertig und angenommen und gepfändet und wieder freigegeben* [...]. Er erscheint 1913 bei Albert Langen in München.

Der Lebensroman der Gräfin, ob sie will oder nicht, dreht sich ums Geld. Nie hat sie dazu ein praktisches Verhältnis entwickeln können; der höheren Tochter erschien es armeleutehaft, sich um Geld zu kümmern. Wenn sie in München etwas verdient hatte, warf sie, wie ihr Sohn Rolf erzählt, die Zehn-Mark-Goldstücke in der Wohnung herum, um sich später einmal beim Wiederfinden darüber freuen zu können. So endet denn auch die Hoffung auf das große Geld durch die Erbschaft des baltischen Barons wie von der Gräfin selbst als Romanschluß ausgedacht: Sie vertraut dem Credito Ticinese die Umwandlung der geerbten Aktien im Wert von 50.000 Schweizer Franken in Bargeld an – und die Bank geht pleite. Zwar bekommt die Gräfin noch vorher 10.000 Franken ihres Anteils als Kredit ausgezahlt und kann im ungewohnten Gefühl echten Reichtums damit die dringendsten Schulden in Ascona begleichen, sich und ihren Sohn neu einkleiden und eine Reise nach Mallorca unternehmen. Aber das ganz große Geld ist perdu; die Gräfin findet sich in der ebenfalls ungewohnten Rolle als Gläubigerin wieder. *Kurz, der Herr hat's gegeben, der Herr hat's genommen, der Name des Herrn sei gelobt* - so lautet im Frühjahr 1914 ihr Kommentar dazu in einem Brief an die Freunde Kitzinger. Sie hält sich auch wirklich nicht dabei auf, sondern erweitert das Thema später in ihrem vorletzten Roman *Der Geldkomplex* (1916) zu einer gelungenen Satire auf die Psychoanalyse. Der Titel der letzten Buchveröffentlichung zu Lebzeiten, der Novellensammlung *Das Logierhaus zur schwankenden Weltkugel* (1917), könnte programmatisch auch über den vielen Adressen der Gräfin stehen, an denen sie sich letztlich mehr obdachlos als heimisch gefühlt hat.

Ihren letzten Roman *Der Selbstmordverein* kann sie nicht mehr vollenden. Die letzte der vielen Operationen bringt ihr am 26. Juli 1918 in einer Klinik in Locarno den Tod. Die schönsten

Abschiedsworte, zugleich eine der besten Charakterisierungen ihres Wesens, hat Erich Mühsam in seinen *Unpolitischen Erinnerungen* (1931) der Gräfin gewidmet:

Ich grüße diese Tote mit inniger Verehrung. Sie trug, außer ihrem Namen, nichts an sich, was vom Moder der Vergangenheit benagt war. In die Zukunft gerichtet war ihr Leben, ihr Blick, ihr Denken; sie war ein Mensch, der wußte, was Freiheit bedeutet, ein Mensch ohne Vorurteile, ohne traditionelle Fesseln (...). Und sie war ein froher Mensch, dessen Frohsinn aus dem tiefsten Ernst des Charakters kam. Wenn sie lachte, dann lachte der Mund und das ganze Gesicht, daß es eine Freude war, hineinzusehen. Aber die Augen, die großen tiefblauen Augen, standen ernst und unbewegt mitten zwischen den lachenden Zügen.

Seit 1984 verläuft in Schwabing die Reventlowstraße gleich hinter dem Ungererbad.

UM DIE TRAUMSTADT PERLE
Alfred Kubin

Eine Bohème-Erscheinung besonderer Art im München der Jahrhundertwende war der Zeichner und Schriftsteller Alfred Kubin (1877-1959). In seiner Doppelbegabung zwischen den Ausdrucksformen Wort und Linie lange schwankend, gelang Kubin nach einem düster-dämonischen Frühwerk (1903) die Synthese seiner Fähigkeiten erst in seinem von ihm selbst illustrierten phantastischen Roman *Die andere Seite* (1909). Der Roman, in vielem ein Reflex auf die Schwabinger Bohème um 1900, mit Streiflichtern sogar auf das vorweggenommene *Wahnmoching*, entstand weit außerhalb davon, auf Kubins oberösterreichischem Landsitz Zwickledt am Inn, wohin er 1906 mit seiner Frau Hedwig (1874-1948) gezogen war und bis an sein Lebensende wohnen blieb. Hier illustrierte Kubin beinahe die gesamte dämonische Weltliteratur, ob Poe oder E.T.A. Hoffmann, ob Dostojewski oder Nerval, und gab ihren Werken durch seine Zeichnungen einen ganz eigenen, unverwechselbar »kubinesken« Charakter. Dazu entstanden zahlreiche Mappenwerke, viele Selbstdarstellungen, Erinnerungen, Anekdoten und vor allem ein bislang kaum überschaubares Briefwerk.

Kubins erste Münchener Zeit von 1898 bis 1906 wirkt gegen die Zeit in Zwickledt vergleichsweise kurz, ist aber durch den Umkreis seines Werdegangs um so aufschlußreicher.

Der Sohn eines k.u.k. Obergeometers verlebte in seiner nordböhmischen Geburtsstadt Leitmeritz und in Zell am See eine traumatische Kindheit und Jugend. Ein Selbstmordversuch am Grab der Mutter, eine abgebrochene Photographenlehre und ein Nervenzusammenbruch beim Militär waren die äußeren Signale einer krisenhaften Empfindlichkeit, die schon früh in Zeichnungen von Dämonen, Zauberern und phantastischen Landschaften Gestalt gewann. Gleichsam als letzter Ausweg vor der drohenden Berufslosigkeit wurde Kubin schließlich geraten, es in München mit dem Kunststudium zu versuchen. Ausgestattet mit einer kleinen Erbschaft, kam Kubin so erstmals im April 1898 nach München und logierte in der Theresienstraße 13/III bei dem Austräger Johann Bregenzer. Sehr viel später erinnerte sich Kubin *des schmalen Marterlagers meiner ersten Wohnung bei einer Austrägerfamilie [...] mit der geflickten, dünnen Decke, die, je nachdem man sich hineinwickelte, oben oder unten zu kurz war* (Der sanfte Alois, 1931).

In ersten Teil seiner Autobiographie *Aus meinem Leben* (1912-1928) versichert Kubin glaubhaft, daß ihn seine Herkunft aus kunstfremdem Milieu in München eine ganz neue Welt entdecken ließ. Schon am zweiten Tag nach seiner Ankunft geht er zum erstenmal in seinem Leben in ein Museum, in die Alte Pinakothek, und schleicht vor lauter Ehrfurcht nur auf Zehenspitzen an den Bildern der alten Meister vorbei. Kubin nimmt zunächst Privatunterricht im Atelier des Malers Ludwig Schmid-Reutte (1863-1909) an der Dachauerstraße 45/II und wird im Jahr darauf an der Akademie in der »Naturklasse« des Genre- und Monumentalmalers Nikolaus Gysis (1842-1901) angenommen, studiert dort aber nur unregelmäßig und bricht bald ab.

Sein zweites Logis findet Kubin Mitte September 1898 ein paar Häuser weiter in der Theresienstraße 51/IV bei dem Hilfskondukteur Josef Gaßner. Er führt jetzt das übliche Leben eines armen, aber lebenslustigen Bohèmien im Kreis seiner Mitstudenten Emil Cardinaux und Clemens Fränkel, die im Rückgebäude des gleichen Hauses, Theresienstraße 51/III, ihr Atelier hatten. Kubins künstlerische Studien kommen in dieser Zeit nicht sehr voran; verstärkt wendet er sich daher, wie schon früher, wieder der Philosophie, besonders dem Werk Arthur Schopenhauers, zu und läßt sich davon zu einer umfangreichen philosophisch-poetischen Schrift anregen, die als eine erste Vorstufe seines späteren Romans angesehen werden kann.

Auf den Herbst 1898 datiert Kubin 1931 die Geschichte *Der sanfte Alois*. Sie dürfte allerdings die Erinnerung an ein Zimmer sein, das er erst im Oktober 1899 bei der Privatiere Franziska Haßler in der Theresienstraße 120/II bezog. Denn diese Dame ist weit eher als Vorbild für die *Rentnerswitwe Frau Lotze* vorstellbar, die sich durch Kubin an ihren eben erst verstorbenen Sohn, den *sanften Alois*, erinnert fühlt und ihm deshalb nur 15 statt der verlangten 30 Mark für das Zimmer abverlangt. Diese Erinnerung enthält darüber hinaus alle Bestandteile einer nachträglichen Stilisierung Kubins als eines Künstlers, den im alltäglichsten und behaglichsten Bürgerleben plötzlich die Ahnung von Grauen und Tod überkommt, freilich immer wieder aufgehoben durch eine besondere Form von Humor.

Viele Bilder und jetzt überflüssig gewordene Gebrauchsgegenstände ihrer Lieben, von der Witwe sorgsam gepflegt, verwandeln das Ambiente der Wohnung von *wohlhabender Bürgerlichkeit [...] in eine stille Mausoleumsatmosphäre*. Vielleicht als Kontrast zu dieser Stimmung bringt sich Kubin von einem Spaziergang eine ungefährliche Ringelnatter mit nach Hause und sorgt damit für die erste erhebliche Aufregung, der nicht lange danach die Kündigung folgt. Franz Blei bestätigt übrigens, daß sich Kubin in München ungewöhnliche Haustiere wie einen Affen und ein Gürteltier hielt.

Wieder ein Jahr später, im Oktober 1900, zieht Kubin ein viertes und letztes Mal innerhalb der Theresienstraße um, diesmal ins Haus Nr. 108/I zu dem Maler Johann Baptist Bruckner und seiner Frau, die Kubin 1921 einmal ausdrücklich als *die beste Zimmerwirtin, die mir je ward*, bezeichnet hat.

Nebenbei: Ein paar Jahre später hat im Rückgebäude des Hauses Theresienstraße 108/I von Herbst 1902 bis Sommer 1903 und von Herbst 1904 bis Mai 1905 der junge Theodor Heuss als Student gewohnt.

Das Malerehepaar ist, nur leicht verschlüsselt, als der Dekorationsmaler Muckel und seine Frau in Kubins Erinnerung an die

Kindsleiche *Mimi* (1922) erkennbar. Kubins Vermietern, beide schon Ende Vierzig, wird in dieser Geschichte ein Kind geboren, das sie, und vor allem ihr Untermieter, nur als Ruhestörung und Belastung empfinden. Alle Seiten sind daher erleichtert, als die kleine Mimi an einer Infektion stirbt. Das Kind liegt noch in der Wohnung aufgebahrt, als Kubin Besuch von einem Freund bekommt, der seinen Dackel mitbringt. Kubins eigenwilliger Humor verführt ihn dazu, seinen Freund beim Betrachten einiger Zeichnungen mit der Kindsleiche jäh zu erschrecken. Der Dackel eilt zu Hilfe und zerrt das tote Kind durch den Staub. Hinter dem zwanghaften Humor dieser Geschichte ist noch das Grauen spürbar, das dem Kind in dieser lieblosen Umgebung aufgelauert hätte.

Außerhalb der Wohnung ist Kubin meist entweder im nahen Café Stefanie oder im Café Elite an der Schellingstraße 70 zu finden. Im Café Elite gehört er zum Künstlerkreis der *Sturmfakkel*, von der einzelne Mitglieder später zur *Phalanx* Kandinskys gehören wie Alexander Salzmann und Ernst Stern oder zu den *Elf Scharfrichtern* wie Emil Mantels alias Arcus Troll. Einen gelungenen Scherz inszeniert der Kreis Ende September 1901 mit *Des Perserprinzen Muzaffer-Eddin Besuch in Olching*. Unter diesem Titel hat Kubin diese Aktion, bei der er selbst den Perserprinzen spielte, 1921 erinnert und darin gleich zu Beginn das schon erwähnte Lob auf seine Vermieterin Frau Bruckner ausgesprochen. Kubin wohnte bei Bruckners in der Theresienstraße 108/I von Oktober 1900 bis Ende April 1904; in dieser Zeit kann er mit seinen Arbeiten in München erstmals auf sich aufmerksam machen.

Den Antrieb zum eigenen künstlerischen Gestalten hatte Kubin schon 1899 nach einer längeren Betrachtung von Radierungen Max Klingers erfahren. Freilich wurde er dadurch nicht einfach animiert, sondern erlebte – so jedenfalls seine eigene Version – beim Besuch eines Varietés wie ein Zauberlehrling in der Einweihung einen *Sturz von Visionen schwarz-weißer Bilder*.

Aus diesem Erlebnis heraus schafft er, im genauen Vergleich mit älteren und zeitgenössischen Meistern wie Goya, Klinger, Rops, Munch, Ensor und Redon in den nächsten Jahren bis 1903 seine berühmten lavierten und gespritzten Tuschfederzeichnungen, die um 1900 – zunächst in Literatenkreisen – für einiges Aufsehen sorgen.

Franz Blei erinnert sich in seiner *Erzählung eines Lebens* (1930): *Ich glaube, Dauthendey, der mit Malern Umgang hatte, entdeckte den schmächtigen, immer schwarzgekleideten Jüngling mit dem blassen Knabengesicht, das sich zur Verdüsterung ein bißchen anstrengte und scheu tat wie ein junger Wolf, den man aus seiner Grube ans Licht gezogen hat. Er brachte ihn und eine große Mappe, besser eine große Mappe mit dem zierlich-kleinen Kubin, der so tat, nichts eigentlich dafür zu können, daß er das zeichne, sondern unter Zwängen zu stehen, die ihm die Hand führten. Das mochte als Entschuldigung und Erklärung dafür vorgebracht und ausgebildet worden sein, daß keines dieser vielen Blätter bei allem darauf verwandten Fleiß das Stoffliche bewältigte. Es war alles immer mehr gewollt als gekonnt.*

Diese »Entdeckung« fand im Winter 1901 statt; nach Aussage Kubins lernte er den Würzburger Dichter Max Dauthendey (1876-1918) auf einem Atelierfest kennen und wurde von ihm kurz darauf besucht. In einer anderen Version, die der Schriftsteller Arthur Holitscher (1869-1941), der Freund und Musikpartner Thomas Manns, in seiner *Lebensgeschichte eines Rebellen* (1924) erinnert, war es Kubin, der in die kleine Münchener Dachwohnung Dauthendeys (seit Februar 1901 in der Kaulbachstraße 35/III) kam und seine Mappe mitbrachte, eine, wie Holitscher schreibt, *ungeheuere Mappe, die von der Fülle der Gesichte und Bilder überquoll und uns Bewunderung, Entsetzen und einem Rausch preisgab, die noch lange nachwirkten.* Kubin trifft mit seinen Arbeiten ein ganz bestimmtes Lebensgefühl, eine Mischung aus Grauen und Lust, Décadence und Aufbruch, Larmoyanz und Gelächter, alles Themen, die bisher mehr literarisch als künstlerisch behandelt worden waren. Im Vorjahr, 1900, war Sigmund

Freuds *Traumdeutung* erschienen, die sich pionierhaft in den Bereich des Unbewußten begab. Kubins Zeichnungen machten, wenigstens den Dichtern seiner Umgebung, ganz ähnlich einiges von dem drastisch sichtbar, was nur unterschwellig gefühlt oder ansatzweise gedacht wurde.

Franz Blei sieht jedoch auch deutlich die andere Seite Kubins und seine spätere Entwicklung: *Es steckte sehr viel von dem in Kubin, was die Franzosen Fumisterie nennen, die sehr gut zu seinem persönlichen Charme paßte. Ich glaube, nur zeitweilig und in der Jugend düpierten ihn selber seine gezeichneten Phantasien als nachtgeschaute Realitäten. Aber er hatte ein Auge für die Dämonen des Skurrilen, ein Gedächtnis für die ineinander geschobenen Ebenen der Träume und Geschmack genug, seinem zeichnerischen Strich das Improvisatorische, Zufällige zu lassen.*

Kurz nach der Begegnung mit Max Dauthendey kann Kubin auch den ersten Kontakt zur *Insel* herstellen. Otto Julius Bierbaum selbst nimmt sich bei ihm einige Blätter mit, um zu testen, ob sie sich als Reproduktionen eignen. Sie eignen sich offenbar nicht: Im Dezember-Heft 1901 der *Insel* erscheint zwar ein Hinweis auf Kubins erste Ausstellung bei Paul Cassirer in Berlin, eine Zeichnung von ihm wird aber nicht abgebildet.

Mit Bierbaum ist Kubin bald gut bekannt, besucht im Juni eine Aufführung von *Pan im Busch* mit der Musik von Felix Mottl und gehört am 24. November 1901, am Vorabend der Hochzeit Bierbaums mit Gemma Pruneti-Lotti, zu den Gästen in der Wotanstraße 50/II. Das rege Interesse, das Kubin jetzt neben Bierbaum auch von Franz Blei und anderen Schriftstellern entgegengebracht wird, kulminiert im Herbst 1901 bei einer folgenreichen Begegnung im Café Stefanie. Kubin lernt dort den späteren Verleger Hans von Weber (1872-1924) kennen, der 1903 das riskante Unternehmen wagt, fünfzehn Arbeiten Kubins in einer Mappe herauszugeben. Drei Jahre später meldet Hans von Weber seinen Verlag für Kunst und Literatur mit dem ersten Büro in der Schellingstraße 37/IV an. Die Firma bekommt

1910 den Namen *Hyperion-Verlag Hans von Weber* und zieht in die Adalbertstraße 76/0; 1913 verkauft von Weber seinen Verlag an Ernst Rowohlt und Julius Schröder, die ihn wiederum 1917 an Kurt Wolff veräußern.

Als die sogenannte Weber-Mappe Ende 1903 erscheint, macht sie Kubin zwar offiziell bekannt; das Verkaufsinteresse hält sich aber in bescheidenen Grenzen. Die Mappe bringt ihm immerhin den Auftrag ein, für Thomas Manns Novellensammlung *Tristan* (1903) die Titelzeichnung zu entwerfen.

Zur gleichen Zeit, da die Mappe vorbereitet wird, arbeitet Kubin wieder verstärkt an seiner schon erwähnten poetisch-philosophischen Schrift. Obwohl sie wegen ihrer Unleserlichkeit nicht in eine Druckvorlage verwandelt werden kann, trägt sie Kubin durch die vielen Gespräche darüber bald das Etikett *Künstlerphilosoph* ein, mit dem ihn erstmals Hanns Holzschuher im Vorwort zur Mappe auszeichnet. Das Wort macht die Runde und wird ergänzt durch die Begriffe *Gedankenkunst* und *zeichnender Literat*. Kubin spürt den Vorbehalt darin ganz genau, der ihn, diese singuläre Doppelbegabung, in den nächsten Jahren in manche künstlerische Krise führt. Erst mit seinem Roman und dessen Schlußsentenz *Der Demiurg ist ein Zwitter* bekennt er sich entschieden zu seinem Doppeltalent und seinen genuinen Möglichkeiten.

Freilich wirkte Kubin auch im persönlichen Umgang sehr ambivalent. Paul Klee genauso wie Gabriele Münter fanden Kubins Begeisterung, die er ihren Arbeiten entgegenbrachte, oft eine Spur zu übertrieben. Dabei war Kubin auf äußere Anregungen unbedingt angewiesen; sein Künstlertum hatte etwas von einer Mondexistenz, die ihr Licht von anderen Sonnen empfängt. Franz Kafka hat in einer Tagebuchnotiz vom 12. Juni 1914 Kubins Wesen in seiner Ambivalenz knapp und treffend umrissen: *Kubin. Gelbliches Gesicht, flach über den Schädel gelagertes weniges Haar, von Zeit zu Zeit angestachelter Glanz in den Augen.*

Haus Mandlstraße 26 (links) über dem Schwabinger Bach am Eingang zum Englischen Garten

Kurz nach dem Erscheinen der Mappe lernt Kubin in München seinen späteren Schwager Oscar A.H. Schmitz (1871-1931) kennen, der zum Kreis der *Blätter für die Kunst* Stefan Georges gehört, mit der Gräfin Franziska zu Reventlow befreundet ist und Kubin in das Haus von Karl Wolfskehl einführt. Nach dem plötzlichen Tod seiner Braut Emmi Bayer am 1. Dezember 1903 lernt Kubin bei Wolfskehl im Februar 1904 in der Leopoldstraße 51/I die Schwester von Schmitz, die seit 1901 verwitwete Hedwig Gründler, kennen. Kubin verliebt sich in die Mutter eines zehnjährigen Jungen und zieht Anfang Mai 1904 zu ihr in die Mandlstraße 1a/II (heute Nr. 26). In umgekehrter Reihenfolge fahren Kubin und Hedwig – oder *jncubus und jadwiga*, wie sie bald darauf der erste *Schwabinger Beobachter* der Gräfin Reventlow verspotten sollte – erst in die Flitterwochen und heiraten dann am 22. September 1904 im Standesamt an der Mandlstraße, unweit ihrer Wohnung. Heute erinnert am Haus Mandlstraße 26 – neben dem Firmenschild des Prestel-Verlags – eine Tafel an die zwei Jahre, die Kubin hier mit seiner Frau bis 1906 verlebte.

Am Haus nebenan erinnert eine Tafel an den Medizinstudenten Willi Graf (1918–1943) aus dem Kreis der Widerstandsgruppe

Die Weiße Rose. Am gleichen Tag wie Hans und Sophie Scholl sowie Christoph Probst wurde Willi Graf am 18. Februar 1943 nach dem Scheitern der letzten Flugblattaktion der Gruppe hier um Mitternacht zusammen mit seiner Schwester Anneliese festgenommen. Nach dem gegen ihn im April 1943 zusammen mit Alexander Schmorell und Professor Kurt Huber verhängten Todesurteil wurde Graf jedoch nicht wie die anderen sofort hingerichtet, sondern mußte noch ein halbes Jahr in der Stadelheimer Todeszelle verbringen.

Ganz so idyllisch, wie es das romantisch mit wildem Wein bewachsene Haus am Schwabinger Bach vermuten läßt, war Kubins Zeit in der Mandlstraße keineswegs. Vielmehr markiert das Jahr 1905 eine deutliche Zäsur. Aus einer Schaffenskrise heraus fährt Kubin im Februar nach Wien. Dort findet er Halt an den Bildern Pieter Breughels und trifft erstmals Gustav Meyrink, der ihm das früheste bekannte Konzept seines Romans *Der Golem* (1915) erläutert, den Kubin illustrieren soll. Dieser Plan zieht sich jedoch so unabsehbar über die nächsten Jahre hin, daß Kubin 1908 einen Teil der schon fertigen *Golem*-Illustrationen kurz entschlossen für seinen eigenen Roman verwendet.

Ein zweites, ähnliches Projekt scheitert noch unglücklicher. Kubin beginnt 1905 auf Wunsch Franz Bleis mit Illustrationen zu dessen Übersetzung des orientalischen Märchens *Vathek* (1787) von William Beckford. Die Arbeit daran wird ihm zwar sauer und dauert zwei Jahre, aber 1907 liegen Kubins Rohrfederzeichnungen zu *Vathek* vollständig vor. Da weigert sich der Verleger Julius Zeitler in Leipzig aus Kostengründen, die Illustrationen zu übernehmen; es stellt sich heraus, daß Franz Blei den Auftrag ohne Einverständnis des Verlegers erteilt hat. Zu dieser doppelten Enttäuschung kommt 1908 noch eine Absage Hans von Webers, der einen Titelentwurf zu einem Roman von Maurice Renard zurückweist.

Die künstlerische Erfolglosigkeit zieht materielle Einbußen nach sich, die 1906 durch den Kauf des Schlößchens Zwickledt oberhalb von Wernstein am Inn noch größer werden. Malerische Experimente führen Kubin jetzt endgültig in eine Sackgasse, aus der ihn, auch Reisen nach Paris, Bosnien und Dalmatien nicht weiterhelfen, ganz im Gegenteil: Nach der Rückkehr von einer Reise mit seinem Freund, dem Dichter und Zeichner Fritz von Herzmanovsky-Orlando (1877–1954) nach Oberitalien erlebt Kubin, wie er bekennt, eine völlige Blockade seiner neugewonnenen zeichnerischen Fähigkeiten – doch wie einst zu Beginn seines Studiums in München befreit er sich schreibend; in einem Schreibrausch von zwölf Wochen entsteht der Roman *Die andere Seite* (1909), wobei sich Kubin von Beckfords *Vathek* noch weit mehr anregen läßt als von Meyrinks *Golem* und so die Enttäuschungen mit diesen Projekten mehr als wettmacht.

Die Geschichte vom Traumstaat und der Traumstadt Perle mitten im Himalaya, der Kampf zwischen dem rätselhaften Patera und dem sarkastischen Herkules Bell, der große Untergang am Ende, das den Erzähler im Irrenhaus findet, von wo aus der Roman erzählt wird – diese Geschichte hat bislang viele Deutungen gefunden. Abgesehen einmal davon, daß der Lyriker Peter Paul Althaus (1892-1965) den Begriff der Traumstadt auf das Schwabing nach 1945 übertrug und sich darin zum Bürgermeister ausrief – eine Tafel, die an ihn und den Kreis der Seerose erinnert, ist am Haus Trautenwolfstraße 8 angebracht –, können einige Hinweise auf München allgemein und *Wahnmoching* im speziellen schon in Kubins Roman selbst ausgemacht werden.

Erinnert sei noch einmal daran, daß Kubin über Oscar A. H. Schmitz in den George-Kreis eingeführt wurde, wo Kubin, wie Schmitz berichtet, *eine Sonderstellung (fand), die der Meister selbst bestätigte*. Innerhalb der »kosmischen« Substanzenlehre mit ihrer ausgeprägten Feindbildstruktur empfand man, so Schmitz weiter, die Substanz Kubins zwar als dubios, *aber man spürte sehr stark, daß hier überhaupt noch einmal unverbrauchte Substanz erschien.*

Zugleich könnte Kubin 1904 auch eine der Lesungen aus den *Proklamationen* von Ludwig Derleth erlebt haben, vielleicht sogar tatsächlich diejenige am Karfreitag 1904, die Thomas Mann seiner Novelle *Beim Propheten* (1904) zugrunde legt, bei der als Zuhörer unter anderen auch Kubin als *ein phantastischer Zeichner mit greisenhaftem Kindergesicht*

Alfred Kubin, Droschkenfahrt auf der Ludwigstraße. Ilustration im Roman Die andere Seite *(1909)*

erkennbar ist. Otto Benesch, einst Direktor der Albertina in Wien, berichtet jedenfalls im Gdenkbuch für Ludwig Derleth (1958), daß Kubin einmal sofort aus den *Proklamationen* zu zitieren begann, als unter ihnen die Rede auf Derleth kam.

Reflexe der Ideen aus dem »kosmischen« *Wahnmoching* sind in Kubins Roman deutlich zu erkennen. Auf Derleth beziehbar ist die *Proklamation!* von Herkules Bell vor dem Kampf mit Patera und der Aufruf *Werdet alle Söhne Luzifers!* An Schulers These von der *Blutleuchte* erinnert einer der Gründe für den Untergang des Traumreiches: *Auch das größte aller Mysterien, das Geheimnis des Blutes, war verraten worden, und darauf steht der Wahnsinn.* Auf George selbst paßt die Aussage Pateras ›*Ich bin der Meister*‹. Einer näheren und gründlicheren Auslegung bleibt es vorbehalten, den Konflikt zwischen George und den »Kosmikern« sogar als eine tiefere Grundstruktur im Roman auszumachen. Das hermaphroditische Ideal der »Kosmiker« ist jedenfalls in Kubins Schlußformel *Der Demiurg ist ein Zwitter* ebenso wie in dem tumben *Herrn Dame* der Gräfin Reventlow enthalten.

So ist es schließlich auch nicht verwunderlich, wenn die Traumstadt Perle geographisch und klimatisch ganz nahe rückt, liegt sie doch *auf dem gleichen Breitegrad wie München, aber das Klima ist derart mild, daß sich selbst die nervösesten Menschen in kurzer*

Zeit außerordentlich wohl fühlen. Die dekadenten Eigenschaften der Menschen im Traumstaat passen dann ziemlich genau auch auf die – ein paar Jahre später geschilderten – Bewohner von *Wahnmoching: Noch nicht überhandnehmende fixe Ideen, wie Sammelwut, Lesefieber, Spielteufel, Hyperreligiosität und all die tausend Formen, welche die feinere Neurasthenie ausmachen, waren für den Traumstaat wie geschaffen.*

Der Roman *Die andere Seite* ist die gelungene Summe der literarisch-philosophischen wie der künstlerischen Entwicklung Kubins zwischen 1898 und 1908. Das Buch wird dementsprechend von den Literaten aus Kubins Anfangszeit in München begeistert aufgenommen, wie Briefe im Kubin-Archiv der Städtischen Galerie im Lenbachhaus, München, belegen. Otto Julius Bierbaum protestiert, daß er nicht mit dem Lesen aufhören könne, beobachtet aber auch, daß er Kubin dabei reden höre (an Kubin, 5.VI.1909). Max Dauthendey erklärt ein paar Tage später Kubin zum *Meister*, aber ausdrücklich nicht im Sinne Georges, sondern – *mit Meister meine ich Hexenmeister, Zauberküchenmeister und Herr der Dämonen!* (an Kubin, 13.VI.1909). Am gleichen Tag schreibt auch Hans von Weber, der im Roman als parfümsüchtiger Hektor von Brendel auftaucht, an Kubin und sieht den Roman *wie ein liebes wertvolles Tagebuchblatt aus unserer gemeinsamen Zeit* (an Kubin, 13.VI.1909). Trotz aller Ähnlichkeiten mit dem verschlüsselten *Wahnmoching* und trotz des vorhandenen Stadtplans von Perle im Buch bleibt die Traumstadt Kubins dennoch auch weiterhin weniger eine topographische Situation als ein literarisch-graphisches Rätsel.

In der Parkstadt Solln zweigt seit 1964 in einiger Entfernung vom Straßenviertel der *Blauen Reiter* von der Wilhelm-Busch-Straße, die in die Gulbranssonstraße mündet, der kurze Alfred-Kubin-Weg als Sackgasse ab.

DER BLAUE REITER

Den Höhepunkt der Schwabinger Epoche um 1900 bildet 1912 das Erscheinen des Almanachs *Der Blaue Reiter* mit seinem in Text-, Bild- und Musikbeiträgen radikal erweiterten Kunstbegriff. Er ist Ausdruck einer *geistigen Gemeinschaft*, die von dem Kunstkritiker Carl Einstein 1931 ganz zu Recht als *Mitte der neueren deutschen Kunstgeschichte* bezeichnet worden ist. Zeitgenössische moderne Kunst wird darin europäischen und außereuropäischen Volks- und Hochkunstformen gegenübergestellt, um ihren jeweiligen autonomen Farb- und Formgestus als Träger eines geistigen Gehalts hervorzuheben. Dieses formal wie inhaltlich gesehene *Geistige* wertet bis dahin geringgeschätzte Kunstformen wie bayerische Hinterglasgemälde, russische Bilderbögen oder Kinderzeichnungen auf und stellt spannende Verbindungen zwischen europäischen und afrikanischen Plastiken oder zwischen der aktuellen Kunst in Frankreich und Deutschland her: Zum ersten Mal werden hier die Grenzen zu einer Weltkunst geöffnet. Weiter wird auch der modernen Musik Raum geboten in Aufsätzen und in Liedkompositionen der neuen Wiener Schule um Arnold Schönberg (1874–1951), der im Almanach zudem mit einem Aufsatz (*Das Verhältnis zum Text*) und einem gemalten *Selbstporträt* (1911) vertreten ist.

Die Idee zu dem Sammelband und seiner thematischen Ausrichtung stammt von einem der beiden Herausgeber, dem russischen Maler Wassily Kandinsky, der sein zentrales künstlerisches Anliegen im Titel seines kurz zuvor erschienenen Buches *Über das Geistige in der Kunst* (1912) vorgestellt hatte. Kandinsky äußert sich im längsten Aufsatz des Almanachs *Über die Formfrage* und beschließt das Buch mit der Bühnenkomposition *Der gelbe*

Klang. Der zweite Herausgeber, der Maler Franz Marc aus München, ist ein kongenialer Partner, vom selben kunstreligiösen Pathos beseelt wie Kandinsky: Sein Aufsatz *Geistige Güter* eröffnet den Band programmatisch. Der Begeisterung und Initiative Marcs war entscheidend die Drucklegung der beiden Bücher im Verlag Reinhard Piper, München, zu verdanken: *er ebnete die Wege,* erinnert sich Kandinsky 1930 in einem Rückblick. Dritte im Bunde ist die Malerin Gabriele Münter, die lange im Schatten von Kandinsky stand und erst in jüngster Zeit als eigenständige Künstlerin von hohem Rang gewürdigt wird. Von den weiteren Beiträgern seien besonders die Maler August Macke und Paul Klee sowie der Maler, Illustrator und Schriftsteller Alfred Kubin erwähnt.

Der Blaue Reiter gehört zu einer künstlerischen Entwicklung, die mit der ersten Sezession in München 1892 begann. Der Maler und Bildhauer Franz von Stuck verließ zusammen mit den Malern Wilhelm Trübner und Fritz von Uhde die Münchener »Künstlergenossenschaft«, entzog sich der akademischen Tradition der Malerfürsten Kaulbach und Lenbach und machte sich selbst, vor allem durch sein repräsentatives Wohnhaus beim Friedensengel, zum Malerfürsten des Jugendstil. Diese Sezession wurde erst von den Nationalsozialisten 1938 aufgelöst und 1946 gleich wieder neu gegründet.

Nicht ganz so ernsthaft wie die Sezession, aber doch auch als Oppositionsbewegung zur bestehenden malerischen wie besonders zur literarischen Tradition in der Stadt verstand sich die 1892/93 von dem Münchener Schriftsteller Josef Ruederer (1861-1915) im Café Minerva, Akademiestraße 9, gegründete *Nebenregierung,* zu der neben Ruederer und den Dichtern Max Halbe und Frank Wedekind auch der Maler Lovis Corinth (1858-1925) gehörte. Corinth wohnte in den neunziger Jahren in der Giselastraße 7/IV, zwei Stockwerke über Ruederer.

Unter der Ägide Kandinskys zeigten die zwölf Ausstellungen der Gruppe *Phalanx* zwischen 1901 und 1904 einen unabhängigen Querschnitt europäischer Kunst zwischen dekorativem Kunsthandwerk und so unterschiedlichen Einzelkünstlern wie Claude Monet, Lovis Corinth und Alfred Kubin. Der *Neuen Künstlervereinigung München* 1909 um ihren Präsidenten Kandinsky folgte 1911 die Abspaltung der *Redaktion ›Der Blaue Reiter‹*. Die *Neue Münchener Secession* versuchte 1913 diese divergierenden künstlerischen Kräfte wieder zu einen.

WEGE ZUR ABSTRAKTION

Wassily Kandinsky und Gabriele Münter

Eine Ausnahmeerscheinung. Nach eigenen Worten *Maler, Graphiker und Schriftsteller –, der erste Maler, der die Malerei auf den Boden der rein-malerischen Ausdrucksmittel stellte und das Gegenständliche im Bild strich* (1919). Als der examinierte Jurist, Nationalökonom und Ethnograph Wassily Kandinsky (1866-1944), seit 1892 verheiratet mit seiner Cousine Anna Tschimiakin, 1896 von Moskau nach München kommt, um dort Maler zu werden, verzichtet er auf eine aussichtsreiche wissenschaftliche Karriere. Er folgt vielmehr einer inneren Bestimmung, die für ihn persönlich wie für die moderne Kunst überhaupt von großer Bedeutung wird. Kandinsky, dessen erste lebhafte Farbeindrücke nach eigener Aussage bis ins dritte Lebensjahr zurückreichen, ist bereits Maler, bevor er in München die Malschule von Anton Ažbé in der Georgenstraße 16 besucht und aus diesem Grunde Anfang Juni 1897 in die Georgenstraße 62/II, drei Wochen später in die Giselastraße 28/II und von November 1898 dann für drei Jahre in die Georgenstraße 35/IV zieht. Für ihn sind die Farben viel mehr als bloß ein Mittel, die Welt möglichst naturgetreu, also täuschend echt auf der Leinwand zu reproduzieren, wie es der Naturalist Ažbé lehrt. Farben führen bei Kandinsky schon sehr früh ein mit innersten Seelenstimmungen korrespondierendes

Eigenleben; er erlebt die Farben zudem synästhetisch als Töne, als Klänge.

Bezeichnenderweise sind seine beiden künstlerischen Schlüsselerlebnisse, wie er selbst berichtet, noch in Moskau die Ausstellung der französischen Impressionisten, allen voran Claude Monet mit seinem berühmten, das Motiv selbst auflösenden Bild Heuhaufen *in der Sonne* (1891), und eine Aufführung von Richard Wagners Oper *Lohengrin* (1847), bei deren Musik Kandinsky *alle meine Farben im Geiste (sah), sie standen vor meinen Augen* (Rückblicke, 1913).

Diese Erlebnisse haben auf Kandinsky die verzaubernde Wirkung von Märchen; schon als Kind konnten sich ihm beim Zeichnen Raum und Zeit verflüchtigen. Die Entscheidung, das Malstudium aufzunehmen, ist demnach zunächst von ganz persönlichen Bedingungen bestimmt; verbunden ist damit zugleich der Versuch, diese Bedingungen künstlerisch zu objektivieren, den intensiven Malklang Bildgestalt, Komposition werden zu lassen.

Auf München fällt Kandinskys Wahl nicht nur wegen des guten Rufs der Kunststadt. Schon seit der Kindheit mit der deutschen Sprache vertraut – seine Großmutter mütterlicherseits, eine Baltin, hatte ihm deutsche Märchen vorgelesen –, war es für den synästhetisch erlebenden Kandinsky ein Zusammenklang besonderer Art, der ihn bei seiner Ankunft in München empfing und zum Bleiben bewog. In München wurden ihm, wie er selbst erklärt, die *deutschen Märchen, die ich als Kind so oft hörte,* [...] *lebendig. Die jetzt verschwundenen, hohen schmalen Dächer am Promenadeplatz und am Maximiliansplatz, das alte Schwabing, und ganz besonders die Au, die ich einmal zufällig entdeckte, verwandelten diese Märchen in Wirklichkeit. Die blaue Trambahn zog durch die Straßen wie verkörperte Märchenluft, die das Atmen leicht und freudig machte. Die gelben Briefkästen sangen von den Ecken ihr kanarienvogellautes Lied. Ich begrüßte die Aufschrift ›Kunstmühle‹ und fühlte mich in einer Kunststadt, was für mich dasselbe war wie Märchenstadt. Aus diesen Eindrücken stammen die mittelalterlichen Bilder, die ich später malte* (Rückblicke).

Kandinsky besucht, wie gesagt, in München die Malschule von Anton Ažbé (1862-1905). Dieser slowenische Maler hatte sein Studium an der Münchener Akademie als bester Korrektor abgeschlossen. Im Frühjahr 1891 gründete er seine Malschule erst in der Türkenstraße mit etwa zwanzig Schülern, mußte aber bald wegen des großen Andrangs von mehr als hundert Schülern in ein hölzernes Gartengebäude der Georgenstraße 16 ausweichen. Eine anschauliche Schilderung dieser Schule und ihres Lehrers gibt der Dichter Leonhard Frank (1882-1961), der seine künstlerische Laufbahn 1904 als Maler in der Bohème um das Café Stefanie begonnen hatte, in seinem autobiographischen Roman *Links wo das Herz ist* (1952). Der Held Michael besucht seine Freundin Sophie bei Ažbé, dessen Trunksucht schon ebenso legendär ist wie seine künstlerische Unerbittlichkeit:

Die Malschule war in der Georgenstraße, in einem Holzhäuschen, das im Garten stand. Unten war das Atelier, aus dem eine steile hühnerleiterartige Treppe emporführte zu einer Holzgalerie, dem Zugang zu der winzigen Kammer, die der Inhaber der Schule bewohnte, Herr Ažbé.

Seine Schule war berühmt, er galt als ein genialer Lehrer. Die begabteren jungen Leute verließen die Akademie der Künste, um unter seiner Leitung zu studieren. Aus allen Ländern Europas kamen Kunstjünger zu ihm. Er fragte nicht, ob ein Schüler bezahlen konnte, und wußte auch nie, wer Schulgeld bezahlt hatte und wer nicht. Solange Geld für die Modelle und für Kognak in seiner Nachttischschublade lag, war die Buchführung in Ordnung. Frank schildert, wie sich der korrigierende Zeichenstift des Lehrers geradezu in ein chirurgisches Skalpell verwandelt: *Mancher starb unter seinem Messer und verließ die Schule; die Begabteren lernten, was von einem Lehrer gelernt werden kann.*

Zwei dieser Begabteren sind Kandinsky und sein Landsmann Alexej von Jawlensky (1864-1941), der zusammen mit der Malerin Marianne von Werefkin (1860-1938) seit 1896 in der Giselastraße 23 wohnte. Die beiden *Giselisten* waren später eng befreundet mit Kandinsky und Gabriele Münter und verbrachten mit ihnen den künstlerisch so wichtigen Sommer 1908 in Murnau, bevor sie 1909 zusammen die *Neue Künstlervereinigung München* begründeten.

Doch zurück in die Malschule Ažbé. Kandinsky ist von den gebotenen Möglichkeiten einer naturalistischen Ausbildung enttäuscht; das ist es nicht, was er sucht. Seine erkannten technischen Defizite kollidieren dabei mit der eigenen inneren Farbauffassung; sie drängt ihn ins Freie: *Ich war beinahe in ständigem Kampfe mit mir. Nur draussen auf der Straße konnte ich wieder frei aufatmen, unterlag nicht selten der Versuchung, die Schule zu ›schwänzen‹ und mit dem Malkasten das Schwabing, den englischen Garten oder die Isaranlagen auf meine Art abzufangen. Oder ich blieb zu Hause und versuchte auswendig, nach Studie oder phantasierend ein Bild zu machen, das mit den Naturgesetzen nicht allzuviel zu tun hatte* (Rückblicke).

Vom konservativen Bohèmien Ažbé versucht Kandinsky daher zum Malerfürsten des Jugendstil, zu Franz von Stuck (1863-1928) an die Kunstakademie zu wechseln. Der für Kandinsky *erste Zeichner Deutschlands* lehnt ihn jedoch zunächst ab und empfiehlt ihm Zeichenunterricht. Als Kandinsky nach einem Jahr mit eigenen Gemäldeentwürfen wieder anklopft, nimmt Stuck ihn zwar in seine Malklasse auf, verlangt aber Übungen in Schwarz-Weiß und lehrt so den in Farberlebnissen schwelgenden Kandinsky die schwere Kunst, ein Bild nicht nur anzufangen, sondern auch bis zum Ende auszuführen. Etwa zur gleichen Zeit von Oktober 1900 bis März 1901 studiert übrigens auch Paul Klee (1879-1940) bei Stuck, ohne daß die beiden späteren Kollegen und Freunde näher Notiz voneinander genommen hätten.

Schließlich stellt sich Kandinsky 1901 im Alter von 35 Jahren auf eigene Füße; anstatt sich in das Heer der schon sprichwörtlichen »fünftausend Münchner Kunstmaler« einzureihen, profiliert er sich Ende Mai durch die Gründung einer eigenen Streitmacht, einer Ausstellungsgalerie namens *Phalanx* mit Räumen in der Finkenstraße 1 und 2, und im Winter mit einer gleichnamigen Malschule in der Hohenzollernstraße 6a. Zu den Mitstreitern gehören eine Reihe von Künstlern wie Wilhelm Hüsgen, Ernst Stern, Alexander Salzmann und Waldemar Hecker, die bereits im Kabarett *Elf Scharfrichter* als Bühnenbildner und Ausstatter tätig sind und so die *Phalanx* mit der aktuellen kunstpolitischen Situation in der Stadt verbinden.

Nicht nur als Marginalie sei erwähnt, daß im selben Monat Mai 1901 in München der russische Revolutionär Wladimir Iljitsch Uljanow (1870-1924), der sich hier nach dem sibirischen Fluß Lena den Schriftstellernamen Lenin zulegt, mit der Arbeit an seiner ersten großen Programmschrift *Was tun?* (1902) beginnt. Lenin, in München wohnhaft seit September 1900 in der Kaiserstraße 53/0 (seit 1903: Nr. 46) unter dem Namen Meyer, zieht am 18. Mai mit seiner Frau Nadeschda Krupskaja (1869-1939) und deren Mutter in die Siegfriedstraße 14/III; aufgrund eines bulgarischen Passes nennen sie sich hier *Dr. jur. Jordan Jourdanoff und Frau Maritza*. Von München aus redigiert Lenin die eher theoretisch ausgerichtete Zeitschrift *Sarja* (Die Morgenröte) und das Kampfblatt *Iskra* (Der Funke), das über ein Netz ausgewählter Sozialdemokraten nach Rußland geschmuggelt wird und dort, wie bekannt, später zündet. Am 12. April 1902 verlassen Lenin und seine Frau München und reisen nach London weiter. Knapp zwei Jahre wies eine Gedenktafel von Karl Oppenrieder am Haus Kaiserstraße 46 auf den ehemaligen Bewohner und *Gründer des Sowjetstaates* hin, bevor sie bei einem nächtlichen Sprengstoffanschlag am 7. Dezember 1970 zerstört wurde. Ein über der Tafel angebrachtes Lenin-Portrait blieb zwar unversehrt, ist aber mittlerweile verschollen. Der Antrag, wenigstens die hergestellte neue, völlig gleiche Gedenktafel wieder am Haus anzubringen, wurde vom Stadtrat allerdings zeitgemäß negativ beschieden.

✸

Zurück zu Kandinsky. Im Juli 1901 zieht er in die Friedrichstraße 1/II (ab 1903: III), wohin ihm Anfang April 1902 seine Frau Anna aus Moskau nachfolgt; beide bleiben dort bis 1904 gemeldet. In dieser Zeit versucht sich Kandinsky vermehrt als Landschaftsmaler, aber weder naturalistisch noch impressionistisch. Kandinsky will mehr als nur in einem motivabhängigen Stil arbeiten; er sucht, wie die *Rückblicke* 1913 schildern, mit geradezu religiöser Inbrunst *das Kompositionelle*; schon das Wort Komposition, so gesteht er, *wirkte auf mich wie ein Gebet*. Um diesem künstlerischen Ziel, seinem *Lebensziel*, näher zu kommen, arbeitet er sehr viel: *Bei einigermaßen anständigem Wetter malte ich jeden Tag eine oder zwei Studien, hauptsächlich im alten Schwabing, das sich damals langsam zu einem Stadtteil Münchens ausbildete.* Von den vielen in Schwabing entstandenen Bildern aus dem Jahr 1901 seien hier *Nikolaiplatz* und die beiden Versionen der *Vorstadthäuser* genannt. Kandinsky unternimmt hier einen wichtigen Schritt: Die Komposition überwiegt das Motiv und gibt ihm nach und nach das Gefühl, malend an die Stimmung einer Moskauer Stunde vor Sonnenuntergang heranzukommen, die darzustellen ihm einst als *das unmöglichste und höchste Glück eines Künstlers* erschienen war: *Im Studienmalen ließ ich mich gehen. Ich dachte wenig an Häuser und Bäume, strich mit dem Spachtel farbige Streifen und Flecken auf die Leinwand und ließ sie so stark singen, wie ich nur konnte. In mir klang die Moskauer Vorabendstunde, vor meinen Augen war die kräftige, farbensatte, in den Schatten tief donnernde Skala der Münchner Lichtatmosphäre* (Rückblicke). Doch zu Hause folgt der Euphorie die Ernüchterung, ja sogar *tiefe Enttäuschung*; noch kann er seinem eigenen Anspruch nicht genügen.

In seiner Malschule macht Kandinsky 1902 die Bekanntschaft der um elf Jahre jüngeren Gabriele Münter (1877-1962), mit der ihn bald ein künstlerisch sehr motivierendes Arbeitsverhältnis verbindet, aus dem sich wiederum eine hochproblematische Liebesbeziehung entwickelt. Ausführlich geht Gisela Kleine in ihrer umfangreichen *Biographie eines Paares* (1990) auf die vielen Aspekte dieser unglücklichen Liebe ein. Kandinsky erklärt sein Liebesverhältnis mit Gabriele Münter zur *Gewissensehe*. Dieser Begriff aus dem katholischen Kirchenrecht dürfte ihm als Juristen vertraut gewesen

Gabriele Münter in einem von Kandinsky entworfenen Kleid (um 1905)

sein; er bezeichnete, so Gisela Kleine, eine ordentliche Trauung ohne offizielle Verkündigung. Auf seinen eigenen Fall übertragen bedeutet das für Kandinsky offenbar ein Vertrauen auf ideeller Ebene, das ihm selbst alle Freiheiten ließ, sowohl als Ehemann wie als Geliebter in jeweils dafür reservierten Bereichen weiterzuleben wie bisher.

Äußerlich zeigt sich das daran, daß Gabriele Münter während ihrer Aufenthalte in München zwischen Januar 1902 und November 1903 als Gast in der Pension Bellevue, Theresienstraße 30, logiert; von einer *Romanze* zwischen Kandinsky und Münter in der Friedrichstraße 1, wie sie Rudolf Reiser vermutet, kann keine Rede sein: Die Bereiche sind strikt getrennt. Kandinsky geht sogar noch einen Schritt weiter und verlangt von Gabriele Münter, ihr erstes eigenes Atelier in der Schackstraße 4, das sie am 13. November 1903 anmeldet, Anfang April 1904 wieder aufzugeben, München zu verlassen und einstweilen bei ihrer Verwandtschaft in Bonn die weitere Klärung – in Wirklichkeit ein immer unerträglicheres Hinhalten – abzuwarten.

Aufgewogen wird die Malaise dieser unentschiedenen Liebesbeziehung durch eine künstlerisch sehr ergiebige Zeit in verschiedenen Landschaften und Orten. So in Kochel im Sommer 1902, wo Kandinsky seine Schülerinnen und Schüler mit dem Rad und der Trillerpfeife an ihren jeweiligen Malplätzen aufsucht; im Sommer 1903 in Kallmünz, wo sich Kandinsky und Gabriele Münter verloben; nach der Auflösung der *Phalanx* auf ihrer (freilich anstrengenden) Reise nach Tunis 1904/05 und besonders in Paris 1906/07.

Im Frühjahr 1908 hören sie in Berlin einen der Vorträge des Generalsekretärs der deutschen Sektion der Theosophischen Gesellschaft, Rudolf Steiner, dessen eigene, ab 1912 anthroposophisch genannte Gedanken in vielem mit Kandinskys künstlerischen Auffassungen von der Sichtbarmachung des Spirituellen korrespondieren.

Wieder zurück in München, suchen Kandinsky und Münter im Sommer 1908 einen Ort in Oberbayern, wo sie länger bleiben können, am besten mit einem See in der Nähe und einer Bahnverbindung nach München. Sie entdecken das ideal gelegene Murnau am Staffelsee und dort ein wie für sie erbautes Sommerhaus, zwar ohne Wasseranschluß, dafür aber erschwinglich; Gabriele Münter erwirbt es am 21. August 1909 und bleibt dort – von längeren Reisen und Auslandsaufenthalten abgesehen – bis zum Ende ihres Lebens wohnen.

Für Gabriele Münter ist der Sommer 1908 in Murnau, zusammen mit Kandinsky und den Malerkollegen Marianne von Werefkin und Alexej von Jawlensky, die Zeit, in der sie endgültig ihren eigenen flächigen Malstil findet. Aus einer Umgebung, die stark von Volkskunst und religiöser Glasmalerei geprägt ist, nehmen die Freunde viele Anregungen für ihre eigenen reduzierten Kunstformen auf; damit bereiten sie auch ganz praktisch die formale wie inhaltliche Aufwertung vor, die der einheimischen und außereuropäischen Volkskunst im Almanach *Der Blaue Reiter* erwiesen wird.

Nach dem Murnauer Sommer zieht Kandinsky in München Anfang September 1908 ins Gartenhaus der Ainmillerstraße 36/II, 2. Aufgang (heute Neubau) ein. Er findet hier, wie Gisela Kleine mitteilt, laut Mietvertrag im Pariser Nachlaß vier Zimmer, eine Küche, zwei Kammern und ein Bad für eine Jahresmiete von 1400 Mark. Aus der noch fast leeren Wohnung schreibt er am 4. September an Gabriele Münter in Murnau: *Liebes Ellkachen, ich sitze in m. Wohnung, schreibe auf d. Fensterbrett, erwarte vergebens die Möbeln. Ist noch gut, dass Behringer Sofa u. Seßel geschickt hat: habe ich wenigstens eine untere Stütze. [...] Mit m. Wohnung bin ich zufrieden u. das Atelier ist nicht so dunkel und klein, wie ich es mir schwarz ausmalte. Heute ist ja trüb u. doch ist es hell* [...] (Gabriele Münter- und Johannes Eichner-Stiftung, München). Unter der gleichen Adresse ist ab Ende September auch Kandinskys Frau Anna gemeldet. Gabriele Münter wohnt diesen Winter über in München; sie hat ihre Wohnung in der Adalbertstraße 48/I und ihr Atelier, das auch Kandinsky nutzt, ganz in der Nähe, Adalbertstraße 19/IV. Ein Jahr später, am 16. September 1909, zieht Kandinsky dann ein Stockwerk tiefer und gründet ab Oktober dort mit Gabriele Münter einen neuen Hausstand. Zwar kommt es 1911 zur Scheidung von Anna, doch nicht zur Heirat mit der Münter.

Sowohl das Haus in Murnau wie die Wohnung in der Ainmillerstraße werden von den beiden Künstlern jeweils zu einem »Gesamtkunstwerk« ausgestaltet; in Murnau bemalt Kandinsky mit Hilfe einer Schablone von Pferd und Reiter im Galopp die Holztreppe in den ersten Stock; Regale, Schreib- und Waschtisch bekommen Farbe und Ornamente; Hinterglasgemälde schmücken die Wände ebenso wie eigene Bilder und Holzschnitte; auf den Konsolen stehen Figuren des religiösen Brauchtums. All das ist heute noch im Murnauer Münterhaus erhalten und zu besichtigen.

Das alte Gartenhaus in der Ainmillerstraße 36 ist leider verschwunden; wie die erhaltenen Fotos und Gemälde aus dieser

Kandinsky in der Ainmillerstraße 36 (24. Juni 1911)

Wohnung zeigen, war sie jedoch ebenso, eher noch üppiger, mit Volkskunst und eigenen Arbeiten sowie Bildern ihnen nahestehender Freunde ausgestattet. Hier entstehen auch die zwei der wenigen Interieurs Kandinskys, beide aus dem Jahr 1909: das *Interieur (Mein Esszimmer)* und das an Vincent Van Goghs *Schlafzimmer in Arles* (1889) erinnernde Gemälde *Schlafzimmer in der Ainmillerstraße* (Städtische Galerie im Lenbachhaus, München).

Auf dem Gebiet des Interieurs mit Personen erweist sich Gabriele Münter, wie Kandinsky neidlos zugibt, ihm überlegen. Mehr noch: Das Motiv einer Personengruppe (Kandinsky, der Galerist Hans Goltz und seine Frau, Münter) *Nach dem Tee* (1912) im Eßzimmer der Ainmillerstraße 36 ist auch kunstpsychologisch höchst aufschlußreich, wie Reinhold Heller in einer vorzüglichen Studie im Katalog der Münter-Ausstellung, München 1992, erkennt. Denn Münters formale Probleme mit diesem Bild, die sie bis zu einem Abstraktionsversuch als letztem Ausweg treiben, sind der Spiegel ihrer isolierten Rolle als Frau und Künstlerin im Machtbereich des dominierenden Kandinsky, eine Isolierung, die die räumliche Nähe nur verstärkte.

Statt klärender persönlicher Worte und Entscheidungen gab es zwischen dem Paar immer nur das eine Thema: Kunst, Kunst in den verschiedensten Farben und Formen, mit denen Kandinsky und Münter ihre Wohnungen anfüllten. In Murnau wie in München lebten sie somit *im Bilde*, wie es Kandinsky bei seinen Reisen durch Rußland vor allem in den *großen, mit Schnitzereien bedeckten Holzhäusern* der Bauern sowie in den dortigen, später auch in den bayerischen und Südtiroler Kirchen so beispielhaft erlebt und sich zur Lehre gemacht hatte: *Sie lehrten mich, im Bilde mich zu bewegen, im Bilde zu leben* (Rückblicke). All das ist die Voraussetzung für eine malerische Formfindung, die Kandinsky 1910 zum ersten abstrakten Aquarell und 1911 zum ersten abstrakten Gemälde, dem lange verschollenen und erst vor wenigen Jahren im Kunstmuseum der Grusinischen Republik in Tbilissi wiederentdeckten *Bild mit Kreis* führen wird.

Den entscheidenden letzten Anstoß zur Abstraktion erfährt Kandinsky in seinem Münchener Atelier bei der Betrachtung eines eigenen Gemäldes zur Dämmerstunde, als er selbst, wie er es vom Betrachter seiner Bilder überhaupt erwartet, *im Bilde ›spazieren‹* geht und den Gegenstand, das Motiv nicht mehr erkennt, übersieht; er wird, wie er sagt, *bezaubert:*

Es war die Stunde der einziehenden Dämmerung. Ich kam mit meinem Malkasten nach einer Studie heim, noch verträumt und in die erledigte Arbeit vertieft, als ich plötzlich ein unbeschreiblich schönes, von einem inneren Glühen durchtränktes Bild sah. Ich stutzte erst, dann ging ich schnell auf dieses rätselhafte Bild zu, auf dem ich nichts als Formen und Farben sah und das inhaltlich unverständlich war. Ich fand sofort den

Zimmerecke in der Ainmillerstraße 36 (alter Stich, indisches Hinterglasbild, Glaspokal, Ölbild von Gireud)

Schlüssel zu dem Rätsel: es war ein von mir gemaltes Bild, das an die Wand gelehnt auf der Seite stand. Ich versuchte den nächsten Tag bei Tageslicht den gestrigen Eindruck von dem Bild zu bekommen. Es gelang mir nur halb: auch auf der Seite erkannte ich fortwährend die Gegenstände und die feine Lasur der Dämmerung fehlte. Ich wußte jetzt genau, daß der Gegenstand meinen Bildern schadet (Rückblicke).

Wieder spielt eine Dämmerstunde im Leben Kandinskys eine wichtige Rolle; jetzt aber wird sie nicht zum fernen, unerreichbaren Ideal erhoben, jetzt fungiert sie als Medium, als Mittlerin zwischen der geistigen und der materiellen Welt der Kunst.

Freilich macht Kandinsky dabei noch Unterschiede. Seine Bilder teilt er ein in die *Impression* als Wiedergabe äußerer Eindrücke, die *Improvisation* als Wiedergabe innerer Vorgänge und schließlich die durchgeplante *Komposition*. Man mag darüber streiten, ob Kandinsky damit, wie Carl Einstein meint, *nicht zur Gestaltbildung und somit zur Verwandlung oder Neubildung der Realität* gelangte, wie das so beispielhaft Paul Klee gelungen sei. Als Wegbereiter der gegenstandslosen Malerei bleibt Kandinskys Verdienst unbestritten.

Mitstreiter

Dem Durchbruch zur freien Form folgte bei Kandinsky eine neue kunstprogrammatische Bestimmung. Er und seine Freunde und Malerkollegen Gabriele Münter, Marianne von Werefkin, Alexej von Jawlensky, Alfred Kubin, Adolf Erbslöh und Alexander Kanoldt schlossen sich im März 1909 als *Neue Künstlervereinigung München* unter Kandinskys Vorsitz zusammen und ließen sich, wie es üblich war, ins Vereinsregister eintragen. Die von der NKVM veranstalteten Ausstellungen im Dezember 1909, besonders aber die zweite im September 1910 führten zu vehementen negativen Reaktionen provozierter Bürger und der öffentlichen Kunstkritik. Diese zweite Ausstellung, bei der Bilder sogar angespuckt wurden, hatte jedoch auch ein besonders positives Ergebnis. Der Münchener Maler Franz Marc fühlte sich durch die Ausstellung in seinen eigenen Überlegungen und Absichten so sehr bestätigt, daß er eine engagierte Verteidigungsschrift verfaßte, die ihm in kürzester Zeit die Wahl in den Vorstand der NKVM und die Freundschaft Kandinskys eintrug.

Franz Marc

Der Maler Franz Marc (1880-1916) war einer der wenigen gebürtigen Münchener innerhalb der Schwabinger Bohème. Kindheit und Jugend verbrachte der zweite Sohn des Kunstmalers Wilhelm Marc (1839-1907) und seiner Frau, der Elsässerin Sophie Maurice (1847-1926), zusammen mit seinem älteren Bruder, dem späteren Byzantinisten Paul Marc (1877-?) in der Wilhelmstraße 18/II (bis 1884), in der Schwanthalerstraße 48c/o Rückgebäude (bis 1887), der Landwehrstraße 60/III (bis 1892) und bis 1895 in der Schwanthalerstraße 55/III, wo heute eine Tafel an den *Grösste(n) Bayerische(n) Maler/ Des 20. Jahrhunderts/ De(n) Begründer des Blauen Reiters* erinnert. Mitte August 1895 zog die Familie nach Pasing in die dortige neue Villenkolonie, Luisenstraße 30 um.

Der Schüler Marc hat zunächst den Wunsch, Pfarrer zu werden, und will Theologie und Philosophie studieren. Nach seinem Militärjahr 1899 faßt er dann aber den Entschluß, Maler zu werden, und studiert an der Münchener Akademie bei Gabriel von Hackl und Wilhelm von Diez. Seine ersten Arbeiten sind ganz vom konventionellen Formschema geprägt; es dauert lange, bis der ernste, oft bedenklich melancholische Mann zum eigenen Thema, zur eigenen Form findet. Hilfreich sind ihm dabei Aufenthalte auf dem bayerischen Land, so auf der Staffelalm bei Kochel, die er ab 1902 immer wieder aufsucht, und eine längere Studienreise nach Paris und in die Bretagne 1903. Im Anschluß an diese Reise beschließt er das Ende seiner Lehrzeit und versucht, selbständig zu werden.

Zu seiner schwierigen Anfangszeit paßt die problematische Beziehung zu Annette Simon, geb. von Eckardt, einer verheirateten Malerin und Mutter von zwei Kindern. Die Suche nach eigenen Wohn- und Arbeitsräumen führt Marc Mitte September 1904 in die Königinstraße 75/III und ein Jahr später in die Kaulbachstraße 68/o. Das Jahr 1905 bringt ihm zwar keine entscheidenden neuen künstlerischen Impulse, dafür die Bekanntschaft zweier Frauen. Da er die erste, die Akademieschülerin Marie Schnür, im März 1907 aus Gefälligkeit heiratet, um ihr das Sorgerecht für ein uneheliches Kind zu verschaffen (die Ehe wird 1908 geschieden), hat er später Schwierigkeiten, die aus Liebe zur zweiten, der Zeichenlehrerin Maria Frank (1877 – 1955) geschlossene Ehe auch standesamtlich legitimieren zu lassen; erst 1913 findet das Ehepaar den Segen der Obrigkeit.

Nach einer Reise 1906 mit dem Bruder Paul auf den Berg Athos und einem längeren Aufenthalt in Kochel steht ein neues Atelier, das Franz Marc im April 1907 in der Schellingstraße 33/0 bezieht, für einen wichtigen Schritt nach vorn; in dem ehemaligen Atelier seiner früheren Freundin Annette Simon und zwei Stockwerke unter der Wohnung seiner Frau Maria Schnür gibt er Ende des Jahres Unterricht im anatomischen Zeichnen, allerdings ohne großen finanziellen Erfolg. Seine Wohnung in der Friedrichstraße 4/I meldet er Anfang Oktober 1907 an.

Franz Marcs zentrales künstlerisches Thema war von Anfang an das Tier. Ähnlich aber wie Kandinsky ging es ihm dabei nicht um die traditionelle, mehr oder minder genaue Reproduktion als vielmehr um die malerisch ableitbare *Wesensform* (Klaus Lankheit), für die eine gänzlich neue Darstellung gefunden werden muß. Aus einem Brief an den Verleger Reinhard Piper stammt der kurze Kommentar Franz Marcs zu seinen Zeichnungen im Buch *Das Tier in der Kunst* (1910) des Verlegers; deutlich sind seine künstlerischen Intentionen mit einem religiösen Moment verbunden, das über das Tiermotiv weit hinausgeht:

Meine Ziele liegen nicht in der Linie besonderer Tiermalerei [...]. Ich suche mein Empfinden für den organischen Rhythmus aller Dinge zu steigern, suche mich pantheistisch einzufühlen in das Zittern und Rinnen des Blutes in der Natur, in den Bäumen, in den Tieren, in der Luft, – suche das zum Bilde zu machen, mit neuen Bewegungen und mit Farben, die unseres alten Staffeleibildes spotten [...]. Diese Bilder haben gar keine Ähnlichkeit mehr mit dem, was man früher ›Bilder‹ nannte. In ihnen will er jedoch keine schockierende Gegenform bieten, als vielmehr ein geläutertes Lebensgefühl, das einer seiner berühmten *Briefe aus dem Felde* am 12. April 1915 so formuliert: *Der unfromme Mensch, der mich umgab, (vor allem der männliche) erregte meine wahren Gefühle nicht, während das unberührte Lebensgefühl des Tieres alles Gute in mir erklingen ließ. Und vom Tier weg leitete mich ein Instinkt zum Abstrakten, das mich noch mehr erregte: zum zweiten Gesicht, das ganz indisch-unzeitlich ist und in dem das Lebensgefühl ganz rein klingt.*

Je zuversichtlicher Franz Marc ab 1908 zu seinem eigenen Werk findet, desto irritierter reagieren, wie sich Maria Marc erinnert, die Münchener Kollegen vor den Zeichen dieses Durchbruchs wie etwa dem noch an Van Gogh erinnernden *Lärchenbäumchen* (1908) oder dem frühen Meisterwerk *Springender Hund ›Schlick‹* (1908) mit einer geradezu asiatischen Dichte und Offenheit.

Zugleich plant Marc, mit Bronze-Plastiken Geld zu verdienen, also formales und einträgliches Arbeiten miteinander zu verbinden. Dem Einsatz seines Akademiekollegen Fritz Osswald verdankt es Marc, erste Arbeiten, vor allem Lithographien, an die Galerie Brakl und etwas später an die Galerie Thannhauser verkaufen zu können. Ein Verkauf mit Folgen. Zwei Lithographien fallen bei Brakl drei Besuchern auf; sie erkennen eine besondere Qualität bei Marc und machen sich gleich am nächsten Tag auf den Weg zu ihm. Der Besuch der Maler August Macke (1887-1914) und seines Vetters Helmuth Macke (1891-1936) zusammen mit dem Sammlersohn Bernhard Koehler jun. (1882-1964) wird für Marc von größter künstlerischer und finanzieller Bedeutung. Helmuth Macke hat diese erste Begegnung mit Franz Marc im Atelier Schellingstraße 33 Anfang Januar 1910 sehr anschaulich in einem Brief beschrieben:

Den nächsten Tag war unser erster Weg in die Schellingstraße. Wir kamen durch einen Torweg in einen dunklen Hof, dessen unfreundlicher

Anblick durch das Dasein einer großen Hundehütte mit einem weißen, sibirischen Schäferhund davor erhellt wurde. Nach kurzem Warten öffnete sich die Türe, angefüllt von einem schlanken, breitschultrigen Menschen der uns leicht gebeugt aus ernsten dunklen Augen anschaute. Mein Vetter erklärte kurz und leise lächelnd, wie das immer seine Art war, den Anlass unseres Besuches und dass wir Rheinländer wären. Eine sonore freundliche Stimme mit leicht bayerischem Akzent antwortete ebenso freundlich und forderte uns auf, den Flur zu durchschreiten, welcher dunkel und mit viel Urväter Hausrat angefüllt war, es machte ein wenig den Eindruck eines Antiquitätenladens. Eine schmale Treppe führte hinauf ins Atelier. Die Treppe endete seitlich im Raum selbst und wir befanden uns in einem hellen lichten Raum in dem ausser dem Ateliergerät, angefangenen Bildern und Plastiken, lauter für unsere damaligen Begriffe heterogene Dinge sich zusammenfanden, venezianische Gläser, japanische Holzschnitte, und allerlei Krimskrams aus allen Zeiten und von allen Völkern trieb sich auf einem sehr unterschiedlichen Mobiliar herum. Marc selbst hatte sich auf einen altväterlichen Rohrstuhl gesetzt und war entschieden selber das Interessanteste in seiner Umgebung. Er sprach lebhaft, mit leichten Handbewegungen dozierend, mit gefälliger Gewandheit im Ausdruck. Das angefangene Temperabild badender Frauen stand auf einer Staffelei, er zeigte auch noch andere Arbeiten, deren Eindruck auf uns aber nicht sehr groß war. Der Kontakt zu meinem Vetter wurde vielmehr durch seine Person bestimmt.

Ein Gegenbesuch Marcs kurz darauf bei seinen neuen Bekannten am Tegernsee rundet diese erste Begegnung ab; in seinem ersten erhaltenen Brief an August Macke von Januar/Februar 1910 dankt Marc für die Einladung mit geradezu programmatischer Bestimmtheit: *Ich halte es für einen wirklichen Glücksfall, endlich einmal Kollegen von so innerlicher, künstlerischer Gesinnung getroffen zu haben, – rarissime! Wie werde ich mich freuen, wenn es uns einmal gelingen sollte, Bild an Bild nebeneinanderzustellen. Eine Parole ist von unschätzbarem Wert, und sie soll für mich nicht weniger gelten als für*

Franc Marc, Ausstellungsplakat (1910)

Sie. Die Parole lautete schon Ende des nächsten Jahres: *Der Blaue Reiter.*

Es ging bergauf. Marcs erste eigene Ausstellung im Februar 1910 in der Galerie von Franz Joseph Brakl, Goethestraße 64, fand eine günstige Aufnahme und führte zur Bekanntschaft mit dem Verleger Reinhard Piper (1879-1953), der seinen 1904 (zusammen mit Georg Müller am Josephsplatz 7) gegründeten Verlag im September 1906 im Gartenhaus der Hohenzollernstraße 23, bestehend aus einem Büro mit drei Zimmern für fünf Personen, eingerichtet hatte. Piper bereitete gerade das Buch über *Das Tier in der Kunst* (1910) vor. Angezogen vielleicht vom Katzen-Motiv auf dem Plakat der Ausstellung erwirbt Piper bei Brakl *die farbige Lithographie mit zwei Pferden. Die Verkäufe waren so gering, daß auch der kleinste dem Künstler auffallen mußte. Er besuchte mich daraufhin im Verlag, schlank und schwarzhaarig. Er kam noch gerade recht, daß ich auf der vorletzten Seite meines Buchs eine seiner Plastiken, eine Pferdegruppe in Bronze, abbilden konnte.* So Reinhard Piper in seiner Autobiographie *Vormittag* (1947). Die Bekanntschaft Marcs mit Piper sollte wiederum für Kandinsky und den *Blauen Reiter* noch von großer Bedeutung werden.

Anfang April 1910 zieht Franz Marc in das *Sommerdörfchen* Sindelsdorf bei Benediktbeuern, und Ende April hat er beim Besuch des Fabrikanten und Kunstsammlers Bernhard Koehler sen. (1849-1927), dem Onkel von August Mackes Frau Elisabeth, in Berlin besonderes Glück: Der große Mäzen, der nicht nur später die Drucklegung des *Blauen Reiter* ermöglichte, sondern auch 1913 den Ersten Deutschen Herbstsalon des *Sturm* von Herwarth Walden in Berlin erheblich unterstützte, findet so großes Gefallen an der Person und dem Werk Franz Marcs, daß er ihn mit monatlich 200 Mark unterstützt und ihm so die größten finanziellen Sorgen nimmt. (Die Sammlung von Bernhard Koehler, ohne den, wie sich Kandinsky 1930 dankend erinnert, *der Blaue Reiter doch eine schöne Utopie geblieben wäre*, umfaßte bedeutende Werke der französischen und deutschen Moderne; ihr Restbestand ging 1965 als Stiftung an die Städtische Galerie im Lenbachhaus, München, über.)

Jetzt hat Marc freie Bahn und bleibt nicht nur den Sommer über in Sindelsdorf. Im Januar 1911 zieht Helmuth Macke zu ihm hinaus und ist Augenzeuge, unter welchen Bedingungen Marc arbeitet: *Marc führte ein sehr regelmäßiges Leben. Um halb neun, nach dem Frühstück war er auf seinem Atelier oder besser seinem Dachboden und malte genau bis zum Glockenschlag zwölf, bei dessen Schall zu gleicher Zeit auch der große weiße Schäferhund zu jaulen anfing. Spätestens halb zwei Uhr stand Marc wieder vor seiner Staffelei, auf dem zugigen Boden mit unverputzten Pfannen, auf welchem eigentlich dieselbe Temperatur herrschte wie draussen. Er war eingehüllt in einen alten schwarzen Mantel, dessen mit Persianerpelz besetzten Kragen hochgeschlagen. Unter einer vor Kälte feuchten Nase hing als Wärmespender die Zigarette zwischen den schmalen Lippen. Aber im übrigen war er vollständig absorbiert von seiner Arbeit, denn zu dieser Zeit erfolgte der Durchbruch zu seiner eigenen Form.* Sein Weg führt ihn über die Gemälde *Akt mit Katze* (1910) und *Blaues Pferd I* (1911) zu den kubistisch skulpturierten Bildern *Springendes Pferd* (1912) und dem berühmten *Tiger* (1912). Das herausragende Meisterwerk dieser Zeit, *Der Turm der blauen Pferde* (1913), ist seit der Nazizeit verschollen.

Mit dieser Entwicklung verbunden ist Marcs kunstpolitisches Engagement für und in der *NKVM*. Eng schließt er sich Kandinsky an, der ihn geradezu charismatisch fasziniert. Im Juni 1911 erfährt er von Kandinskys Plan, ein Jahrbuch oder einen Almanach zusammenzustellen, der ihre Auffassungen vom geistigen Band in Formen der Weltkunst wiedergeben soll. Franz Marc zeigt sich gleich begeistert und setzt sich mit Nachdruck für diesen Plan besonders beim Verleger Piper ein. Im Herbst 1911 wird beim Kaffeetrinken in Marcs Gartenlaube in Sindelsdorf spontan der Name für den Almanach gefunden. Kandinsky schreibt: [...] *beide liebten wir Blau, Marc – Pferde, ich – Reiter. So kam der Name von selbst. Und der märchenhafte Kaffee von Frau Maria Marc mundete uns noch besser* (Der Blaue Reiter (Rückblick), 1930). Zu ergänzen wäre vielleicht, daß sich das Motiv im Titelholzschnitt Kandinskys für den Almanach von der Darstellung des Hl. Georg im Kampf gegen den Drachen ableiten läßt; der Hl. Georg ist wiederum der Schutzpatron von Murnau und von Moskau.

Während der gemeinsamen Arbeit am Almanach – der Anteil von Gabriele Münter daran ist lange überhaupt nicht wahrgenommen worden –, kommt es zum Bruch innerhalb der *NKVM*. Anlaß ist Kandinskys Bild *Komposition V* (1911), das von der Vereinsjury vorgeblich wegen seines geringfügig zu großen Formats für die Winterausstellung zurückgewiesen wird; den wahren Grund sieht Kandinsky in der Unfähigkeit der Kollegen, seine revolutionäre Befreiung vom Gegenstand im Bild zu akzeptieren, und tritt deshalb am 2. Dezember zusammen mit Marc, Münter und Kubin aus der *NKVM* aus. Aus diesem Protest bildet sich in höchster Eile die *Erste Ausstellung der Redaktion ›Der Blaue Reiter‹*, die am 18. Dezember 1911 in drei Räumen der Modernen Galerie von Heinrich Thannhauser, Theatinerstraße 7 (Eingang Maffeistraße), im Anschluß an die Räume der *NKVM* gezeigt wird. Noch vor Erscheinen des Almanachs hat die Ausstellung der Sezessionsgruppe unter seinem Namen einen großen Erfolg; sie wandert, vorbereitet durch Gabriele Münter, durch mehrere Städte in Deutschland und erfährt zuletzt in Berlin die wichtige Unterstützung von Herwarth Walden, dem Herausgeber der expressionistischen Zeitschrift *Der Sturm*. Die *Zweite Ausstellung der Redaktion ›Der Blaue Reiter‹* im März 1912, veranstaltet in den Räumen der Galerie *Neue Kunst – Hans Goltz* am Odeonsplatz 1 ist ebenso erfolgreich; *Der Blaue Reiter* ist schon überregional bekannt, bevor das Buch erscheint.

Wirkungen

Hugo Ball und die Kammerspiele

Im Mai 1912 ist es schließlich soweit: *Der Blaue Reiter* erscheint und zieht gleich seine Kreise. Seine programmatische Aufwertung der verschiedensten Kunstformen, die Propagierung einer Synthese, wirkt besonders auf die junge Generation von Dichtern und Künstlern, wie etwa auf den späteren Dadaisten Hugo Ball (1886-1927) und seine ersten Theaterpläne in München. Der Student in München und Heidelberg hatte sein Studium zum Herbst 1910 abgebrochen und besuchte bis Mai 1912 die Schauspielschule des Deutschen Theaters in Berlin unter der Direktion von Max Reinhardt. Mit einem guten Zeugnis in der Tasche kehrte er nach einem Provinzengagement im Juli 1912 nach München zurück und wurde ins Ensemble der Varieté- und Einakterbühne des *Münchener Lustspielhauses* an der Augustenstraße 89 aufgenommen, das noch im gleichen Jahr nach beträchtlichem Umbau die Verwandlung in die später so berühmten *Münchner Kammerspiele* erfuhr; der Name, entlehnt den Berliner Kammerspielen unter Max Reinhardt, stammt nach eigener Aussage von Hugo Ball. Wohnhaft in der Belgradstraße 16/III, inszenierte Ball an den Kammerspielen im Dezember 1913 das Schauspiel *Die Welle* von Franz Blei, das am 10. Dezember 1913 jedoch nur die Uraufführung erlebte. Den Niedergang der Bühne unter der Leitung von Dr. Eugen Robert durch Zensurprobleme und Geldnöte wollte Ball durch Bühnenbilder der Blauen Reiter aufhalten. Mit seinem Anliegen wandte er sich daher (vermutlich Anfang April 1914 aus der Hohenzollernstraße 89/0) an Franz Marc und Wassily Kandinsky, die jedoch ablehnten, weil sie eine gründlichere Bühnenreform anstrebten. Das Erscheinen der zweiten Auflage des Almanachs *Der Blaue Reiter* bestärkte Ball dafür in seinem Plan, eine ähnliche Schrift zum Künstlertheater der Expressionisten herauszugeben. Dafür fand Ball zwar die Unterstützung Kandinskys, der ihm in einem Brief von Anfang Juli 1914 in die Schellingstraße 64/II seine neue Bühnenkomposition in Aussicht stellte, aber der Krieg riß die Verbindung auseinander.

An den Kammerspielen in der Augustenstraße 89 wurde Otto Falckenberg, der einstige »Scharfrichter« Peter Luft, am 1. September 1914 Oberspielleiter und Chefdramaturg und auf den Tag drei Jahre später Intendant. In einem Vortrag hat Falckenberg seine erste Begegnung mit dieser Bühne geschildert und dabei eine anschauliche Milieustudie gegeben:

Das neue kleine Saaltheaterchen lag in einer sehr wenig vornehmen und völlig gesichtslosen Gegend der Stadt – etwa auf der Grenze zwischen der alten Münchener Ludwigs-Vorstadt und dem neuen Schwabing – in einem jener grau verrußten, mit lieblosem Stuck überkrusteten fünfstöckigen Kästen der achtziger Jahre, mitten zwischen hausbackenen Geschäften, Büros bescheidener Unternehmungen, Gastwirtschaften und Cafés, in denen eben die Bewohner jener kleinbürgerlichen Gegend zu verkehren pflegten. Der Zuschauerraum des Theaters aber ähnelte einem blauvioletten, tonnenartig überwölbten Korridor, der sich in gleicher Breite in die Garderoben und Kassenräume fortsetzte, während sich darüber an einen kleinen Balkon eine zum Foyer gewandelte Etagenwohnung anschloß. Die Bühne vollends war das Einfachste, was sich wohl denken ließ: knapp acht Meter breit, ohne Tiefe, so gut wie ohne Schnürboden, die Beleuchtungsanlage völlig veraltet. Desungeachtet wurde mir das neue Theater mit dem aus Berlin entliehenen Namen als etwas besonders

Lebendiges, Interessantes und Neuartiges geschildert, und es hieß, daß auf seiner winzigen Bühne die besten Stücke in erstaunlich origineller Weise dargestellt würden.

Im September 1926 zog das Ensemble in das Schauspielhaus an der Maximilianstraße, in eines der wenigen Jugendstiltheater in Deutschland, 1900/01 erbaut nach Plänen von Max Littmann und Richard Riemerschmid und nach einer Renovierung 1971 bis heute bespielt. Die erste Inszenierung der Kammerspiele im Schauspielhaus war übrigens das erste deutsche Revolutionsdrama, *Dantons Tod* (1835) von Georg Büchner (1813-1837).

Zurück zu Hugo Ball. Der literarische Avantgardist lernte seinerseits im Herbst 1912 in München einige seiner späteren Mitstreiter und Weggefährten kennen; so die Schriftsteller Hans Leybold (1892-1914), damals wohnhaft in der Amalienstraße 47/0, in unmittelbarer Nähe des Café Stefanie, und ab 1913 Herausgeber der kurzlebigen Zweiwochenzeitschrift *Revolution*, und Richard Huelsenbeck (1892-1974), der in München vor dem Krieg zuletzt in der Türkenstraße 29/I gemeldet war. Und er machte bei einem ihrer Auftritte in der Künstlerkneipe *Simplicissimus* die Bekanntschaft von Emmy Hennings (1885-1948), seiner späteren Frau. Mit ihr emigrierte er 1916 in die Schweiz; im Züricher *Cabaret Voltaire* wurde schließlich im Februar 1916 von Ball, Hennings, Huelsenbeck und dem Rumänen Tristan Tzara (1896-1963) der Dadaismus ausgerufen.

Marcel Duchamp

Kaum bekannt ist der nicht gerade unerhebliche Besuch eines jungen französischen Künstlers im Sommer 1912 in München. Der Maler Marcel Duchamp (1887-1986), von Roger Allard im Beitrag *Die Kennzeichen der Erneuerung in der Malerei* für den Almanach *Der Blaue Reiter* kurz erwähnt, hatte sich als Kubist mit faszinierenden Bewegungsabläufen wie in dem Bild *Akt, eine Treppe hinabsteigend* (1911/12) profiliert und war künstlerisch schon 1912 an einem Punkt, den Dada und Surrealismus erst sehr viel später erreichten.

Duchamp, der sich ab 1914 konsequent mit seinen *ready mades* (zu Kunstwerken deklarierten Gebrauchsgegenständen) den gängigen Regeln des Kunstmarkts widersetzte; der den Alltag mit Staub, Lärm und Wind in seine Arbeit integrierte, und insgesamt fixierten Klischees immer gern einen intelligenten Gegenschwung verlieh, kommt Anfang Juli 1912 nach München. Dort meldet er sich ordentlich in der Barerstraße 65/II links bei Greß an und reist am 20. Oktober wieder nach Paris. In dieser Zeit malt Duchamp einige Werke von größter Bedeutung für seine Kunst. In München entstehen im Sommer 1912 zwei Gemälde, *Der Übergang von der Jungfrau zur Braut* und *Braut*, die den Höhepunkt und zugleich den Abschluß der Karriere Duchamps als Maler bilden. Mit der ersten Zeichnung für *Die Braut von den Junggesellen entkleidet* zum Thema »Mechanismus der Scham« bereitet er sein Schlüsselwerk *Das große Glas* (1915-1923) vor, das die bisherigen Grenzen innerhalb der Malerei nach allen Richtungen sprengt. Zurück in Paris, gibt Duchamp die Malerei auf und verdient sein Geld als Gehilfe in einer Bibliothek.

Im eigenen Kreis

Noch einmal zurück ins Jahr 1914. Die schon ausgereiften Pläne für einen zweiten Band des Almanachs können nicht mehr verwirklicht werden; Anfang des Jahres kommt zwar die bald nötig gewordene zweite Auflage des ersten Bandes heraus, aber der Kriegsausbruch beendet alle weiteren Aktivitäten der Freunde. Im April 1914 ist Franz Marc noch ins eigene Haus nach Ried bei Kochel gezogen, für das ihm jedoch nicht mehr viel Zeit bleibt. Seine malerische Entwicklung findet mit seinem Soldatentod in Frankreich, zwei Jahre nach dem gleichen Tod August Mackes, ihren sinnlosen Abschluß.

Die vom Almanach *Der Blaue Reiter* ausgelösten Bewegungen lassen sich vom ursprünglichen Anlaß her dennoch mit letzten Ausläufern weiter bis zum Bauhaus in Weimar und Dessau verfolgen, wo Kandinsky und Paul Klee lehrten und im März 1924 mit Lionel Feininger und Alexey Jawlensky – auf äußere Anregung – sich zur kurzlebigen Gruppe *Die Blaue Vier* zusammenschlossen. Diese Bewegungen reichen letztlich noch bis hin zu Joseph Beuys und seinem erweiterten Kunstbegriff in dem Wort *Jedermann ist ein Künstler*. Mit der Installation *Zeige Deine Wunde* in der Städtischen Galerie im Lenbachhaus, München, zu erreichen im Anschluß an die Räume zum *Blauen Reiter*, wird diese Verbindung sehr anschaulich gemacht.

Bleibt nur noch, die Geschichte dieser Sammlung kurz zu skizzieren. Als Russe und damit feindlicher Ausländer mußte Kandinsky Deutschland 1914 verlassen. Nach der endgültigen Trennung von Münter 1916 und dem Bruch der *Gewissensehe* durch die Heirat 1917 mit der Generalstochter Nina von Andreewsky in Moskau bekam die von dem Treuebruch schwer getroffene und verbitterte Gabriele Münter zur Entschädigung von Kandinsky nahezu sein ganzes Frühwerk bis 1914, an dem sie so herausragenden künstlerischen Anteil gehabt hatte, nach langwierigen Verhandlungen 1926 in einem schriftlichen Vertrag übereignet. Diese von Gabriele Münter mit viel Glück sicher durch die Nazizeit wie durch die Zeit der amerikanischen Okkupation gebrachten Werke wurden von ihr 1958 in einer beispiellos großzügigen Schenkung der Städtischen Galerie im Lenbachhaus vermacht, das dadurch zu einem der wichtigsten Museen für den frühen Kandinsky und die Epoche des *Blauen Reiter* wurde. Dreißig Jahre nach dem Tod von Gabriele Münter wurde die Retrospektive ihres Werks im Lenbachhaus zu einer umfassenden Neubewertung der Malerin genutzt. Endlich einmal vom Schatten Kandinskys befreit, konnte ein Oeuvre entdeckt werden, das in der flächigen Reduktion seine eigene Qualität gewann. Im *Fühlen eines Inhaltes,* so ein Tagebucheintrag der

Münter von 1909, gewinnen die meisten ihrer zum Teil schwierigsten Lebens- und Arbeitsbedingungen abgetrotzten Bilder die ruhige Sicherheit einer beinahe selbstverständlichen Gegenwart.

Seit 1928 gibt es die Franz-Marc-Straße in der Borstei; in Forstenried erinnern seit 1964 in unmittelbarer Nachbarschaft zueinander die Kandinsky-, Gabriele-Münter-, August-Macke- und Paul-Klee-Straße an die Künstler um den *Blauen Reiter*.

LICHTFORM
Paul Klee

Kandinsky und Klee – obwohl sie heute in einem Atemzug als Blaue Reiter genannt werden, obwohl sie in ihrer Anfangszeit in München sogar einmal beim gleichen Lehrer Franz von Stuck studierten und obwohl sie von 1908 bis 1914 nur durch ein Haus getrennt als Nachbarn in der gleichen Straße nebeneinander wohnten – sind künstlerisch doch so verschieden, daß sie erst recht spät aufeinander aufmerksam wurden, konkret durch die Ausstellung von dreißig Arbeiten Klees im Juni 1911 in der Galerie Thannhauser. Klees künstlerische Entwicklung war, ganz im Gegensatz zum Maler Kandinsky, zunächst mehr graphisch und, geradezu zwangsläufig durch die lange Erfolglosigkeit zu Beginn seiner Berufsjahre, nach innen ausgerichtet; sie entsprach buchstäblich einem langen Weg durch das Dunkel zum Licht. So ist auch der einzige Beitrag Klees im Almanach *Der Blaue Reiter* die im kleinen Format reproduzierte lavierte Tuschfederzeichnung *Steinhauer* (1910/74); ihr kommt damit nur der Rang einer nennenswerten Einzelleistung, nicht aber der einer programmatischen Direktive zu, die Kandinsky und Marc für sich beanspruchten und woanders sahen. Wenn Klee sich auch in den folgenden Jahren bis zur wichtigen Reise nach Tunis näher an den Kreis um Kandinsky anschloß, so blieb er privat und künstlerisch dennoch weiterhin ein Sonderfall, ganz ähnlich wie der Zeichner und Schriftsteller Alfred Kubin, der 1910 als erster aus dem Kreis der *Neuen Künstlervereinigung München* auf Klees künstlerische Qualität aufmerksam wurde.

Das Werk Paul Klees ist so einzigartig Strich um Strich, Ton um Ton entwickelte Bildgestalt, wirkt durch seine linearen und farbigen Strukturen so romantisch-surreal, verstärkt noch durch

Bildtitel, die eine poetisch-magische Dimension eröffnen, daß einem kritischen Diktum Carl Einsteins zugestimmt werden kann, der bei Kandinsky und Klee verschiedene, ja gegensätzliche Ziele ausmacht: dort Gestaltauflösung, hier Gestaltbildung. Mehr noch: Klees Werk, ganz aus sich selbst heraus entwickelt, ist für Einstein ein wichtiger Schritt beim *Umbau der seelischen Struktur* als Voraussetzung zu neuer, erweiterter Wahrnehmung: *Sein Schauen dringt in fernere und wichtigere Schichten als das des Kandinsky, der im Vorspiel befangen bleibt.* So Einstein 1931 in seiner kritischen Bestandsaufnahme der *Kunst des 20. Jahrhunderts*.

Lehrzeit

Paul Klee (1879-1940), der Sohn des deutschen Musikpädagogen Hans Klee (1849-1940) und seiner Frau Ida Frick (1855-1921) aus Münchenbuchsee bei Bern, fand sich nach dem Abitur vor die Wahl gestellt, ob er, der exzellente Geiger, Musiker oder Maler werden sollte. Zur Kunst entschieden, ohne die Musik zu lassen, kam Paul Klee im Oktober 1898 nach München und mußte sich zunächst das Urteil des Akademiedirektors Ludwig von Löfftz (1845-1910), ihm fehle noch *Übung im Figürlichen*, anhören und an die Malschule von Heinrich Knirr (1862-1944) in der Leopoldstraße 52 (ab 1899 in der Akademiestraße 29) verweisen lassen. Dort entwickelte sich Klee bald zum besten Zeichner vor dem Modell und gab seiner Kunst eine solide Basis. Er wohnte zunächst in der Amalienstraße 2/I bei einer Arztwitwe und zog Ende November in die Luisenstraße 39/III (ab 1899: Nr. 77). Stolz schildert er an Neujahr 1899 in einem Brief an seine Familie die noble Einrichtung seiner *Bude*, wo ihm die eigene *gebeizte Staffelei* [...] *zugleich als Notenständer dient.*

Seine zweites großes Thema bleibt neben der Kunst die Musik; ausführlich berichtet er in Briefen nach Hause über seine

Opern- und Konzertbesuche. Obwohl er sich redlich bemüht, über seine Ausgaben genau Buch zu führen, lautet bald ein Stoßseufzer: *Aber das Geld fliegt trotzdem nach allen Seiten* (an Hans Klee, 6.I.1899).

Nach einem Sommeraufenthalt mit der Knirrschule in Burghausen zieht der junge Klee Ende Oktober 1899 in die Leopoldstraße 63/III. Die Schilderung seiner Umgebung wirft ein Streiflicht auf den epochalen Wandel in München durch die Elektrifizierung der Trambahnen: *Das Haus liegt hoch über der alten Knirrschule draußen. Bis in die jetzige Schule eine Viertelstunde bis zwanzig Minuten. Ich gehe immer zu Fuß, weil die Trambahn nicht viel früher ankommt. Bald aber wird auch diese Linie elektrisch. Das Netz ist bereits gespannt. Die Ringlinie ist schon lang im Gang und sieht ganz pompös aus* (an Hans Klee, 14.XI.1899).

Doch hält es ihn auch an dieser Adresse wieder nicht lange; zum Jahresende unternimmt er erneut eine *Zügelei*, wie er den Umzug nennt, diesmal in die Georgenstraße 48/III. Der Grund dafür ist die größere Nähe zum Salon der Pianistin Friederike Eleonore Fischer, wo Paul Klee Anfang Dezember *musizierenderweise* (Tagebuch, Nr.83) die Pianistin Lily Stumpf (1876-1946), die Tochter des Medizinalrats Ludwig Stumpf, wohnhaft in der Arcisstraße 15/0, kennen und schätzen gelernt hatte: *Fräulein Stumpf ist eine prachtvolle Partnerin, wir spielen Bach, daß es nur so kracht. In letzter Zeit auch Mozart, auf den sie sich auch meisterlich versteht. Sie hat in Berlin am Stern'schen Konservatorium studiert und macht nur noch einige Studien bei Professor Schwartz* (an Ida Klee, 3.I.1900). In seiner zunächst noch verhaltenen Liebe zu Lily Stumpf, die er nach einer langen Verlobungszeit 1906 heiratet, bestärken ihn paradoxerweise zwei andere passionierte Liebesverhältnisse zu Beginn und am Ende des Jahres 1900, vor allem durch die Geburt eines Knaben, der im November nur wenige Wochen alt wird.

In dieser Zeit entscheidet sich Klee auch endgültig für die Malerei als Lebensaufgabe: *Ich bin kein Einsiedler mehr oder ein*

Träumer, sondern mache mit, was mitzumachen ist, sperre meine Augen auf und erfasse, was zu erfassen ist. Das ist für einen Maler, der doch das Leben in seinem engsten Zusammenhang mit dem lieben Erdboden darstellen will, Notwendigkeit. Ich bin ein wirklicher Maler geworden. Von Schwanken keine Spur, sondern ich bin ganz sicher, daß ich dazu geboren bin, nicht aber zur Musik (an Ida Klee, 3.II.1900).

Um konzentrierter arbeiten zu können, bezieht Paul Klee Anfang April 1900 ein eigenes Atelier in der Amalienstraße 57/I, Rückgebäude. Noch vor seiner Abreise nach Bern Anfang Mai meldet er sich zudem als Schüler für den Herbst bei Franz von Stuck an, bei dem er dann nach seiner Rückkehr im Oktober bis zum Mai 1901 studiert. Sein Zimmer mit zwei Fenstern hat er jetzt in der Barerstraße 47/III; eine knappe Schilderung läßt auch erkennen, wie sehr die Stadt innerhalb eines Jahres verkehrstechnisch weiter elektrifiziert wurde: *Mit Zimmer bin ich sehr zufrieden. Sehr groß, gelegentlich als Atelier benützbar, unabhängig, für 25 Mark. In der Nähe die Akademie, Knirrschule, Pinakotheken, Elektrische – Ringlinie und Schwabing Promenadeplatz –. Es ist jetzt alles elektrisch, was das Verkehrsbild stark unterstreicht* (an Hans Klee, 10.X.1900).

Künstlerisch, kulturell und privat genießt Klee sein Leben in der Stadt jetzt in vollen Zügen und meint nur verständlicherweise im Dezember in einem Brief an den Vater: *Der Winter hier wäre paradiesisch, wenn das Klima wegfiele.* Das Frühjahr steht dann ganz im Zeichen des Aufbruchs; das Zimmer wird aufgegeben, Klee zieht in ein Hotel garni der Barerstraße 57 – die unter dieser Adresse bekannte Pension Fürmann befand sich zu diesem Zeitpunkt in Nr. 25 – und beginnt dort mit ersten Radierungen; schließlich kommt er bei seinem Studienkollegen Jean de Castella (1881-1966) in der Barerstraße 26/III unter. Mitte Juni listet er seine Schulden auf und erwähnt die vergeblichen Versuche, seine Arbeiten renommierten Adressen, wie der Zeitschrift *Jugend,* anzubieten. Vor seiner Abreise verlobt er sich noch in aller Stille mit Lily Stumpf. Ende Juni reist er ab nach Bern; seine Lehrjahre in München sind zu Ende.

ZWISCHENZEIT

Klees »Wanderjahre« beginnen mit einer längeren Studienreise nach Italien von Oktober 1901 bis Mai 1902 – und enden gleich wieder; die nächsten Jahre über bleibt Klee an das Berner Elternhaus gebunden. Dem Verhältnis mit Lily Stumpf werden Hindernisse in den Weg gelegt; so können sich die Verlobten im Juli 1902 nur heimlich bei einem Treffen in Oberpöcking am Starnberger See wiedersehen. Dazu fordert noch das Militär in Bayern eine Musterung. Klee hängt in jeder Beziehung in der Luft.

Der Künstler Klee beginnt als Zeichner und Graphiker. Seine erste wichtige Radierungsfolge *Inventionen* gelingt ihm 1903; ihre grotesk-satirischen Themen wie *Jungfrau im Baum* (1903/2) oder das berühmte Blatt *Zwei Männer, einander in höherer Stellung vermutend, begegnen sich* (1903/5) haben allerdings keinen Erfolg bei Zeitschriften. Klee ist in diesen Jahren das Beispiel eines künstlerischen Sonderfalls, der sich trotz aller Widrigkeiten, aller düsteren Aussichtslosigkeit nicht entmutigen läßt; beharrlich arbeitet er weiter an seinen Themen, an seiner eigenen formalen Gestaltung. Auf einer Reise nach Paris 1905 erlebt er das Werk Paul Cézannes geradezu als Vorbild und Ansporn für die eigene Richtung. Doch zunächst geht es noch eine längere Strecke durchs Dunkel.

IM DUNKEL DER AINMILLERSTRASSE 32

Paul Klee und Lily Stumpf heiraten am 15. September 1906 in Bern und beziehen Anfang Oktober in einem (heute verschwundenen) Münchener Gartenhaus eine Wohnung – *leider nicht in bester Lage, sondern in Schwabing* –, in der sie fünfzehn Jahre bis zu ihrer Übersiedelung nach Weimar bleiben werden. Der Vorbehalt Klees steht im gleichen Brief an seinen Vater vom 2. Oktober 1906, worin sich auch eine genaue Schilderung der

Wohnung findet: *Die centralen Wohnungen sind teuer oder wahre Hundelöcher. Nun haben wir eine zu 50 Mark monatlich gemiethet. Ainmillerstraße 32, Gartenhaus II. Drei Zimmer (ein großes), geräumige Küche, Badzimmer und Dienstenzimmerchen etc. gegen die Sonne. Die Distanz wird erleichtert durch zwei Tramlinien. Auf ein Atelier verzichte ich vorläufig, es geht nicht anders, denn die Zimmer der Atelierwohnungen sind schandbar! Kalt natürlich auch. Eine einfache Einrichtung wird uns vom Medizinalrath gestellt.* Das klingt alles so, als hätte das junge Ehepaar noch eine Wahl; tatsächlich müssen sie ihre karge und dunkle Umgebung wohl oder übel akzeptieren.

Den Lebensunterhalt bestreitet Lily Klee mit Klavierstunden, die sie an einem großen Blüthner-Flügel im größten Zimmer der Wohnung gibt. Paul Klee arbeitet zu Hause, richtet sich in der Küche provisorisch ein Atelier ein, kocht dort aber auch vorzüglich und betreut vor allem den am 30. November 1907 geborenen Sohn Felix.

Gerade die Erinnerungen von Felix Klee an die *dunkle kleine Dreizimmerwohnung* der Familie geben einen guten Eindruck von den Lebens- und Arbeitsbedingungen Paul Klees in dieser Zeit. Im größten Zimmer der Wohnung, dem Arbeitsplatz der Mutter, kam das *Tageslicht [...] sehr spärlich durch das einzige Fenster und wurde durch asthmatische Gas- und Petroleumlampen verstärkt. Auf daß man sich nicht den Kopf am Leuchter anstoße, hing mein Vater, sozusagen als Warnung, seinen rotseidenen Schal daran, während die beiden Petroleumlampen wie Nonnen aussahen und sich bei dem temperamentvollen Spiel meiner Mutter im Rhythmus der Musik dazu bewegten. [...] Im zweiten Zimmer, dem Wohnraum, stand zwischen unendlich vielen und großen Möbeln, um die man stets geschickt turnen mußte, ein Pianino, auf dem meine Mutter durch die technische Einrichtung eines stummen Zuges noch bis spät in die Nacht hinein musizieren konnte [...]. Auch hier ständige Dunkelheit. [...] Das dritte Zimmer war der gemeinsame Schlafraum. Wir schliefen zu dritt in zwei Betten. Dann gab es einen langen Gang, der auch mit Möbeln vollgestellt war, ein*

Badezimmer mit einem Kohleofen, eine kleine Mädchenkammer, wo meist die Besuche einquartiert wurden, und nach Norden eine große Küche mit einem gußeisernen Balkon. Diese Küche bildete nun jahrelang zwangsläufig den Hauptarbeitsplatz meines Vaters. Die Ausrichtung dieses Notateliers nach Norden soll nicht über seine eigentliche Bestimmung hinwegtäuschen. Hier kocht Paul Klee bravourös mehrgängige Gerichte der französischen und italienischen Küche; hier arbeitet er erst nachmittags und abends an seinen entsprechend kleinformatigen Zeichnungen und Aquarellen oder war, so Felix Klee, *wie ein Alchimist mit der Vorbereitung seiner Radierungen beschäftigt*, für die bestimmte Säurebäder angerichtet werden mußten.

Thematisch und formal läßt sich Klees schwierige künstlerische Situation dieser Zeit in seinen Arbeiten wiedererkennen. Die Serie der Karikaturen und Grotesken als Linienexperimente nehmen nach der Geburt des Sohns schnell ab; dafür dominieren Motive der unmittelbaren häuslichen Umgebung, ausgeführt vor allem als Schwarzaquarelle und Kohle- und Tuschezeichnungen. Geradezu plastische Lichtwerte enthalten Arbeiten, die zugleich einen guten Blick in die einstigen Wohnräume der Familie Klee erlauben wie *Kind im Klappstuhl II* (1908/57) oder *Uhr auf der Kredenz, bei Kerzenlicht* (1908/69) oder der *Blick in eine Schlafkammer* (1908/70). Es ist, als flackere im Dunkel dieser Wohnung ein letzter Lichtrest, der Klee zwar zu seiner Formarbeit anregt, ihm letztlich aber nicht genügen kann. Doch seine große Beharrlichkeit, seine Fähigkeit zur *restlosen Hingabe an seine Arbeit* (Kandinsky) führen Klee auch aus dem Dunkel dieser Zeit hinaus.

INS FREIE

Der entscheidende Durchbruch gelingt mit einem Blick aus dem Fenster, umgesetzt in Strukturen auf einem Glasbild. Es scheint, als habe dabei der Namengeber der Ainmillerstraße, der Erneuerer der Glasmalerei Max Emanuel Ainmiller (1807-1870), seine helfende Hand mit im Spiel gehabt. In seinem Tagebuch schildert Klee jedenfalls, welche persönlichen und künstlerischen Bedingungen für ihn zu diesem *Hauptdocument für die Befreiung aus der Enge* geführt haben:

813 a. Maerz. Im Maerz mimte ich wieder einmal längere Zeit Kindermädchen, da uns ein Lausdirndl weggelaufen war. Daher musste ich mein nulla dies sine linea etwas lassen. Das kam einer wohlgelungenen Arbeit zustatten, die besondere Frische der Formung aufweist. Gesehen hatte ich das Bild schon einige Tage vorher, natürlich vom Küchenbalkon aus, welches mein einziger Ausgang war. Dann vermochte ich mich von allem Zufälligen dieses Stückes ›Natur‹ loszulösen, sowohl in der Zeichnung als in der Tonalität und gab nur das ›Typische‹ in durchgedachter formaler Genesis wieder. Ob ich nun aus dem Dickicht wirklich heraus bin?? Dieser Küchenbalkon, das unbebaute Feld, die Hohenzollernstrasse. Der Ausblick eines Gefangenen in mehrfacher Richtung.

Bei dem Bild handelt es sich um das Motiv *Belebter Platz vom Balkon aus* (1908/62). Das Hinterglasbild ist gerade noch Abbild des konkreten Balkongitters und der Bodenplatte sowie der schemenhaften Häuser im Hintergrund und winzigen schwarzen Figuren auf der Hohenzollernstraße. Zugleich ist das Bild aber schon als ausgewogene Linienstruktur über Farbtonwerten zu sehen; von hier aus ist es nicht mehr weit zur eigenständigen Linie und eigenwertigen Farbe.

Klee sieht dieses im Bild gefundene *Gleichgewicht zwischen dem Spekulativen und dem einfach Natürlichen* (Wilhelm Hausenstein) sofort und befreit sich bald auch auch räumlich aus der bisherigen

Paul Klee, Belebter Platz vom Balkon aus, Schwarzaquarell hinter Glas (1908/62). Privatbesitz Schweiz

Enge und Dunkelheit. Nach einer Arbeit von April bis Juni als Korrektor des Abendakts in den »Ateliers und Werkstätten für angewandte Kunst« von Wilhelm von Debschitz (1871-1948) im Gartenhaus der Hohenzollernstraße 23/0 mietet er sich am 8. Dezember 1908 ein kleines Dachatelier in der Feilitzschstraße 3/IV, wo heute eine Gedenktafel an ihn erinnert.

Die Arbeit im Atelier führt ihn nach und nach aus dem Dunkel ins Licht. Der *Blick vom Atelier in der Feilitzschstraße (Schneeschmelze)* (1909/69) wirkt wie ein Blick auf die Werkstatt des (laut Hausenstein) *Malerzeichners* Klee im Übergang vom Helldunkel zu den farbigen, von ihm so genannten *Lichtformen*. In sie übersetzt er, beinahe mathematisch sorgfältig, um 1909/10 die Ergebnisse seiner Hell-Dunkel-Arbeiten zu ähnlich nuancierten Farbwerten. Klee tastet sich aber auch in die entgegengesetzte Richtung vor und löst die Hell-Dunkel-Strukturen in bloße Umrißlinien auf; dabei gewinnt er einen völlig eigenständigen, im klassischen Sinn sogar unfertigen oder gar »gekritzelten« Strich für ein neues, nur noch aus eigenen Strukturen bestehendes Bild. Viele Federzeichnungen dieses Stils entstehen um 1910 in der Umgebung von Schwabing. Zeichnend und aquarellierend kommt Klee in dieser Zeit zu vermeintlich so unterschiedlichen Ergebnissen wie der »Lichtform« *Gartenstilleben / Blumensteg, Gießkanne und Eimer* (1910/47) und dem *Kanalhafen bei München* (1910/88), eine Arbeit, auf die der Zeichner Alfred Kubin aufmerksam wird.

In der Wohnung des russischen Schriftstellers und Übersetzers Alexander Eliasberg (1876-1924), Mandlstraße 1c/II (ab 1955: Nr. 24), sieht Kubin im Herbst 1910 eine der neueren Arbeiten Klees und schreibt am 22. November 1910 von seinem Landsitz Zwickledt bei Wernstein in Oberösterreich an Frau Zina Eliasberg einen Brief, der Klee offenbar überbracht wird, da er ihn in seinem Tagebuch unter der Nr. 883 abschreibt. Kubin lobt darin Klees *konsequente prächtige neuere Entwicklung* und bittet um eine Auswahl älterer und neuerer Arbeiten zu *Kollegenpreisen*. Klee schmeichelt diese Bitte: *Eine außerschwabingische Anerkennung also, mir schmeichelte der Fall und ich beschickte* (Tagebuch 1910/883). Kubin wählt den *Kanalhafen* aus und sieht bei Klee, wie er ihm am 16. Dezember 1910 schreibt, *gut nachbarliches Streben* (ebd.). Aus diesem ersten Kontakt, verstärkt noch durch ein erstes Treffen im Januar 1911 (Tagebuch 1911/888), entwickelt sich eine künstlerische Beziehung, die vor allem auf Kubin eine nachhaltige Wirkung ausübte.

Wie Jürgen Glaesemer im Katalog zu Klees Frühwerk (München 1979/80) ausführlich darstellt, geht Klee in seiner linearen Entwicklung entschieden weiter als Kubin. Die schon im November 1909 geplanten, aber erst von Mai 1911 an ausgeführten Illustrationen zu seinem Lieblingsbuch, dem Roman *Candide* (1759) von Voltaire (1694-1778) – sie erschienen erstmals im Verlag Kurt Wolff, München 1920 –, reduzieren die Linienstrukturen der Figuren so sehr, daß sogar die Umgebung verschwinden kann. Kubin schafft im Gegensatz dazu diesen Sprung in die reine Linienform nicht; er benötigt immer noch einen bildlichen Anhaltspunkt, einen Strauch, einen Baum, einen Fels für seine Zeichnung. Die radikale Konsequenz bis in die konzessionslosen Strukturen Klees vermag der anders begabte Kubin nicht zu ziehen.

IM LICHT DER FARBE

Vergessen sind im Jahr 1911 endgültig die Ablehnungen des *Simplicissimus* von 1906 oder das nur verhaltene Interesse Franz Bleis 1908 an Zeichnungen Klees für die Zeitschrift *Hyperion* (1908-1910). Klee findet in diesem Jahr durch die *Candide*-Illustrationen ganz entschieden zu sich; ein äußeres Zeichen dafür ist die Einrichtung eines Werkkatalogs. Über seine im Juni in der Galerie Thannhauser gezeigten 30 Arbeiten lernen sich endlich Klee und Kandinsky kennen, die bereits seit 1908 als Nachbarn in der Ainmillerstraße nebeneinander wohnten, ohne miteinander ins Gespräch gekommen zu sein.

Nachdem er mit Karl Caspar, Max Oppenheimer und anderen noch im gleichen Jahr die Künstlergruppe *Sema* (Das Zeichen) gründet, ist Klee im Februar 1912 in der 2. *Ausstellung der Redaktion ›Der Blaue Reiter‹* mit 17 Arbeiten vertreten; in den

Almanach selbst gelangt, wie gesagt, nur eine Zeichnung Klees. Auch in Paris findet Klee direkten Anschluß an die zeitgenössische Kunst. Eine Reise nach Paris im April 1912 führt zu wichtigen Begegnungen wie etwa mit dem Maler Robert Delaunay (1885-1941), dessen Aufsatz *Über das Licht* Klee übersetzt und 1913 im *Sturm* veröffentlicht.

In München pflegen Klee und seine Nachbarn Kandinsky und Münter in der Ainmillerstraße 36 gute Nachbarschaft. Bei einem Besuch sitzt Klee einmal unfreiwillig für Gabriele Münter Modell; aus einer schnellen Skizze, die sie von ihm in ihrem *Nachdenksessel* entwirft, entwickelt sie das für beide Seiten aufschlußreiche Bild *Mann im Sessel (Paul Klee)* (1913), das Münter selbst anschaulich kommentiert hat:

Gern kam er [Klee] *hin und wieder zu uns herauf. Wir saßen dann gewöhnlich in meinem Arbeitsraum, dem größten Zimmer der Wohnung.*

Einmal – es war 1913 – als die ersten warmen Tage kamen, erschien Klee in der weißen Hose, die wir als Zeichen des Sommers fröhlich begrüßten. Als er in meinem großen Nachdenksessel saß und sich mit Kandinsky unterhielt, sah ich plötzlich ihn im Zimmer und das Zimmer mit ihm ganz bildhaft. Ich nahm mein kleines Skizzenbuch, das ich immer zur Hand habe, und machte schnell und unbemerkt eine Notiz. Die weiße Hose stand im Mittelpunkt des Bildes, und der Mann war in lauter Rechtecken mit dem Sessel und den Bildern der Wand verwachsen. Von seiner Stirn rechts im Bild bis zur Türklinke links schwang ein großer Bogen, und bis in Einzelheiten klangen alle Formen wundersam zusammen.

Wahrscheinlich habe ich das Bild am nächsten Tag gemalt. Ich erinnere mich an das Malen nicht mehr. Doch muß es wie bei den meisten (und den besten) meiner Arbeiten in einem Zug geschehen sein.

Auf dem Bild ist gut eine der bildgeschmückten Wände im Zimmer zu sehen, davor der Tisch mit Figuren auf einem rechteckig fallenden Fransentuch. Ein Lebensmoment bleibt wie in einem Zauber angehalten und bewahrt; Klee wirkt auf dem Bild

Gabriele Münter, Entwurf zu: Mann im Sessel (Paul Klee), Bleistift, 10,5 × 15,5 cm (Frühsommer 1913)

anwesend abwesend wie ein Zauberer aus dem Ensemble der Kasperlfiguren, die er seinem Sohn Felix ein paar Jahre später anfertigte.

Schon 1913 sollte Klees große Reise nach Tunesien stattfinden, mußte aber auf das nächste Jahr verlegt werden. An Ostern 1914 sind schließlich alle Voraussetzungen dafür geschaffen, und die drei Künstler Paul Klee, August Macke und Louis Moilliet (1880-1962), ein Jugendfreund Klees, machen sich auf den Weg nach Tunis. Die Reise bringt Klee die Offenbarung der Farbe und die endgültige Berufung zum Maler. Am Donnerstag, dem 16. April 1914, lautet seine berühmte Tagebucheintragung: *Ich lasse jetzt die Arbeit. Es dringt so tief und mild in mich hinein, ich fühle das und werde so sicher, ohne Fleiss. Die Farbe hat mich. Ich brauche nicht nach ihr zu haschen. Sie hat mich für immer, ich weiss das. Das ist der glücklichen Stunde Sinn: ich und die Farbe sind eins. Ich bin Maler.*

KRIEG

Krachend fährt in diese Stimmung der Ausbruch des Ersten Weltkriegs hinein, doch Klee zeigt sich davon wenig berührt: innerlich habe er diesen Krieg längst gehabt, er gehe ihn daher auch nichts an (Tagebuch 1915/952). Ein Besuch Rilkes verschafft ihm 1915 *eine wirklich grosse Freude* (Tagebuch 1915/959). Rilke bringt dabei eine kleine Auswahl, wohl Arbeiten der Tunis-Reise, wieder zurück, die er *monatelang behalten (durfte): sie haben mich vielfach angezogen und beschäftigt, zumal Kairouan, das ich kenne, darin noch zu gewahren war* (Rilke an Balandine Klossowska, 28.II.1921). Klee besucht in dieser Zeit Rilke und dessen Freundin Lou Albert-Lasard in der Pension Pfanner, Finkenstraße 2, wo er auf der Terrasse im Mondschein Violine spielte, wie Lou Albert-Lasard erzählt.

Schließlich geht der Krieg Klee aber doch etwas an; er wird im März 1916 eingezogen, muß aber nicht an die Front, sondern kann in bayerischen Fliegereinheiten, zuletzt in der Fliegerschule V Gersthofen, überleben. Rilke wird zwar im Mai 1918 Klees Nachbar in der Ainmillerstraße 34, aber ein näherer Kontakt zwischen ihnen, besonders aus der Zeit nach Klees Beurlaubung ab Dezember 1918, ist nicht bekannt. Öffentlich setzt sich für Klee 1917/18 der Dichter Theodor Däubler (1876-1934) ein, dessen kunstkritisches Wort besonderes Gewicht hatte: Auch der junge Zeichner George Grosz (1893-1959) verdankte 1916 einem Aufsatz Däublers seine Entdeckung. Klees Arbeiten aus dieser Zeit zeigen immer ausgeprägter einen abstrakten Zeichencharakter; die in ihnen entwickelte Zeichen-Sprache macht die Bilder endgültig von äußeren Anlässen unabhängig.

Schloß Suresnes 1914

ATELIER IM SCHLOSS SURESNES

Bei der Kunst ist das Sehn nicht so wesentlich wie das Sichtbarmachen.
Am 10. Dezember 1918 ist diese berühmte Eintragung Klees (Nr. 1134) eine der letzten in sein Tagebuch, das er vor allem seit der Münchener Studienzeit kontinuierlich geführt hatte. Der Satz ist wie ein Signal – als wolle sich der Maler dazu anhalten, nicht mehr nur zu notieren und zu konstatieren, als vielmehr zu bilden. Endgültig im Februar 1919 aus dem Militär entlassen, mietet sich Klee für seine Arbeit ein neues Atelier. Er findet es nur wenige Schritte von seinem alten Arbeitsraum in der Feilitzschstraße 3/IV entfernt in einem kleinen Schloß, dem zu diesem Zeitpunkt bereits ziemlich verfallenen Schlößchen Suresnes aus dem frühen 18. Jh. in der Werneckstraße 1 (ab 1954 Nr. 24). Dessen bewegte Geschichte sei kurz dargestellt.

Franz von Wilhelm (+1741), der Kabinettssekretär des bayerischen Kurfürsten Maximilian II. Emanuel (1662-1726), hatte sich das Renommiergebäude zwischen 1715 und 1718 auf einem nach und nach zusammengekauften großen Grundstück, das bis heute weitgehend belassen blieb, erbauen lassen. Seinem Edelsitz gab er den Namen *Suresnes* nach einem gleichnamigen Schloß westlich von Paris, gleich hinter dem Bois de Boulogne an der Bahn nach dem nicht weit entfernten Versailles gelegen. Im Spanischen Erbfolgekrieg wurde der bayerische Hof von den Österreichern (nach der entsetzlichen Sendlinger Bauernschlacht von 1705 unter der couragierten Leitung des legendären Schmieds von Kochel) ins Exil getrieben und fand über mehrere Stationen 1713 nach Suresnes. Nach dem Friedensschluß im Mai 1713 ließ der bayerische Kurfürst ein spektakuläres und kostspieliges Landfest inszenieren, das seinem etwas zweifelhaften Ruf des Bonvivant alle Ehre machte.

Zurück in München, ging Maximilian II. Emanuel daran, den von seinen Eltern begonnenen Bau von Schloß Nymphenburg fortzuführen; der Kabinettssekretär begann unterdessen mit dem Bau seines Schlößchens. Von dort aus sollte eine sogenannte Visierlinie, wie sie ein Kupferstich der Zeit gut wiedergibt, direkt von Schwabing nach Nymphenburg zeigen und damit die Verbindung Suresnes-Versailles eine Parallele in der Achse Suresnes-Nymphenburg bekommen. So geschah es, auch wenn der Bau für den Kabinettssekretär ein finanzielles Desaster wurde.

Bald stand ein Unstern über dem Gebäude, das bis heute vielmals die Besitzer wechselte und schon zu Beginn des 19. Jh. so unansehnlich geworden war, daß es nur noch verlost werden konnte. Auf die optisch-astronomische Werkstatt des Kgl. Ministerialrats Dr. Carl August Steinheil, der von 1855 an dem Schlößchen für einige Zeit seinen Namen gab, folgte nach mehrmaligem Besitzerwechsel in den einst feudalen Räumen als erste Künstlerin die Bildhauerin Elisabeth Ney (1834-1907). Sie war, nach Theodor Dombart, sogar *die erste Künstlerin Schwabings* überhaupt. Elisabeth Ney, Nichte des französischen Generals, fand im Schlößchen Suresnes 1869/70 Wohnung und Atelier und fertigte zwei berühmte Plastiken nach König Ludwig II. an, eine Porträtbüste und das große Standbild als Ritter vom Orden des Hl. Georg. Die Marmorversion des Standbilds, ausgeführt von Friedrich Ochs, steht heute in einer Bogennische von Schloß Herrenchiemsee; das gipserne Original befindet sich im Elisabeth-Ney-Museum in Austin, Texas, USA.

Der Künstlerin wurde noch eine besondere Gunst zuteil: Ludwig II. ließ ihr in der sogenannten Schwabinger Grube (heute: Maria-Josepha-Straße 8) ein Haus bauen, das später der Archäologe Adolf Furtwängler (1853-1907) übernahm; hier verbrachte sein Sohn, der später weltberühmte Dirigent Wilhelm Furtwängler (1886-1954) von 1894 bis 1906 seine Jugend. An der Stelle dieses Hauses ließ sich der amerikanische Bankier, Gelehrte, Musiker und Kunstsammler James Loeb (1867-1933) von Carlo Sattler (1877-1966), dem Schwiegersohn des Bildhauers Adolf von Hildebrand (1847-1921), um 1910 ein Herrschaftshaus errichten. James Loeb war einer der ganz großen Mäzene seiner Zeit. Am berühmtesten sind seine Stiftung antiker Kunst für die Münchener Antikensammlungen, die Einrichtung der Loeb Classical Library, in der seit 1912 bis heute etwa 500 Titel zweisprachiger Ausgaben griechischer und lateinischer Autoren erschienen sind, und vor allem die wesentliche Förderung der Deutschen Forschungsanstalt für Psychiatrie von Professor Emil Kraepelin (1856-1926) in München. Aber auch der Gemeinde Murnau, wo Loeb starb, schenkte er 1932 ein 60-Betten-Krankenhaus. An Loeb erinnert seit 1990 eine Tafel an seinem ehemaligen Haus; außerdem ist neben dem Schwabinger Krankenhaus die Loebstraße, in Verlängerung der Kraepelinstraße, nach dem Ehrenbürger der Stadt München benannt. Das Haus in der Maria-Josepha-Straße 8 beherbergt heute den Telefonbuch-Verlag.

Noch einmal zurück zum Schloß Suresnes. In den siebziger Jahren des letzten Jahrhunderts trieb der künstlerische genius loci im ausgedehnten Schloßpark eine merkwürdig frühe Blüte der Tänze und Feste in Schwabings Bohème um 1900. Junge Künstlerinnen und Künstler aller Sparten versammelten sich hier in der *Rosenau* zu einer, wie Michael Schattenhofer anführt, *heiligen Versammlungsstätte eines freien Jugendbundes.* Es wurde gesungen und gedichtet, getanzt und gelacht, vor allem wurde Theater gespielt, wie sich der Dichter Ludwig Ganghofer (1855-1925) erinnert, der bei einer nächtlichen Aufführung von Shakespeares *Sommernachtstraum* eine Rolle übernahm.

Im Jahr 1919, als Paul Klee hier sein letztes Münchener Atelier fand, war das Schlößchen seit mehr als vierzig Jahren im Besitz des saarländischen Hüttendirektors Emil Schüler. Vermietet waren die Räume im Erdgeschoß, laut Adreßbuch, an Luise Fuchs, die Witwe eines Bohrmaschinisten, und an den Richtmeister Joseph Fuchs. Außerdem wohnten hier die Schriftsteller Johann (d. i. Hans) Reichel, der seit Anfang Februar bei Fuchs gemeldet war, und Walter Harburger im ersten Stock. Der Musikschriftsteller Harburger bewohnte dort, wie sich Alfred Kubin erinnert, *zwei große, mit herrlichen altdeutschen Möbeln und vielen alten Musikinstrumenten höchst stilvoll eingerichtete Zimmer.* Im ersten Stock waren auch der *Verlag für Kulturpolitik Ernst Thesing* und der Lichtdrucker Joseph Tils gemeldet, komplettiert noch durch den Schriftleiter Karl Goedel im Erdgeschoß. Unterm Dach im dritten Stock lebte die Schlosserswitwe Katharina Mayershofer.

An sein Atelier kam Paul Klee sehr wahrscheinlich auf Vermittlung von Hans Reichel (1892-1958). Dieser Schriftsteller aus Würzburg lebte seit 1912 in München von kleinen Feuilletons und war seit 1916 mit der in Malaga geborenen Tänzerin Olga Zimmermann (1895-?) verheiratet. Um 1918 begann Reichel mit ersten malerischen Versuchen. Er besuchte die *Hofmann-*

Schule für moderne Kunst und entwickelte einen Stil, der in vielem Berührungspunkte mit der Kunst Paul Klees aufwies, etwa in der Verwendung kosmisch-surrealer Motive wie Sonne, Mond und Stern. Schon vorher bekannt mit Rainer Maria Rilke, hatte Hans Reichel auch Verbindungen zu einem Schriftsteller der Münchener Räterepublik vom April 1919. Nach deren Zerschlagung Anfang Mai versteckte Reichel den steckbrieflich gesuchten Dichter Ernst Toller (1893-1939) in seiner Wohnung, wo Toller am 4. Juni 1919 festgenommen wurde. Die näheren Umstände dieser Verhaftung werden im Kapitel »Orte der Gewalt« eigens dargestellt; Hans Reichel brachte sein Freundschaftsdienst eine mehrmonatige Freiheitsstrafe ein.

Wie Felix Klee berichtet, hatte sein Vater in dem Schlößchen *einen herrlichen Raum mit Blick auf den uralten Park mit seinen Grotten und krummen Wegen und den benachbarten Englischen Garten. Neben ihm wohnte der Komponist Lahusen und der Maler und Dichter Hans Reichel mit seiner Frau, einer Tänzerin deutscher Abstammung. In dieses neue Atelier ging Paul Klee vormittags und nachmittags pünktlich wie in ein Büro. Abends war der Raum nicht benützbar, weil er kein Licht hatte. Mittags holte ich von dem benachbarten Realgymnasium aus regelmäßig meinen Vater ab, um mit ihm zusammen nach Hause zu gehen.* [...] *Dieser idyllische Arbeitsplatz konnte Klee die nahe Großstadt vergessen machen. Sozusagen mühelos und ohne Störung entstand hier Werk um Werk. Besonders pflegte er die lang entbehrte Ölmalerei. Bei Regenwetter tropfte es aus verschiedenen Löchern aus der schadhaften Decke auf das einst vornehme Parkett, und ich sehe heute noch meinen Vater in aller Eile wasserdichte Gefäße in seinem Atelier aufstellen.*

In einer kurzen biographischen Skizze für seinen Monographen Wilhelm Hausenstein hat Klee im Dezember 1919 die für ihn wichtigsten Aspekte dieses Jahres zusammengefaßt. Es heißt da: *Arbeit auf breiter Basis fortgesetzt. Das kl. Ölbild ausgebaut. Die geschäftl. Correspondenz und die Atelier Besuche wachsen stark an, aus Notwehr einen Vertrag mit Goltz geschlossen.* Tatsächlich entstehen

Paul Klee, Atelier im Schloß Suresnes. Photographien (1920)

Klees erste kleinformatige Ölgemälde, zumeist auf Papier oder Pappe. Themen sind erst Fenster, Dächer und Fassaden; früh gerät auch ein *Junger Proletarier* (1919/11) dieser Revolutionszeit in den Blick. Spätestens aber mit dem Selbstporträt *Versunkenheit* (1919/113) geht Klees Weg ganz entschieden in die eigenen Farb- und Formbereiche; allenfalls das Aquarell *Wachstum in einem alten Garten* (1919/169) ließe sich noch dem konkreten Schloßpark zuordnen. Jetzt dominieren Tafelbilder wie *Architectur m.d. Fenster* (1919/157), *Rhythmie der Fenster und Tannen* (1919/204) oder *Der Vollmond* (1919/232). Einen sehr schönen, gleich doppelten Einblick in sein Atelier und die hier entstandenen Werke geben zwei Fotos, die Klee selbst aufgenommen hat. Auf dem Foto mit der Staffelei ist links neben dem Türrahmen in der dort versammelten Kollektion das Ölbild *Zerstörtes Dorf* (1920/130) zu erkennen; auf dem anderen Foto mit dem Sessel hängt gleich über der Mandoline an der Wand das Ölbild *Zerstörter Ort* (1920/215).

Was Klee jedoch in der biographischen Notiz als *Notwehr* vor einem wachsenden Publikumsinteresse an seinen Arbeiten bezeichnet – der Vertrag mit dem Galeristen Hans Goltz –, verschaffte ihm zum ersten Mal für die nächsten Jahre ein gesichertes Mindesteinkommen sowie die erste große Gesamtausstellung mit 362 Bildern im Mai 1920. Sie wiederum geriet durch den Katalog, die davon abgeleitete erste Klee-Monographie von Leopold Zahn und eine Reihe von Büttenbildpostkarten zu einer ersten regelrechten *Werbekampagne* (Christine Hopfengart), die Klee auf dem Kunstmarkt überhaupt erst einführte.

Klees Münchener Zeit endet am 25. November 1920 mit der Berufung ans Bauhaus nach Weimar; im Januar 1921 siedelt Klee nach Weimar um, die Familie folgt ihm im Oktober. Im nächsten Jahr kommt auch Kandinsky ans Bauhaus, und die einstigen Nachbarn in der Ainmillerstraße werden jetzt offiziell Professoren-Kollegen. Zusammen mit Lionel Feininger und Alexej Jawlensky bilden sie 1924 sogar die kurzlebige Gruppe

Die Blaue Vier, als letzten Reflex auf den *Blauen Reiter*. Weitere Stationen auf dem Berufsweg Klees sind Dessau, wo das Bauhaus nach der Schließung in Weimar 1925 wiedereröffnet werden kann, und Düsseldorf, wo Klee von 1931 bis 1933 als Professor an der Kunstakademie lehrt, bis ihm die neuen Machthaber Ende April 1933 fristlos kündigen und ihn so am Ende des Jahres zur Emigration nach Bern zwingen. Hier entsteht ein ebenso meisterhaftes wie rätselhaftes Spätwerk; hier besuchen ihn Picasso (1937) und Georges Braque (1939); und hier schließt sich sein Lebenskreis mit dem Tod am 29. Juni 1940.

Vom Gartenhaus der Ainmillerstraße 32 ist nach dem Zweiten Weltkrieg nur noch eine Brandmauer mit farbigen Resten von Zimmerwänden übriggeblieben. Drei Wände im zweiten Stock gehörten einst zur Wohnung der Familie Klee. Die große rote Wand links läßt das Arbeitszimmer von Lily Klee erkennen; hier stand der Flügel. Die kleine blaue Wand daneben gehörte zum Badezimmer mit dem Kohleofen, die kleine gelbe Wand zur Mädchenkammer. Das Wandbild trägt unten eine Graffitisignatur von heute. Der Rest hängt in der Luft.

Traum: ich finde mein Haus: leer, ausgetrunken der Wein, abgegraben der Strom, entwendet mein Nacktes, gelöscht die Grabschrift. Weiss in Weiss (Tagebuch 1914/946).

IN FREMDEN ZIMMERN
Rainer Maria Rilke

DER STUDENT

Wie so viele andere kam auch der junge René Maria Rilke (1875-1926) – so nannte er sich anfangs nach zweien seiner sechs Taufnamen – 1896 erstmals als Student nach München. In seiner Geburtsstadt Prag hatte er 1895 ein Studium der Fächer Philosophie, deutsche Literatur und Kunstgeschichte begonnen. Sein Debüt als junger Dichter, das er schon im Vorjahr mit seinem ersten Buch *Leben und Lieder* gab, war ihm jedoch wichtiger. Rilke stellte sich bei berühmten Dichtern seiner Zeit wie Richard Dehmel und Theodor Fontane brieflich vor – wobei er das Mißgeschick erlebte, daß ihn Fontane wegen seines zweiten Vornamens für eine Dame hielt – und versorgte Zeitungen und Zeitschriften mit einer Fülle von Beiträgen in Vers und Prosa. Ende 1895 erschien im Selbstverlag das erste von drei Heften der Zeitschrift *Wegwarten*, deren *Lieder dem Volke geschenkt* wurden und zwar buchstäblich: Rilke verschenkte die Hefte in Krankenhäusern und Handwerksvereinen. Vom Vater gedrängt, sein Studium einem soliden Brotberuf zu widmen, versuchte es Rilke im zweiten Semester mit der Rechtswissenschaft. Dabei geriet er aber, wie er später schrieb, *in die heftigste und ausdauerndste Auflehnung* und sah schließlich ein, daß er sich für seinen eigenen Beginn *ganz aus den Bedingungen der Familie und der Heimat* lösen müsse (an Xaver von Moos, 30.XII.1921). So kam er Ende September 1896, unterstützt von einem *Monatsgeld* seines Vaters, für zwei Semester nach München.

Hier bewohnt er zunächst in der Briennerstraße 48/0 zwei Zimmer und schreibt sich an der Universität für italienische

Kunstgeschichte der Renaissance, Ästhetik und sogar für die Theorie Darwins ein. Er erlebt den Fasching als *Carneval – Tagein, Tagaus, nachtauf, nachtab* – und zieht im Februar 1897 um in die Blütenstraße 8/I. In dieser ersten Zeit in München hat er zwei sehr unterschiedliche Begegnungen mit den Schriftstellern Wilhelm von Scholz (1874-1969) und Jakob Wassermann (1873-1934). Während ihn mit jenem das *parallele Bemühen* der Anfangszeit verbindet, lernt er von diesem den Wert der Arbeitsdisziplin und vor allem seinen Leitautor Jens Peter Jacobsen kennen. In der kaum verschlüsselten Novelle *Ewald Tragy* (1898; Erstdruck 1929/30) hat Rilke seine beiden Ratgeber aus dieser Zeit porträtiert. Der schwadronierende Kaffeehausliterat von Kranz alias von Scholz steht hier dem kritisch disziplinierten Dichter Thalmann alias Wassermann gegenüber. Die Schauplätze der Novelle sind, neben dem legendären Café Luitpold, besonders die ärmlichen Dichterklausen und ihr Umfeld; ihre Schilderung läßt die zum Teil sehr ernüchternden Bedingungen der Schwabinger Bohème erkennen.

So wirft die Quartiersuche des Helden ein helles Licht auf die damalige Wohnungssituation, die von einem heute kaum noch vorstellbaren Überangebot geprägt war. An Regenrinnen geklebte Zettel mit Logisangeboten übersteigen bei weitem die Nachfrage und lassen dem Helden die Qual der Wahl. Obwohl er gleich das erste Angebot ›*Frau Schuster, Finkenstraße 17, Hinterhaus parterre, Schreibtisch*‹ mehr als passabel findet, macht sich Ewald am nächsten Morgen daran, auch die anderen Angebote zu prüfen. Erst notiert er in sein Taschenbuch emsig die Vorzüge, dann kommen die ersten Warnungen, *zum Beispiel:* ›*kleine Kinder*‹ *oder* ›*Klavier*‹ *oder:* ›*Wirtshaus*‹. *Dann werden die Notizen immer karger und hastiger; seine Eindrücke verändern sich ganz seltsam.* Im Überdruß der erlebten Wirklichkeit armer Leute überläßt sich der Held ganz seinen neuen Empfindungen, hinter denen die konkreten Lebensbedingungen für die Angebote an den Regenrinnen sichtbar werden: *In gleichem Maße mit der Unfähigkeit seiner*

Augen wächst die Empfindlichkeit seiner Geruchsnerven, und um Mittag hat er diesen vernachlässigten Sinn soweit ausgebildet, daß ihm die Außenwelt einzig durch ihn mehr zum Bewußtsein kommt. Er denkt: Aha, Linsen, oder: Sauerkohl, und wendet sich schon auf der Schwelle um, wenn ihm irgendwo ein Wäschetag entgegenqualmt. Er vergißt ganz den Zweck seiner Besuche und beschränkt sich, einfach die Eigenart der einzelnen Atmosphären festzustellen, welche ihm aus den lächerlich kleinen Küchen, gleich losgelassenen Hunden, entgegenstürzen. Dabei rennt er heulende kleine Kinder um, lächelt den erzürnten Müttern dankbar ins Gesicht und versichert stumme Greise, die er irgendwo in einem Stubenwinkel aufstört, seiner besonderen Hochachtung.

Das ist ganz der frühe Rilke selbst: sensitiv und sozial, aufmerksam beobachtend, aber noch ohne konkrete Pläne. Der werdende Dichter erlebt das Echte nur in seiner eigenen, von der »Kunststadt« unabhängigen Empfindung: *Er geht in die Galerien, und die Bilder enttäuschen ihn. Er kauft sich einen ›Führer durch München‹ und wird müde dabei. Endlich sucht er sich so zu benehmen, als ob er jahrelang hier leben würde, und das ist nicht leicht. Er sitzt am Sonntag mitten unter den Philistern in einem Brauhausgarten und wandert hinaus auf die Oktoberwiese, wo die Buden und Ringelspiele aufgeschlagen sind, und fährt nachmittags in einer Droschke in den ›Englischen Garten‹. Da gibt es manchmal eine Stunde, die er nicht vergessen möchte. So zwischen fünf und sechs, wenn die Wolken auf dem hohen Himmel so phantastisch werden in Form und Farbe und sich plötzlich wie Berge hinter den flachen Wiesen des ›Englischen Gartens‹ aufbauen, so daß man denken muß: Morgen will ich auf diese Gipfel steigen. Und morgen ist dann Regentag und der Nebel liegt dicht und schwer über den endlosen Gassen.*

Lou Andreas-Salomé

Die wichtigste Begegnung dieser Zeit ist für Rilke die mit einer Frau. Am 14. Mai 1897 lernt der Einundzwanzigjährige bei einem Theaterbesuch die um vierzehn Jahre ältere Lou Andreas-Salomé (1861-1937) kennen, die seinen Werdegang entscheidend beeinflußt und fördert. Die hochgebildete Tochter eines russischen Generals, Freundin des Philosophen Friedrich Nietzsche (der ihr einen Heiratsantrag machte), Frau des Orientalisten Friedrich Carl Andreas und später Schülerin Sigmund Freuds, ist zu diesem Zeitpunkt bereits eine angesehene Schriftstellerin. Mit ihrer Freundin, der Afrikareisenden und ebenfalls schreibenden Frieda Freiin von Bülow (1857-1909), logiert Lou Andreas-Salomé seit Anfang des Jahres in den sogenannten ›Fürstenhäusern‹ der Schellingstraße. Rilke ist auf die berühmte Frau aufmerksam geworden und schickt ihr zunächst anonym Gedichte. An der Handschrift des ersten Briefes nach der Vorstellung durch Jakob Wassermann erkennt sie dann ihren anonymen Verehrer. Rilkes Werbung um die schöne, kluge Frau entwickelt eine solch schwärmerische Intensität, daß er Lou nicht nur für sich gewinnt, sondern mit ihr eine Liebe erlebt, die sein dichterisches Wesen elementar entfesselt:

Lösch mir die Augen aus: ich kann dich sehn, / wirf mir die Ohren zu: ich kann dich hören, / und ohne Füße kann ich zu dir gehn, / und ohne Mund noch kann ich dich beschwören. / Brich mir die Arme ab, ich fasse dich / mit meinem Herzen wie mit einer Hand, / halt mir das Herz zu und mein Hirn wird schlagen, / und wirfst du in mein Hirn den Brand, / so werd ich dich auf meinem Blute tragen. (Juli 1897, erstmals abgedruckt im *Stunden-Buch* 1905)

Ihre große Liebe findet einen Ort im Isartal von Wolfratshausen. Dort wohnen sie, der Etikette wegen, im Juni 1897 gemeinsam mit Freunden wie Frieda von Bülow und dem Kunstwissenschaftler und Architekten August Endell (1871-1925) im sogenannten »Lutzhäuschen«, das noch heute existiert, und im »Fahnensattlerhaus«, für das August Endell eine Fahne malt, die *Loufried* genannt wird; das Haus wurde 1972 abgerissen. Im Herbst kommt sogar Lous Mann zu Besuch, vor dem die beiden Liebenden ihre Gefühle zu verheimlichen wissen. Unter dem Einfluß seiner Freundin ändert Rilke in diesem Sommer seinen Vornamen René in Rainer um und formt seine Handschrift zu einer gleichmäßigen Kunstschrift aus.

Anfang Oktober 1897 reist Rilke mit Lou nach Berlin und nimmt dort seine erste Wohnung ganz in der Nähe des Ehepaars Andreas. Kurz darauf schreibt er an Josef Ruederer in München, er bleibe *nicht für lange* fort. Doch er kommt erst 1913 wieder.

Unterwegs

Dazwischen liegen zunächst zwei wichtige Reisen mit Lou in den Jahren 1899 und 1900 nach Rußland. Das Ende des Studiums und die Trennung von Lou steht am Beginn von Rilkes Zeit in Worpswede bei Bremen, einem weiteren künstlerischen »Vorort« wie Schwabing und Ascona. Auf dem »Barkenhof«, dem Besitz des Malers und Graphikers Heinrich Vogeler, lernt Rilke im August 1900 in der Bildhauerin Clara Westhoff (1878-1954) und der Malerin Paula Becker (1876-1907) zwei Künstlerinnen im Aufbruch kennen, mit denen ihn große Sympathie verbindet. Rilke und Clara Westhoff heiraten am 28. April 1901 und ziehen nach Westerwede bei Bremen; dort wird am 12. Dezember 1901 ihr einziges Kind, die Tochter Ruth, geboren. Doch der Plan, einen gemeinsamen künstlerischen Hausstand zu gründen, scheitert.

Rilke bestimmt darauf Paris zu seinem geographischem Zentrum während des nächsten Jahrzehnts. Im Atelier von Auguste Rodin arbeitet er an einer Studie über den Bildhauer, die 1903 mit großem Erfolg erscheint. Kurzfristig wird Rilke 1906 auch

Privatsekretär Rodins. Mit dem etwas brüsken Ende dieser Beziehung endet Rilkes Lehrzeit.

Das herausragende Ergebnis seiner Entwicklung in diesen Jahren ist die Sammlung *Neue Gedichte* (1907), in denen das lyrische Ich, im Gegensatz zum *Buch der Bilder* (1902) und dem *Stunden-Buch* (1905), immer mehr zugunsten des Ding-Gedichts wie dem berühmten *Panther* zurückgenommen wird. Neben den Briefen über Paul Cézanne sind besonders *Die Aufzeichnungen des Malte Laurids Brigge* (1910), der Roman von der Auflösung einer Welterfahrung in der Großstadt, der zweite große Ertrag dieser Zeit.

Ausgedehnte Reisen führen Rilke sodann nach Nordafrika, besonders nach Ägypten, und schließlich nach Duino an die Adria. Dort, im Felsenschloß der Fürstin Marie von Thurn und Taxis, entstehen 1912 die ersten beiden der zehn *Duineser Elegien*, die erst 1922 in der Schweiz während eines regelrechten Arbeitssturms vollendet werden.

WIEDER IN MÜNCHEN

Rilkes Zeit in München zwischen 1913 und 1919 beginnt zunächst wieder sehr privat. Den September 1913 über bis Anfang Oktober logiert er im Hotel Marienbad (Barerstraße 11); er hilft seiner Frau Clara und der Tochter Ruth bei der Einrichtung ihrer Wohnung in der Trogerstraße 50, in die die beiden Ende September einziehen. Auf einem psychoanalytischen Kongreß lernt Rilke in diesen Tagen durch Lou Andreas-Salomé Sigmund Freud kennen. Ein weiteres wichtiges Erlebnis dieses Monats ist der Besuch einer Vitrinen-Ausstellung der Wachspuppen von Lotte Pritzel (1887-1952), vermutlich in ihrem Atelier in der Kaulbachstraße 69, wo im übrigen zu diesem Zeitpunkt auch der Malerfürst Franz von Defregger (1835–1921) residiert und somit zwei denkbar verschiedene künstlerische Welten in Schwabing –

fast schon symptomatisch für die Epoche – Tür an Tür zu finden sind. Von dieser Ausstellung beeindruckt, schreibt Rilke Anfang Februar 1914, inzwischen wieder in Paris, den Aufsatz *Puppen. Zu den Wachs-Puppen von Lotte Pritzel*. Seine Gedanken zur *Puppenseele* allgemein und den filigranen Engel-Puppen der Lotte Pritzel im besonderen bereiten zentrale Motive seiner vierten Duineser Elegie vor, die Ende 1915 in München entstehen wird.

Im März 1914 weilt Rilke für einen kurzen Aufenthalt in München – dann bricht der Krieg aus und zwingt den Dichter die nächsten Jahre über – von wenigen Unterbrechungen abgesehen – in die nicht gerade geliebte Stadt, genauer: von Anfang August 1914 bis zur lang ersehnten Abreise in die Schweiz am 11. Juni 1919. Es ist eine Zeit der Zäsur und der Krise auch für Rilke, den eine *unruhige Seßhaftigkeit* (Hans Egon Holthusen) befällt. Im August 1914 zunächst wieder im Hotel Marienbad, reagiert er auf den Kriegsausbruch mit *Fünf Gesängen*. Zwar preist er den Krieg emphatisch zeitgemäß als *Gott* der wahren Empfindung, verhehlt jedoch nicht, daß diese Empfindung aus Schmerz besteht, daß die *Fahne* des Kriegs *Das schlagende Schmerztuch* ist.

Von Ende August bis Ende September 1914 versucht Rilke in der Fremdenpension Haus Schönblick in Irschenhausen sich zu erholen: *Landaufenthalt allein ist besonders heuer eine halbe Sache, da einem die Arglosigkeit fehlt, mit der Natur zu sein*, schreibt er ernüchtert an Lou Andreas-Salomé. In diesen Tagen begegnet Rilke im Haus Schönblick der französischen Malerin Lou Albert-Lasard (1885-1969), mit der ihn in der folgenden Zeit eine intensive Künstlerfreundschaft verbindet.

Durch die Schenkung von 20.000 Kronen eines zunächst Unbekannten – der Philosoph Ludwig Wittgenstein hatte sein Erbe an bedürftige Künstler und Dichter verteilt – ist Rilke vorerst seine bedrückenden Geldsorgen los. Seit Ende September 1914 logiert er in der Münchener Pension Pfanner Elisabeth Lodemann (Finkenstraße 2 – und damit auf den Spuren seines eigenen Helden Ewald Tragy von 1898) und richtet sich dort – in einer Arbeits- und Lebensgemeinschaft mit Lou Albert-Lasard – für die nächste Zeit ein; von einer kurzen Reise unterbrochen, bleibt er dort bis zum 14. Juni 1915. Da macht ein Bild von Picasso in seinem Leben Epoche.

WÄCHTER AM PICASSO
(WIDENMAYERSTRASSE 32)

Im Haus des Berliner Verlegers Samuel Fischer in Berlin hatte Rilke 1910 die westfälische Gutsbesitzerstochter, Lyrikerin und Kunstsammlerin Hertha Koenig (1884-1976) kennengelernt, die, nach der Scheidung von dem Universitätsprofessor Roman Wörner (und späteren Mentor von Oskar Maria Graf), seit Anfang Oktober 1913 als *Privatiere* in der Widenmayerstraße 32/III residierte. Dort sah Rilkes Arzt, der Privatdozent für Innere Medizin Dr. Wilhelm Freiherr Schenk von Stauffenberg (1879-1918) Anfang November 1914 Picassos Bild *Der Blinde*. Darauf aufmerksam gemacht, regte Rilke am 4. November Hertha Koenig an, ein weiteres Bild von Picasso zu erwerben, das er in der Galerie Thannhauser gesehen hatte: *Das große Bild bei Thannhauser, die ›Gaukler‹, haben mir diesen Maler mit einem Schlage bedeutend gemacht –, dieses Bild ist gewiß eines der entscheidenden Bilder unserer Malerei: können Sie's nicht retten und erhalten?*

Hertha Koenig rettet und erhält – und nimmt zugleich dem Galeristen Thannhauser einen schweren Stein vom Herzen, denn der hatte die Befürchtung, auf dem im März 1914 in Paris ersteigerten Bild *La famille des saltimbanques* (1905) des damals noch alles andere als arrivierten Picasso sitzenbleiben zu müssen; Hertha Koenig erwarb es für den Einkaufspreis.

Das Bild ist für Rilke Mahnung und Anspruch: *Ach, hätte man eine Stunde reiner Fassung –, vor diesem Bilde dacht ich's wieder sehnsüchtig – wie würde man mit dem hervorbringenden Herzen alles*

Grauen allen Wahnsinn überwiegen, der draußen geschieht, schreibt er am 15. Januar 1915 an Marianne Mitford. Die Zeit empfindet er als ein *gedrücktes Abwarten* und hofft, daß München keine allzulange *Episode* sein wird. Wichtige Anregungen empfängt Rilke dennoch im ersten Halbjahr 1915 durch Vorträge des Hölderlin-Forschers Norbert von Hellingrath aus dem George-Kreis und des ›Kosmikers‹ Alfred Schuler, der das Toten-Reich als einzige reale Existenzform betrachtet. Von Paul Klee leiht sich Rilke eine kleine Sammlung von Bildern (wohl Aquarelle der Tunis-Reise) aus und bringt sie persönlich wieder in die Ainmillerstraße 32 zurück.

Als Rilke im Juni, vermutlich aus finanziellen Gründen, sein Zimmer in der Pension Pfanner aufgeben muß und sich der Plan, ein kleines Haus am Ammersee zu beziehen, zerschlägt, fragt er bei Hertha Koenig an, *ob Sie mich rasch und still für eine Weile beim großen Picasso in der Widenmayerstraße würden aufnehmen und verbergen wollen? [...] Ich würde mich ›Wächter am Picasso‹ schreiben.* Hertha Koenig fragt ihre Mutter um Erlaubnis, sie wird gewährt – und so kann Rilke vom 14.Juni bis zum 11. Oktober 1915 mit seinem »Hausfräulein« *in diesem schönen Provisorium* wohnen und dessen *Segen* fühlen: *Es wohnt sich wunderbar in den weiten Zimmern, im Geräusch von Fluss und Baumwind, ich bin's noch nicht werth, denn noch versäum ich die gute Zeit ohne viel zu thun, aber das alles kann nicht anders, als auf gute Sammlung hinauskommen* (an Hertha Koenig, 26.VI.1915). Kurz darauf fühlt sich Rilke durch die Gemälde an den Wänden mit der Welt verbunden: *Und stellen Sie sich vor*, schreibt er am 9. Juli an Marie von Thurn und Taxis, *es hängt ein Marées in meinem Arbeitszimmer und, vor allem, ein ganz großer, der schönste bedeutendste Picasso, ein herrliches Bild, in dem französische Tradition: Watteau-Chardin-Manet mit der größten spanischen Haltung unbeschreiblich zusammenkommt. Cette voisinage m'ouvre presque, par moment, le monde – –.*

Aus dem Erlebnis der *Saltimbanques* in Verbindung mit der Pariser Artistengruppe des Père Rollin, die Rilke schon 1907 fasziniert beobachtet hatte, wird am 14. Februar 1922, am Ende des großen Elegien-Sturms vom Februar 1922 in Rilkes schweizerischem Refugium Muzot, die fünfte der *Duineser Elegien* entstehen, die *Frau Hertha Koenig zugeeignet* ist und mit der Frage beginnt: *Wer aber sind sie, sag mir, die Fahrenden, diese ein wenig/ Flüchtigern noch als wir selbst (...)?*

Im September 1915 zieht Rilke nach einem Jahr München eine erste, negative Bilanz; er fühlt sich weit zurückgeworfen, sieht sich gar als Anfänger und möchte die Stadt, wo der Anfänger nichts zähle, am liebsten verlassen. Zudem erfährt er vom Verlust seiner Habe in Paris, weil er dort die Miete schuldig geblieben war. Schließlich ist am 11. Oktober 1915 auch seine Zeit als *Wächter am Picasso* vorüber; Rilke berichtet traurig von seinem *heillosen Kukuks-Dasein*, das ihn kurzfristig wieder in die Finkenstraße 2 (Pension Pfanner) zurückführt.

AM ENGLISCHEN GARTEN (KEFERSTRASSE 2)

Doch auch Rilke hat Glück und kann Ende Oktober im Haus des Diplomaten und Schriftstellers Herbert Alberti und seiner Frau Renée Helene an der Keferstraße 11 (heute 2; Neubau) den ersten Stock beziehen: *Eine Zeitlang lebte er in einem Häuschen der Keferstraße, ganz nahe dem Englischen Garten, in einer Abseitigkeit, die in München möglich ist; der Bach, der vorbeifloß, die Blüte des Maitags, das rote, gelbe Blatt des himmlischen Oktobers war sein Vers – unmittelbar empfangen wie von Gott.*

So sah Wilhelm Hausenstein 1930 Rilkes neues Logis. Und tatsächlich entstehen in dem *stilleren entlegneren Haus* [...] *zwei, drei Sachen* von einiger Bedeutung (an Marie von Thurn und Taxis, 26.XII.1915). Thematisch ist Rilke zum einen intensiv mit dem Tod beschäftigt. Die drei Gedichte *Der Tod Moses*, *Der Tod* und das *Requiem auf den Tod eines Knaben* (gemeint ist der achtjährige Sohn von Else und Edgar Jaffé, dem Professor für

Villa Keferstraße 11 (heute Nr. 2, Neubau), 1910. Rilke wohnte hier in den Jahren 1915–1917

Nationalökonomie und späteren Finanzminister der Regierung Eisner) entstehen bis Mitte November. Einen großen Eindruck machen auf Rilke in diesem Monat aber auch die Arbeiten des Malers Karl Caspar (1879–1956) und seiner Frau Maria Caspar-Filser (1878–1968) mit ihrer religiösen Thematik; Rilke besucht das Ehepaar in der Elisabethstraße 38/IV und schickt zum Dank eine Abschrift von *Der Tod Moses*. Weniger bekannt sind sieben in diesen Tagen entworfene erotische Gedichte.

All diese Themen, Eindrücke und Erfahrungen bilden, zusammen mit dem Puppen-Aufsatz vom Vorjahr, die unmittelbare Umgebung für Rilkes vierte *Duineser Elegie*, die am 22. und 23. November in der Keferstraße entsteht. Sie ist, laut Katharina Kippenberg, Ausdruck des *tiefsten Tiefstandes* in Rilkes Leben. Die Elegie formuliert jedoch weit mehr, den Zwiespalt des Menschen mit der Natur (*Wir sind nicht einig*), mit sich selbst und dem Gegenüber (*Feindschaft ist uns das Nächste*) und sieht im Spiel der Puppe, an dem die Toten als Engel teilnehmen, die einzige Möglichkeit zur Aufhebung des Zwiespalts: *Engel und Puppe: dann ist endlich Schauspiel./ Dann kommt zusammen, was wir immerfort/ entzwein, indem wir da sind.* Die vierte *Duineser Elegie* ist Höhepunkt und zugleich Abschluß dieser Zeit. Bei einer Nachmusterung wird Rilke für tauglich erklärt und muß im nächsten halben Jahr im Wiener Kriegsarchiv Tabellen anlegen. Diesen Dienst kann er dank freundschaftlicher Interventionen im Juli 1916 quittieren.

Zurück in München – eine weitere langjährige Freundin, die Baronin Sidonie Nàdherny von Borutin, hat in der Zwischenzeit für Rilke die Miete weiterbezahlt –, empfindet der Dichter das *leere München also noch leerer, am Leersten*, aber eben deshalb wohltuender als das geschäftige Wien. Finanziell ist er wieder in großer Not; die Mittel der Wittgenstein-Stiftung sind bereits aufgebraucht, und bei seinem Verleger Anton Kippenberg steht er mit 2000 Mark in der Kreide. Ende des Jahres hält ihn ein *unerwartetes Erlebnis* (vermutlich mit einem jungen Mädchen) noch eine Weile in der Keferstraße, dann schlägt der Winter zu.

Anfang Februar 1917 *brach die Zerstörung des Frostes in meinem zu sommerlich gebauten Hause ein: geplatzte Wasserrohre, eingefrorenes Gas und jetzt, da der Schaden nach vielen Schwierigkeiten einigermaßen ausgeglichen ist, eine arge nachbleibende Nässe in den meisten Räumen, die sich, mangels ausreichender Kohlen, nicht vertreiben läßt. Ich bin sehr gestört dadurch, schlafe im Hotel* [Marienbad], *versuche täglich zuhause zu arbeiten, habe mir dabei aber eine lästige Erkältung geholt –, so können Sie sich denken, daß ich seufze und mich zu keinem raschen Gelingen hinsetzen kann*, schreibt er am 12. Februar 1917 an Katharina Kippenberg. Anfang Juli verläßt er endgültig die Wohnung in der Keferstraße, verstaut seine Habe auf einem Dachboden und beginnt seine letzte Deutschlandreise.

INS EIGENE (AINMILLERSTRASSE 34)

Von Mitte Dezember 1917 bis Anfang Mai 1918 logiert Rilke im Hotel Continental an der Ottostraße 6; der Winter *in diesem kleinen, von lauter Sorgen abgenutzten Hotelzimmer* wird ihm zur Pein, *Schwere und Schwermüthigkeit* verlängern seine Tage (an Marie von Thurn und Taxis, 30.III.1918). Wilhelm Hausenstein hat ihn dort besucht und schildert, wie sehr sich Rilke von der Umgebung separierte: *Das Zimmer war gegen jeden unerwünschten Schall geschützt; auch für das Ohr war Dämmerung. Die Worte gingen durch den Raum wie auf Sohlen von Samt. Jenseits des Lichtkreises der rosarot umwölbten Lampe, im Halbschatten drüben, stand der Schreibtisch mit einigen Büchern: sorgsam aufgeräumt, alles Entbehrlichen sich enthaltend, in der fühlbaren Improvisation ein Gleichnis zarter Endgültigkeit.* Nachfühlbar unerbittlich ist dagegen die Realität der Wohnungssuche, *die jetzt in jedem Schritt die Hemmung der Aussichtslosigkeit in sich trägt* (an Katharina Kippenberg, 14.I.1918).

Aber Rilke sucht offenbar zuversichtlich weiter, denn er fordert bereits sein Stehpult aus der Berliner Bendlerstraße an. Da eröffnet sich Mitte April die Aussicht, in der Ainmillerstraße *Ins Eigene* zu ziehen – und tatsächlich kann Rilke auf Vermittlung des österreichischen Diplomaten Paul Graf Thun-Hohenstein am 8. Mai mit seiner Haushälterin Rosa Schmid in das Haus Ainmillerstraße 34/IV einziehen, also in die unmittelbare Nachbarschaft zu Paul Klee (Ainmillerstraße 32) und zu Karl Wolfskehl (Römerstraße 16).

Der Blick aus dieser Wohnung, die den Schriftsteller Rudolf Kassner (1873-1959) an eine der Pariser Wohnungen Rilkes erinnerte, geht jedoch nicht, wie dort, auf alte Parkbäume hinaus, sondern auf Dächer. Innen umgibt sich Rilke wieder mit den Accessoires eines kostbaren Stillebens, bestehend aus einem Lehnsessel, einem Tisch mit Büchern, einem kleinen Sofa und einer, erst noch mit altem Stoff zu beziehenden, Bergère. *Der*

Haus Ainmillerstraße 34 mit der Gedenktafel für Rilke von Eberhard Luttner (1973)

Stehsekretär bewährt sich wundervoll, der Michelangelo liegt seit dem ersten Abend auf ihm groß aufgeschlagen – und nicht vergebens: In der ihm gemäßen Umgebung kommt Rilke mit den Übertragungen der Gedichte Michelangelos voran.

Etwas von der Atmosphäre dieser Wohnung vermitteln die Erinnerungen von Claire Studer (geb. Aischmann, 1891-1977), der späteren Frau des Dichters Ivan Goll (1891-1950). Im November 1918 begann zwischen ihr und Rilke eine intensive Liebesbeziehung. Der erste Besuch von *Liliane*, wie Rilke seine Freundin nach ihrem zweiten Vornamen nannte, wird von ihr so geschildert: *Im politisch-revolutionären Klima, das in München herrschte, wirkte Rilkes Wohnung wie eine schillernde Seifenblase, die über allem Aufruhr schwebte. [...] Rilke war ein Ästhet, in seiner Art sich zu kleiden ebenso wie in der Kunst sich einzurichten oder zu lieben. Auf alles, was er berührte, übertrug er Reinheit in seinem Sinne. Seine Wohnung bezeugte den Geschmack des verwöhnten Dichters. Das riesige Arbeitszimmer bot durch eine Glastür den Blick auf die Rückseite einer Kirche.* [Gemeint ist die Vorderseite der Ursula-Kirche.] *An den Wänden entlang standen Bücherschränke mit Glasscheiben, die kostbar gebundenen Bücher und eine ganze Glasmenagerie geblasener Figürchen bargen. Er arbeitete an einem Stehpult, das in einer Ecke aufgestellt war.* Und wenn er nicht arbeitete, dann wußte er zu bezaubern: *Während meines Aufenthalts bei ihm habe ich ihn nie arbeiten gesehen. Stundenlang, an seinem Stehpult oder auf den Knien vor der Bergère, auf der ich lag, las er mir mit volltönender Stimme seine Gedichte vor. Ich konnte ihm ganze Nachmittage zuhören, manchmal bis in die Nacht hinein. Es ist keiner Frau je gelungen, ihm zu widerstehen.*

Die Revolution vom November 1918 findet den Elfenbeintürmer Rilke mitten im Geschehen; er ist dabei, als Kurt Eisner am 6. November *in ein Brauhaus an der Theaterwiese* eine Versammlung einberuft, zu der so viele Menschen kommen, daß sie nachts unter freiem Himmel abgehalten wird. Am Abend darauf berichtet er seiner Frau Clara in einem berühmt gewordenen Brief von revolutionären Reden im Hotel Wagner (Sonnenstraße 21-23), wo er *im Dunst aus Bier und Rauch und Volk* Reden der Professoren Edgar Jaffé und des Soziologen Max Weber wie auch des Anarchisten Erich Mühsam und eines *blassen jungen Arbeiters* hörte, der für die Völkerverständigung mit Hilfe der sprachgewandten Professoren eintrat. Rilke läßt sich zwar nicht näher über die Themen der Reden aus, wird darin aber trefflich ergänzt durch Oskar Maria Graf (1894-1967) in seiner Autobiographie *Wir sind Gefangene* (1927). Dazu mehr im Schlußkapitel.

Während er am Vorabend der Revolution noch ins Konzert geht, beteiligt sich Rilke Mitte November mit Besprechungen und einer Ansprache konkret an den neuen Forderungen; er tritt dabei entschieden gegen Gewalt und für den Geist ein. *In seine Atelierwohnung in der Ainmillerstraße (kamen) so aktive Revolutionäre wie Toller, wie der Kommunist Kurella mit seinem jungen Kreis, kamen Schriftsteller und bürgerliche Männer, die es aufrichtig mit der Revolution meinten.* Doch wenn dabei, wie Oskar Maria Graf weiter beobachtet, die Männer Rilkes Redegestus übernehmen, wird die *eigentümliche Distanz* zwischen dem Dichter und den Revolutionären dadurch nur vertieft. Gerade weil sich Rilke engagiert für soziale Belange einsetzt – schon im Januar 1918 versuchte er Kurt Eisner für die Idee einer von Hertha Koenig gestifteten *Wohlfahrtseinrichtung* zu gewinnen und befürwortete im Winter 1918 die Gründung einer sozialistischen Lehrer-Zeitung –, sieht er bereits im Dezember 1918 das Scheitern der Revolution voraus, da sie *von einer so zufälligen und im Tiefsten unbegeisterten*

Minderheit erfaßt und ausgeübt worden sei (an Dorothea von Ledebur, 19.XII.1919). Die mangelnde Akzeptanz der Bevölkerung, den *Riß* zwischen den Revolutionären und dem *Volk*, konstatiert dann wieder konkreter Oskar Maria Graf im Gespräch mit Rilke auf dem nächtlichen Heimweg von einer revolutionären Versammlung.

Ein bezeichnendes Detail dazu noch am Rande: Viele der Freunde und Bekannten Rilkes kamen auch zu Hertha Koenig, die mit ihren Kunstschätzen seit Anfang Februar 1918 in der Leopoldstraße 8 wohnte. Als aktive Pazifistin öffnete sie ihre neue große Wohnung im November 1918 auch den *Edelkommunisten*, wie sie etwa den Maler Georg Schrimpf (1889–1938) und seinen Freund Oskar Maria Graf nannte. Während dessen Frau im Krankenhaus lag, brachte er sein kleines Kind, die sechs Monate alte Annemarie, zu Hertha Koenig und ließ es dort von ihr und einer Sängerin auf einem Schreibtisch wickeln, auf dem neben den Windeln Stefan Georges Gedichtband *Der Stern des Bundes* aufgeschlagen lag. Selten wohl fand eine dichterische Metapher Georges ungewollt so sehr ihre sinnvolle Bestätigung wie in diesen Tagen des Umbruchs. Graf wurde im übrigen, wie schon angedeutet, in dieser Zeit von Professor Roman Wörner, dem einstigen Ehemann Hertha Koenigs, unterstützt.

Die letzten Monate in München werden Rilkes letzte Monate in Deutschland. Er möchte weg, raus aus den *ungern gewohnten Gassen* und den *Zustand unerträglicher Zwiespältigkeit* beenden (an Elya Nevar, 4.I.1919), am liebsten mit einer schon länger geplanten Vortragsreise in die Schweiz. Doch er zögert, weil er weiß, daß ein Weggang jetzt *ein Abbruch* wäre, daß er *nicht mehr nach München zurückkäme* (an Marie von Thurn und Taxis, 13.I.1919), wie es sich auch tatsächlich verhalten wird. Da verzichtet er abrupt auf eine weitere gesellschaftliche Beteiligung, räumt demonstrativ sein Atelier um und rückt Schreibtisch und Stehpult besucherfeindlich in die Mitte des Zimmers.

Seine Schulden beim Verleger Kippenberg betragen zwar mittlerweile über 6.000 Mark, aber es besteht Aussicht auf Besserung, denn Rilkes Bücher sind alle wieder auf dem Markt und ihr Absatz ist so gut wie noch nie.

Im März 1919, zum Frühlingsanfang, verleiht Rilke seinem Münchener Verdruß noch einmal Ausdruck, nimmt in einem Brief an Annette Kolb seinen Abschied von der Stadt und schließt darin den Kreis, den sein Held Ewald Tragy eröffnete: *München ist so sehr zu Ende für mich, wie ein Buch, das ich zwanzigmal im Gefängnis vom Anfang bis zum Schluß durchgelesen hätte; es ist so völlig aufgebraucht, daß nicht einmal Wind, Himmel oder die kleinen Frühlingsversuche der Büsche des Englischen Gartens mir das Mindeste zu sagen haben.*

Aber noch kommt er nicht weg. Im Gegenteil: Die brutale Zerschlagung der Münchener Räterepublik vom April 1919 macht auch vor Rilkes Wohnung nicht halt; sie wird zweimal durchsucht: *Wer des Geistes verdächtig war, wurde von Gewehrkolben heimgesucht. Bei Rilke schlugen Kolben und Kommißstiefel eines Morgens um fünf Uhr an die Tür; er sei ein Bolschewist* (Wilhelm Hausenstein). Dieser, auch von Oskar Maria Graf und Ernst Toller bestätigten Version, Rilke habe München aus Abscheu gegen den weißen Terror verlassen, steht eine von Walther Mehring in Leopold Schwarzschilds Zeitschrift *Das Tagebuch* vom 15. August 1925 mitgeteilte mündliche Äußerung Rilkes entgegen, er sei nicht aus München vertrieben worden, sondern freiwillig gegangen. Wie auch immer: Rilkes Wohnung bot zuletzt keinen Schutz mehr, erst recht nicht für den steckbrieflich gesuchten Ernst Toller, der die Wohnung zur Zeit der Räterepublik ausdrücklich geschützt hatte. In seiner Autobiographie *Eine Jugend in Deutschland* (1933) läßt Toller Rilke bedauern: *Ich bin sehr betrübt, bei mir sind Sie nicht sicher, zweimal schon wurde mein Haus durchsucht. Sie hatten meine Wohnung unter den Schutz der Räterepublik gestellt, ich vergaß, den Anschlag zu entfernen, das wurde mir zum Verhängnis. Vor zwei Tagen war die Polizei wieder*

Gedenktafel für Rainer Maria Rilke von Eberhard Luttner am Haus Ainmillerstraße 34 (1973)

da. Detektive haben beim Photographen eine Mappe gefunden, in der Ihr Bild neben meinem lag. Dieser Zufall war der Anlaß zu neuer Verfolgung (Kap. XII). Wenn Rilke auch Ernst Toller nicht helfen kann, so setzt er sich doch nachdrücklich für die Freilassung des inhaftierten Oskar Maria Graf ein, der, wie Rilke in einem Brief an den Rechtsanwalt Ernst Seidenberger am 19. Mai 1919 schreibt, *als Mensch wie als Schriftsteller von den reinsten und humansten Absichten erfüllt* sei. Und unter Bezug auf die oben geschilderte Versammlung im Hotel Wagner am Vorabend der Revolution fährt Rilke fort: *Oskar M. Graf's einziger Versuch, sich an die Menge zu wenden (in jener Versammlung vom Anfang Dezember* [richtig: November] *1918) verräth, wie sehr der Weg rein menschlicher Verständigung seinem Ideale entsprach.*

Am 11. Juni 1919 kann Rilke endlich auf die lang ersehnte Vortragsreise in die Schweiz gehen: *Für wie lange, ist noch unbestimmt*, schreibt er an die Fürstin Taxis; doch der Abschied von München ist zugleich der Abschied von Deutschland, und er ist für immer. Bereits drei Jahre nach seinem Tod wird 1929 in München-Laim eine Straße nach Rilke benannt. Eine Gedenktafel mit einem der Totenmaske Rilkes nachempfundenen Portrait weist seit 1973 auf den ehemaligen Mieter im Haus Ainmillerstraße 34 hin.

ORTE DER GEWALT
Revolution der Schriftsteller in München 1918/19

Zur Topographie der Schwabinger Bohème um 1900 gehören – nach den Ateliers und Pensionszimmern, den Caféhäusern und Kabaretts – schließlich auch die Orte der Gewalt in der Stadt und außerhalb nach der Revolution vom November 1918. Gemeint sind Straßen, Häuser, Keller, aber auch Gefängnisse und Festungen als Schauplätze brutaler Gewalt und Rechtlosigkeit. Gemeint ist konkret die Promenadestraße (heute Kardinal-Faulhaber-Straße), wo am 21. Februar 1919 der erste bayerische Ministerpräsident, der einundfünfzigjährige Schriftsteller und Journalist Kurt Eisner auf dem Weg zu seiner Demission im Landtag (damals in der Prannerstraße) durch das Attentat des Grafen von Arco (1897-1945) ermordet wird. Im Gegenzug verübt das Mitglied des Revolutionären Arbeiterrates, der Schankkellner Alois Lindner, im Landtag sofort ein Attentat auf Eisners Gegenspieler Erhard Auer (SPD), verletzt ihn schwer und erschießt außerdem den Major Paul Ritter von Jahreiß; von einem zweiten Schützen wird dabei auch der Abgeordnete der Bayerischen Volkspartei Heinrich Osel getötet.

Der USPD-Politiker Kurt Eisner war langjähriger Redakteur des sozialdemokratischen *Vorwärts*, Biograph Wilhelm Liebknechts (1900) und gründete im Ersten Weltkrieg als freier Schriftsteller in München die *Neue Zeitung* als Organ der USPD. Wohnhaft in Großhadern, Lindenallee 8, hatte er am 7. November 1918 die Republik Bayern ausgerufen und war am Tag darauf vom zuvor gebildeten Arbeiter-, Bauern und Soldatenrat zum Ministerpräsidenten und Außenminister der Revolutionsregierung gewählt worden. Die Wahlen im Februar wurden von ihm und der USPD jedoch aussichtslos verloren. Bei dem Attentat in der Promenadestraße, etwas über einen Monat nach den Morden an Rosa Luxemburg und Karl Liebknecht in Berlin, starb mit Kurt Eisner der *erste wahrhaft geistige Mensch an der Spitze eines deutschen Staates,* wie ihn Heinrich Mann in der Gedenkrede am 16. März 1919 mit vollem Recht bezeichnete, als er ihm zugleich *den ehrenvollen Namen eines Zivilisationsliteraten* gab. Seit dem 7. November 1989 erinnert ein Bodendenkmal in der Kardinal-Faulhaber-Straße an die Stelle seiner Ermordung.

Wie anders wäre das Schicksal Deutschlands entschieden worden, hätte der geistige Mensch es mitgestalten können! So Heinrich Mann in der gleichen Rede. Bald nach dem Tod Eisners versuchten Anfang April 1919 die Schriftsteller Gustav Landauer, Erich Mühsam und Ernst Toller mit der Ausrufung der Räterepublik Bayern ihre sozialen Ideale in politische Wirklichkeit umzusetzen. Aber die erneuerten reaktionären militaristischen Kräfte metzelten sinnlos brutal und auch strategisch völlig überflüssig bei der Zerschlagung der Räterepublik im Mai und Juni 1919 in München Hunderte von Menschen wahl- und rechtlos nieder.

Eines der ersten Opfer wurde im Gefängnis Stadelheim auf bestialische Weise der Schriftsteller und führende deutsche Anarchist Gustav Landauer (1870-1919), *in dem die deutsche Revolution einen ihrer reinsten Menschen, einen ihrer großen Geister verlor* (Ernst Toller). Als Kulturtheoretiker und Sprachkritiker hatte Landauer die Vorstellung eines anarchistischen Sozialismus entwickelt, der sich entschieden sowohl gegen kapitalistische als auch gegen marxistische Herrschaftsformen wandte. Zwischen 1893 und 1899 war Gustav Landauer Mitherausgeber der Zeitschrift *Der Sozialist. Organ für Anarchismus* in Berlin, die von 1909 bis 1915 als Halbmonatsschrift unter Landauers Leitung als *Organ des Sozialistischen Bundes* wieder erschien. Der Freund Martin Bubers und Erich Mühsams arbeitete mit seiner Frau, der Lyrikerin Hedwig Lachmann (1865-1918), auch als Übersetzer von Oscar Wilde, George Bernard Shaw und Walt Whitman. Er übertrug zudem *Meister Eckarts mystische Schriften in unsere Sprache*

(1903) und hielt vielbeachtete Vorträge über die Dramen Shakespeares. Von Eisner nach München gerufen, versuchte Landauer im Rätesystem seine Vorstellungen politisch zu verwirklichen. Eisners Wahlniederlage und erst recht seine Ermordung bestärkten Landauer in dem Versuch, jetzt ganz auf die Räte zu setzen. Am 7. April 1919 konnte er seinem Freund Fritz Mauthner schreiben: *Die Bayrische Räterepublik hat mir das Vergnügen gemacht, meinen heutigen Geburtstag zum Nationalfeiertag zu machen. Ich bin nun Beauftragter für Volksaufklärung, Unterricht, Wissenschaft, Künste und noch einiges. Läßt man mir ein paar Wochen Zeit, so hoffe ich, etwas zu leisten; aber leicht möglich, daß es nur ein paar Tage sind, und dann war es ein Traum.* Es waren tatsächlich nur ein paar Tage bis zum 13. April und dem Palmsonntagsputsch der konservativen Sozialdemokraten, denen wiederum noch am gleichen Tag die Kommunisten das Heft für zwei Wochen aus der Hand nahmen, bevor die sogenannten Weißen Garden die bayerische Räterepublik endgültig und nachhaltig zerstörten. Landauers Traum endete unter tödlichen Schlägen und Schüssen verhetzter Soldaten auf dem Stadelheimer Gefängnishof.

Ebenfalls in Stadelheim wurde am 5. Juni 1919 der russische Sozialrevolutionär und Kommunist Eugen Leviné (1883-1919) standrechtlich erschossen. Er hatte die zweiwöchige kommunistische Räterepublik vom 13. April bis zum 1. Mai geleitet und sah seine Verurteilung wegen »Ehrlosigkeit« in direktem Bezug zu den Ermordungen von Karl Liebknecht und Rosa Luxemburg: *Wir Kommunisten sind alle Tote auf Urlaub*, so lautete einer seiner Schlußsätze vor Gericht. Dieses Wort eines französischen Offiziers vor dem Kriegsgericht war im übrigen der Leitsatz Kurt Eisners während der Untersuchungshaft im September 1918; das Wort leitet Eisners *Gesammelte Schriften* (Bd. 1, 1919) ein.

Weitere Orte der Gewalt sind Festungen wie die in Niederschönenfeld bei Rain am Lech, wo Erich Mühsam, Ernst Toller und viele ihrer politischen Freunde mehrere Jahre unter grausamsten Bedingungen verbringen mußten. An diesen Orten der

Gewalt scheiterten über den Krieg hinweg bewahrte Ideale und Utopien, kollektiv und solidarisch eine Wende zum Besseren zu schaffen; sie scheiterten an der gleichen unterwürfigen, autoritätsabhängigen Mentalität, die den Krieg überhaupt durchführbar gemacht hatte und jetzt alles daran setzte, die Bedingungen für den zweiten zu schaffen.

Die Epoche hat sich gründlich gewandelt. Nur zwanzig Jahre ist es her, da Frank Wedekind wegen »Majestätsbeleidigung« auf der Festung Königstein bei Dresden seine Gefängnisstrafe absitzen mußte und dabei sein Drama *Der Marquis von Keith* überarbeiten konnte. Nach der Revolution vom November 1918 gibt es zwar offiziell keine Majestät mehr, aber die völlig überzogenen ausdrücklichen Strafaktionen der Militärdiktatur ersetzen den verlorenen Despotismus der vier Kriegsjahre vollständig. Damit beginnt in der »Kunststadt« München die Entwicklung zum Nationalismus, zur Protektion Hitlers und schließlich zur »Hauptstadt der Bewegung«.

Hinter der Tapetentür: Ernst Toller

Einen Tag vor Levinés Ermordung war der junge Dramatiker Ernst Toller (1893-1939) im Schwabinger Schlößchen Suresnes bei einer Razzia festgenommen worden. Toller hatte als oberster Repräsentant der ersten Räterepublik und als Abschnittskommandeur der Roten Armee bei Dachau ebenfalls mit dem Todesurteil zu rechnen. Durch Intervention mehrerer Schriftsteller wie Björnstjerne Björnson, Max Halbe und Thomas Mann sowie durch viele Zeugnisse für seine pazifistisch-humane Einstellung gerade im Kampf gegen die Weißen Garden wurde Toller jedoch »nur« zu fünf Jahren Festungshaft verurteilt.

Tollers Weg aus einer antisemitisch bedrohten Jugend – er war der Sohn eines jüdischen Händlers im westpreußischen Markt Samotschin – über den zuerst emphatisch als Assimilationsmöglichkeit begrüßten Ersten Weltkrieg bis zum entschiedenen Pazifisten und Revolutionär ist in seiner Autobiographie *Eine Jugend in Deutschland* (1933) eindrucksvoll dargestellt. Das Buch ist ein unverzichtbares Dokument zum Verständnis der Epoche.

Nach einem vollständigen physischen und psychischen Zusammenbruch war Ernst Toller als nicht mehr kriegstauglich zum Studium an die Universität München beurlaubt worden. Von Januar bis Oktober 1917 wohnhaft in der Akademiestraße 11/0, gehörte Toller im Sommer zum Kreis um den »Theaterprofessor« Artur Kutscher und machte die Bekanntschaft von Rainer Maria Rilke und Thomas Mann. Zugleich begann er mit seinem ersten Drama *Die Wandlung. Das Ringen eines Menschen* (1919), einem der ersten und bedeutendsten expressionistischen Verkündigungsdramen vom »neuen Menschen«, das im Februar und März 1918 im (vor wenigen Jahren abgerissenen) Militärgefängnis an der Leonrodstraße vollendet wurde. Toller nimmt darin seinen eigenen Weg vom pathetischen Idealisten zum politischen Aktivisten vorweg. Der Schlußchor lautet: *Brüder recket zermarterte Hand,/ Flammender freudiger Ton!/ Schreite durch unser freies Land / Revolution! Revolution!*

Angezogen von dem Soziologen Max Weber, ging Toller im Herbst 1917 nach Heidelberg, machte Ende des Jahres die Bekanntschaft mit Kurt Eisner und unterstützte im Januar 1918 dessen Aufruf zum Streik der Munitionsarbeiter in München. Toller wurde deshalb inhaftiert, kam in das Militärgefängnis an der Leonrodstraße und in das nicht weit davon entfernte Militärlazarett.

Im Sommer 1918 besuchte Toller Gustav Landauer in seinem schwäbischen Wohnort Krumbach. Einer Behandlung in der Psychiatrischen Universitätsklinik München durch Professor Emil Kraepelin folgte im September 1918 die Entlassung aus dem Heer. Nach der Ausrufung der Bayerischen Republik am 7. November 1918 durch Kurt Eisner stieg der fünfundzwanzigjährige Toller zum 2. Vorsitzenden des Vollzugsrates der bayerischen Arbeiter-, Bauern- und Soldatenräte auf und war damit zugleich Mitglied des provisorischen Nationalrates.

Das politische Chaos nach der Ermordung Kurt Eisners mündete am 7. April 1919 in die Proklamation der Räterepublik Bayern. Ihr Sitz war im einstigen Wittelsbacher Palais an der Ecke Türken-/Briennerstraße. Am Neubau der Bayerischen Landesbank, Briennerstraße 20, erinnert heute eine etwas versteckte Gedenktafel an den einstigen Gärtner-Bau (1848), den *Alterssitz* König Ludwigs I. (1848-1868), die *Wohnstätte* König Ludwigs III. (1887-1918), den *Tagungsort des Aktionsausschusses der Räterepublik* (1919) und an das *Dienstgebäude der Geheimen Staatspolizei* während *der NS-Gewaltherrschaft*. Das Gebäude schräg gegenüber dem heutigen *Platz der Opfer des Nationalsozialismus* mit der mahnenden Flamme zerstörten Bomben 1944; einer der beiden Portallöwen des Palais wurde dabei nur leicht beschädigt und fand in Schwabing neben dem Eingang zur Katholischen Akademie, zu der heute das Schlößchen Suresnes gehört, einen neuen Platz. Die Herkunft des Löwen verharmlost dort eine Tafel mit dem Namen Swapilo, des legendären Gründers von Schwabing.

Die Räterepublik war eine Angelegenheit von Tagen. Ernst Niekisch (1889–1967), der Vorsitzende des Revolutionären Zentralrats, trat nach ihrer Ausrufung sofort zurück; das Unternehmen hatte in seinen Augen nicht die geringste Aussicht auf Erfolg. Sein Nachfolger wurde am 8. April Ernst Toller; sechs Tage später war er nach dem sozialdemokraktischen bzw. kommunistischen Putsch schon wieder abgesetzt und zum Abschnittskommandeur der Roten Armee bei Dachau ernannt. Dort schlug er sich erfolgreich und ehrenhaft, wendete sich im folgenden entschieden gegen alle Formen von Rachejustiz, verhinderte die Erschießung des Eisner-Mörders Graf von Arco sowie des SPD-Politikers Auer und befreite nach dem fatalen Geiselmord an Mitgliedern der ultranationalistischen und aristokratischen *Thule-Gesellschaft* (dem »Orden für deutsche Art« mit dem Hakenkreuz als Symbol) im Luitpold-Gymnasium die

Steckbrief Ernst Toller, Bayerisches Polizeiblatt 15. Mai 1919

Hinter der Tapetentür: Das Versteck Ernst Tollers im Atelier von Hans Reichel, Mai/Juni 1919

restlichen Inhaftierten. Diese pazifistischen Aktionen Tollers trugen später wesentlich zu dem vergleichsweise milden Urteil gegen ihn bei. Denn gerade der Geiselmord hatte den Weißen Garden das Signal zum Sturm auf München gegeben; und nach Toller wurde per Steckbrief gefahndet.

Im Kapitel *XII. Flucht und Verhaftung* seiner Autobiographie schildert Toller den dreiwöchigen Aufenthalt vor seiner Verhaftung *in einem Gartenhaus Schwabings*. Gemeint ist das Schlößchen Suresnes, wo Toller bei dem Maler Hans Reichel (1892-1958) und dessen Frau Olga Aufnahme fand. Sein Versteck war hier *die Kammer eines vorgebauten Erkers,* nach den polizeilichen Angaben etwas über einen Meter lang, einen halben Meter breit und zwei Meter hoch; den Zugang bildete eine Tapetentür, die mit Bildern vollständig verhängt werden konnte. Zusätzlich hatte Toller sich die Haare rot gefärbt und sich einen Schnurrbart wachsen lassen.

Doch am Morgen des 4. Juni 1919 kurz nach vier Uhr wird Toller aufgrund einer Denunziation entdeckt und verhaftet. Die Verhaftung selbst verläuft hochdramatisch, von Toller in seinem Buch als Szene eines expressionistischen Dramas dargestellt. Als ihm kein Ausweg mehr bleibt, öffnet Toller selbst die Tür seines Verstecks und stellt sich. Durch diesen Überraschungscoup – seine Verfolger erkennen ihn zunächst nicht – gewinnt er Zeit, ruhig und gemessen Panik und sofortige Erschießung »auf der Flucht« zu verhindern. Er wird verhaftet und abgeführt; auch Hans Reichel muß ins Gefängnis. Der Polizeibericht von der Verhaftung erwähnt, welche Räume sonst noch untersucht wurden: *Neben der Reichel'schen Wohnung befindet sich auch ein Arbeitszimmer des Kunstmalers Klee – Näheres u. Wohnung nicht bekannt – . In diesem Zimmer fanden sich verdächtige Sachen nicht vor.*

Tollers Kapitel schließt mit einer bezeichnenden Szene in der Luitpoldstraße hinter dem Justizpalast. Dort sieht den schwerbewachten Gefangenen zu dieser frühen Stunde eine alte Frau auf dem Weg in die Kirche: – *Habt ihr ihn? schreit sie, sie senkt den Blick zu Boden, läßt betend den Rosenkranz durch die Finger gleiten, dann, an der geöffneten Kirchentür, kreischt der zerknitterte Mund: – Totschlagen!*

Ernst Toller wird zu fünf Jahren Haft verurteilt. In der Haft entwickelt er sich zu einem der wirkungsvollsten expressionistischen Dramatiker der zwanziger Jahre. So entsteht in der Festung Eichstätt im Oktober 1919 das Drama *Masse-Mensch* (1921), dessen zentrale, auf die Münchener Räterepublik bezogene Frage, ob man eine Revolution ohne Gewalt durchführen könne, verneint wird. Seit Februar 1920 ist auch Toller in die Festung Niederschönenfeld bei Rain am Lech verbracht, wo die meisten verurteilten Räterepublikaner inhaftiert sind: *In der sumpfigen, nebligen Ebene zwischen Lech und Donau liegt der dreiflüglige, nüchterne Zellenbau mit seinen kahlen Höfen, seinen hohen Mauern.* So erinnert Toller in seiner Autobiographie den Ort, wo er die Dramen *Die Maschinenstürmer* (1922) und *Der deutsche Hinke-*

mann (1923) schreibt. In einer Umgebung despotischer Menschenverächter gelingt Toller schließlich mit dem *Schwalbenbuch* (1924) nicht nur eines der schönsten Tiergedichte der deutschen Literatur; der Hymnus auf das in seiner Zelle nistende und brütende Schwalbenpärchen ist letztlich der Triumph des Lebens und der Liebe über eine Lagerleitung, die nach Erscheinen des hinausgeschmuggelten Textes nichts eiliger zu tun hat, als in Niederschönenfeld allen Schwalben die Nester zerstören zu lassen. Kurze Zeit später bieten die bayerische Justiz und renommierte Münchener Großbürger dem Festungsgefangenen Adolf Hitler für seinen Putschversuch vom 9. November 1923 in Landsberg am Lech beste Haft- und Arbeitsbedingungen.

Nach seiner Entlassung im Juli 1924 ist Toller als Dramatiker besonders durch seine Zusammenarbeit mit Erwin Piscator in Berlin erfolgreich. Den internationalen PEN-Club kann er bald nach der Machtübernahme der Nazis zur entschiedenen Stellung gegen das Hitler-Regime aufrufen. Unbeirrt setzt Toller in den dreißiger Jahren sein kulturpolitisches Engagement fort. An seiner immer größeren psychischen Labilität scheitert jedoch seine 1935 mit Christiane Grautoff in London geschlossene Ehe drei Jahre später. In einem letzten großen Aufruf versucht Toller im August 1938, internationale Hilfe für das im Bürgerkrieg verhungernde Spanien auf beiden Seiten der Front zu mobilisieren. Kurz bevor Toller sogar Präsident Roosevelt für seinen Plan gewinnen kann, geht General Franco Anfang April 1939 aus dem Krieg in Spanien als Sieger hervor; Tollers Projekt ist gescheitert. Am 22. Mai 1939 nimmt sich Ernst Toller in einem New Yorker Hotelzimmer das Leben. Die amerikanische Journalistin Dorothy Thompson schrieb in ihrem Nachruf: *Man wird sagen, Hitler habe ihn getötet. Das ist wahr genug. Aber man verlange nicht Haß von dem, der in sich keine stahlharte Kraft zu hassen hatte. Sein Schicksal war es, die Welt und die Menschheit zu lieben, und das höchst unglücklich.*

WAR EINMAL EIN REVOLUZZER
Erich Mühsam

Einer der bekanntesten Stammgäste im Café Stefanie war Erich Mühsam (1878-1934), in Personalunion Dichter, Anarchist, Humanist und Revolutionär. Viel unmittelbarer noch als Toller und viel brutaler wurde auch Mühsam ein Opfer Hitlers, ermordet 1934 im Konzentrationslager Oranienburg von bayerischer SS. Umstellt von Klischees – Musterbohèmien mit wildem Haar und Bart sowie Pumpgenie für die einen; Jude, *Hetzapostel* und *Hochverräter* für die anderen –, eignete sich Mühsam wie kein zweiter politischer Künstler für die geistfeindlichen Totschläger als Feindbild. So steht Mühsam auch prototypisch in einer Erinnerung von Heinrich Mann an einen Auftritt Hitlers im Café Stefanie: *Das Literaturcafé mußte es sein. Er hat, ein träges Untalent, seine Leiblichkeit gescheuert an den Intellektuellen, die er beneidete, haßte, die er nachher umbrachte. Keine Fremden: eben die Gäste derselben Tische, zwischen denen hindurch er nach dem Telephon gestolpert war, zu unsicher, um sich bei ihnen niederzulassen, die tötete er. Ein noch gräßlicherer Anblick verfolgt mich nicht als das Bild des toten Erich Mühsam – Stammgast im Stephanie* (Ein Zeitalter wird besichtigt, 1945).

Am Lebensweg von Erich Mühsam kann der Epochenwandel um 1900 durch die Vielzahl seiner ganz unterschiedlichen Beziehungen besonders gut nachvollzogen werden. Zugleich wird dabei ein Dichter sichtbar, der mit jedem seiner witzigen und ideologiefreien Worte einen Humanismus vermittelte, der den mit allen Mitteln des Geistes bekämpften Gegner immer vor allem als Menschen achtete.

Widerspenstig

Seinen *Gesang der Intellektuellen* (1925) leitet Erich Mühsam mit Versen ein, die als Motto über seinem ganzen Tun stehen könnten:

Rr-r-revolution/ macht man nur mit Liebe./ Weist den Hetzer von der Schwelle./ Nur der Intellektuelle/ kennt das Weltgetriebe.

In all seinen Äußerungen und Aktionen läßt sich bei Mühsam dieser eine zentrale, aufklärerisch-revolutionäre Impuls erkennen. Ob in Schüttelreimen oder Nonsensversen, in Appellen und Klagen, in Reden und Proklamationen, immer ist Mühsams Anliegen klar erkennbar, das ein Gedicht von ihm so benennt:

Ich weiß von allem Leide, fühl alle Scham/ und möchte helfen aller Kreatur./ Der Liebe such ich aus dem Haß die Spur,/ dem Menschenglück den Weg aus Not und Gram (...).

Erich Mühsam wußte, wovon er sprach, hatte er sich doch selbst aus einer furchtbar verprügelten Jugend befreien müssen. Der in Berlin geborene Sohn eines jüdischen Apothekers wuchs – wie Heinrich und Thomas Mann – in Lübeck auf, wo er als Gymnasiast auch die junge Franziska zu Reventlow aus der Ferne bewunderte. Die väterlichen Prügel für das heimliche nächtliche Schmökern in Klassikern wie Wieland, Goethe, Kleist und Jean Paul aus dem elterlichen Bücherschrank oder für das Stibitzen einiger Pfennige als Taschengeldersatz ließen den Jungen ebensowenig seinen Anlagen nach zur Entfaltung kommen wie das Unverständnis ihm gegenüber auf dem Gymnasium. Die Folgen waren *Widerspenstigkeit, Faulheit, Beschäftigung mit fremden Dingen* (Selbstbiographie, 1919). Als der junge Mühsam einige Schulinterna an die sozialdemokratische Zeitung weitergibt, hat der Skandal seinen Rausschmiß wegen *sozialistischer Umtriebe* zur Folge. Auch das eigene Schreiben ist gleich zu Beginn Ausdruck seiner Revolte als Widerstand gegen die privaten und gesellschaftlichen Repressionen. Im Unterschied zu anderen Jugendlichen entwickelt Erich Mühsam diese Revolte jedoch zum Lebensprinzip.

Den Schulabschluß – Obersekunda, wie Thomas Mann – holt Mühsam in Mecklenburg nach und schlägt sich eine Weile als Apothekerlehrling und -gehilfe herum, bevor er als freier Schriftsteller in Berlin sein eigenes Leben beginnt. Er schließt sich 1901 der *Neuen Gemeinschaft* der Gebrüder Hart an, lernt die Dichter Paul Scheerbart und Peter Hille kennen und arbeitet als Redakteur an der Zeitschrift *Der arme Teufel* (1902-1904) – nomen est omen für den notorisch abgebrannten Mühsam. Entscheidend ist die Begegnung mit Gustav Landauer, der ihm theoretisch das erklärt, was ihm praktisch schon längst klar war: *Ich war Anarchist, ehe ich wußte, was Anarchismus ist; ich war Sozialist und Kommunist, als ich anfing, die Ursprünge der Ungerechtigkeit im sozialen Betriebe zu begreifen. Die Klärung meiner Ansichten verdanke ich meinem Freunde Gustav Landauer; er war mein Lehrer, bis ihn die weißen Garden ermordeten* [...] (Selbstbiographie, 1919).

Schreiben als klärender Lebensreflex und politische Agitation als programmatischer Widerstand bestimmen Mühsams nächste Jahre und seine ersten Schriften. Gleich mit seinem ersten Buch geht er ein Tabu an, das damals noch ungleich größer war als heute: *Die Homosexualität* (1903). Aber solche Themen wie auch sein erster Gedichtband *Die Wüste* (1904) zwischen Philisterspott und Sprachspiel bringen nicht viel ein; Mühsam pumpt sich durch die Tage: *Wer pumpt mir noch? Wer pumpt mir noch? Wer pumpt mir einen Taler noch?* fragt das Gedicht *Im Bruch* (1911). Er gehört zum *Lumpenpack*, wie er im *Lumpenlied* (1912) in solidarischem Protest gegenüber dem ausbeuterischen Bürger bekennt. Alternative Lebensformen lernt er in Ascona am Monte Verità kennen, kritisiert sie aber in seinem Buch *Ascona* (1905) als dilettantisches Unternehmen ohne die *Basis einer revolutionär-sozialistischen Tendenz;* nur mit Pflanzenkost sei keine Lebensreform zu erreichen. Dagegen hält er 1906 in Karl Kraus' Wiener

Zeitschrift *Die Fackel* eine radikalisierte soziale Auffassung von der Bohème, die er politisch als Anarchist ergänzt: *Verbrecher, Landstreicher, Huren und Künstler – das ist die Bohème, die einer neuen Kultur die Wege weist.*

DER REVOLUZZER

Caféhäuser, Künstlerkneipen und die Kabarettbühnen in München und Wien sehen Mühsam jetzt als Gast und Akteur, wobei sein Witz auch selbstparodistisch wirkt, wenn er vom *Anarchisterich* kündet: *War einst ein Anarchisterich, der hatt' den Attentatterich.* Hans Bötticher, der spätere Joachim Ringelnatz, erlebt bei einem seiner ersten Besuche in Kathi Kobus' Künstlerkneipe *Simplicissimus* Erich Mühsam beim Vortrag seines vielleicht berühmtesten Gedichtes. Im Hinterzimmer des Lokals sitzen *Künstler, Studenten, Mädchen, elegante Herrschaften […] eng gepreßt um weißgedeckte Tische. Auf einem dieser Tische stand ein schmächtiger Mann mit wildem Vollbart, stechenden Augen und feinen Händen. Der trug ein Gedicht vor: ›War einmal ein Revoluzzer.‹*

Das ist der erste Vers des Gedichts *Der Revoluzzer* (1907). Obwohl das Wort von Mühsam selbst stammt und so treffend auch auf ihn selbst paßt, übt es doch entschieden Kritik an der aus anarchistischer Sicht zu zaghaften revolutionären Haltung der deutschen Sozialdemokratie, der das Gedicht schon 1907 ausdrücklich gewidmet ist:

War einmal ein Revoluzzer, / Im Zivilstand Lampenputzer; / Ging im Revoluzzerschritt / Mit den Revoluzzern mit. // Und er schrie: ›Ich revolüzze!‹ / Und die Revoluzzermütze / Schob er auf das linke Ohr, / Kam sich höchst gefährlich vor.// Doch die Revoluzzer schritten / Mitten in der Straßen Mitten, / Wo er sonsten unverdrutzt / Alle Gaslaternen putzt. // Sie vom Boden zu entfernen, / rupfte man die Gaslaternen / Aus dem Straßenpflaster aus, / Zwecks des Barrikadenbaus. // Aber unser

Revoluzzer / Schrie: ›Ich bin der Lampenputzer / Dieses guten Leuchtelichts. / Bitte, bitte, tut ihm nichts!‹ // Wenn wir ihn' das Licht ausdrehen, / Kann kein Bürger nichts mehr sehen, / Laßt die Lampen stehn, ich bitt! / Denn sonst spiel ich nicht mehr mit! // Doch die Revoluzzer lachten, / und die Gaslaternen krachten, / und der Lampenputzer schlich / fort und weinte bitterlich. // Dann ist er zuhaus geblieben / und hat dort ein Buch geschrieben: / nämlich, wie man revoluzzt / und dabei doch Lampen putzt.

Mühsam behielt mit seiner Kritik auf fatale Weise recht: Die opportunistische Haltung der Sozialdemokratie in der Frage nach den Kriegsanleihen im Ersten Weltkrieg war Anlaß für die Abspaltung der Unabhängigen Sozialdemokraten (USPD), von denen sich 1916 wiederum die Spartakus-Gruppe (Rosa Luxemburg, Karl Liebknecht) separierte, aus der Ende Dezember 1918 die KPD hervorging. Und es war der sozialdemokratische Reichswehrminister Gustav Noske (1868-1946), der 1919 in Berlin die Revolution zusammenschießen ließ und die Truppen für die Niederschlagung der bayerischen Räterepublik aufbot.

Zwischen 1905 und 1908 ist Mühsam immer wieder für einige Monate in München gemeldet, aber erst ab 1909 wird sein Aufenthalt hier dauerhaft. Der Grund dafür ist die Einrichtung des *Sozialistischen Bundes* (1908) durch Gustav Landauer. Dieser Bund soll, wie Landauer in seinem *Aufruf zum Sozialismus* (1908; in Buchform erstmals 1911) fordert, den *praktischen Sozialismus* in kleinen Gruppen oder Bünden verbreiten. Erich Mühsam gründet daher 1909 in München die Gruppe *Tat*. In dieser Gruppe findet der junge Oskar Maria Graf nach seiner Flucht aus Berg ersten Anschluß an einen literarisch-politischen Kreis; er lernt dort den Maler Georg Schrimpf und den Schriftsteller Franz Jung (1888-1963) kennen.

In seiner bekenntnishaften Autobiographie *Wir sind Gefangene* (1927), dem Buch, das dem jungen Graf – vor allem dank einer lobenden Besprechung von Thomas Mann – den literarischen

Durchbruch brachte, schildert Graf in Kapitel sieben (*Auf der Suche*) das Lokal Gambrinus in der Sendlingerstraße 19, wo sich die Gruppe *Tat* um Mühsam versammelte. Voller Angst vor den doch so gefährlichen Anarchisten, aber auch neugierig auf sie, schließt sich Graf seinem Zimmernachbarn, einem schweizerischen Buchbinder, an und kommt mit ihm in das Lokal: *Wir befanden uns in einem rauchigen und schmutzigen Saal, der kahl und ungemütlich aussah. Zirka fünfundzwanzig Leute saßen um die Tische, tranken Bier, sprachen allerhand und rauchten. Wir wurden kaum beachtet. Der Schweizer ging an einen Tisch, redete mit einem bebrillten, zottelhaarigen Mann und stellte mich ihm vor. Schließlich, als der Mann mich anlächelte und mir die Hand drückte, lächelte ich auch.* Dieser Mann ist Erich Mühsam.

Jemand steht auf und redet, aber nichts Gefährliches passiert. Graf ist unsicher und denkt, daß doch gleich eine Bodenluke aufgehen müsse und es dann in den Verschwörerkeller hinabgehe. Statt dessen wird er freundlich angesprochen, ob er mit Flugblättern bei der Propaganda für den *Sozialistischen Bund* helfen wolle. Graf macht da gerne mit, glaubt er doch, er habe einen gutbezahlten Posten ergattert. Erich Mühsam muß ihm bei einem späteren Treffen freundlich erklären, um was es bei dem Bund eigentlich geht. Der Bund kann dem irrenden jungen Mann jedenfalls keinen Halt geben; den muß er sich bei Pumpstreifzügen durch die Caféhäuser und mit Schwerarbeit in einer Mühle erst selbst verdienen. An Grafs Wohnung der zwanziger Jahre (1919–1931) im ehemaligen rückwärtigen Ateliergebäude der Barerstraße 37 erinnert eine Tafel am Vorderhaus seit 1988.

Café Stefanie und die Jungen

(Heinrich F. S. Bachmair, Johannes R. Becher, Klabund, Marietta)

Zwischen 1910 und 1915 wohnt Erich Mühsam in München in der Pension Suisse, Akademiestraße 9/0. Dem Siegestor in der Nähe zieht Mühsam mit wenigen Versen den martialischen Zahn: *Es stand ein Mann am Siegestor,/ der an ein Weib sein Herz verlor./ Schaut sich nach ihr die Augen aus,/ In Händen einen Blumenstrauß./ Zwar ist dies nichts Besonderes./ Ich aber – ich bewunder es.* Einen Boykott bürgerlicher Zeitschriften, die ihm wegen *Geheimbündelei* keine Beiträge mehr abnehmen, kontert er mit der Gründung der eigenen Zeitschrift *Kain. Zeitschrift für Menschlichkeit*. Das Blatt erscheint trotz größter Geldnot seines Herausgebers zwischen 1911 und 1914 und noch einmal 1918/19.

Doch Mühsam pflegt in dieser Zeit nicht nur sozialistische Kontakte. Eng befreundet ist er etwa mit dem Bibliophilen und E. T. A.-Hoffmann-Herausgeber Carl Georg von Maassen (1880 –1949), dem Begründer einer »Hermetischen Gesellschaft«, zu der auch Mühsam gehörte. Maassen wohnte in dieser Zeit (bis 1916) in der Adalbertstraße 88/II. Willy Seidel hat dem bibliophil-kulinarisch-erotischen Treiben in Maassens Bibliothek – an dem auch Karl Wolfskehl teilnahm – ein literarisches Denkmal gesetzt mit dem Schlüsselroman *Jossa und die Junggesellen* (1930). Durch Maassen fühlte Mühsam jedenfalls *die bibliophile Ecke meines roten Herzens* angesprochen (an Maassen, Brief aus dem Gefängnis in Ansbach, 7. IV. 1920). Mit Maassen und Reinhard Koester schrieb Mühsam sogar ein satirisches *Weihebühnen-Festspiel* mit dem Titel *Im Nachthemd durchs Leben* (1914).

Weiter war Mühsam mit Roda Roda und Artur Kutscher auf der Kegelbahn von Max Halbe in der Türkenstraße 34 anzutreffen. Am liebsten aber saß er im Café Stefanie an der Amalienstraße 25 und spielte Schach. Als *Aufenthalt der Literatur, soweit sie die Promiskuität oder Geselligkeit pflegte*, hat Heinrich Mann das Café bezeichnet. Etwas konkreter auf den Ort selbst bezogen ist der Blick in das Café und die Erinnerung an seinen eigentümlichen Geruch zu Beginn von Leonhard Franks Roman *Links wo das Herz ist* (1952):

Das Boheme-Café Stephanie bestand aus einem Nebenraum, an dessen Fenstertischen Münchener Berühmtheiten jeden Nachmittag Schach spielten vor zuschauenden Straßenpassanten, und dem größeren Hauptraum mit einem glühenden Kohlenofen, versessenen, stark nach Moder riechenden Polsterbänken, roter Plüsch, und dem Kellner Arthur, der in ein zerschlissenes Büchlein, notdürftig zusammengehalten von einem Gummiband, die Pfennigsummen notierte, die seine Gäste ihm schuldig blieben. Der überfüllte Hauptraum hatte seinen eigenen warmen Geruch, eine spezielle Mischung aus Kaffee- und dumpfem Moderduft und dickstem Zigarrenrauch. Wer hier eintrat, war daheim.

In diesem Café trifft Erich Mühsam auf eine neue literarische Generation, die zwischen expressionistischem Pathos, rebellischem Kontra und frühreifen Liebschaften schwankt. Johannes R. Becher erinnert sich beispielsweise in einem berühmten Sonett an das *Café Stefanie* (1912), wo er Emmy Hennings, der späteren Frau Hugo Balls, seine pathosgeladenen, ungenauen Verse aufzusagen wagte, und fährt fort: *Am Tisch daneben spielte Mühsam Schach,/ Und Frank saß einem Geldmann auf der Lauer./ (Vielleicht saß der indes im Café Bauer?)/ Ein Denker hielt mit Kokain sich wach.*

Unter dem Motto *Gegen Zuständliches* lebte für knapp zwei Monate Ende 1913 die Zeitschrift *Revolution* auf. Die von Hans Leybold (1892-1914) herausgegebene Zeitschrift verstand ihren Namen jedoch, wie Leybolds Freund Hugo Ball später bekannte, *mehr stilistisch* [...] *als politisch*. Dennoch gehörte auch Erich Mühsam zu den Beiträgern dieser kurzlebigen Zeitschrift ebenso wie Franz Blei; von den neuen Namen seien Johannes Robert Becher, Richard Huelsenbeck, Gottfried Benn, Leonhard Frank und Else Lasker-Schüler erwähnt. Aus dem Umkreis Erich Mühsams im Café Stefanie sollen im folgenden Heinrich F. S. Bachmair und Johannes R. Becher sowie Klabund und Marietta näher vorgestellt werden.

✷

Die *Revolution* erschien, wie zuvor schon die längerlebige Zeitschrift *Die neue Kunst,* im Verlag von Heinrich F. S. Bachmair (1889-1960). Dieser Verlag war 1911 in Berlin mit der ersten Publikation von Bachmairs Freund Johannes R. Becher, dem Gedicht *Der Ringende. Kleist-Hymne*, gegründet worden. Der in München geborene Becher (1891-1958), Sohn des Staatsanwalts und Oberlandesgerichtsrats Heinrich Becher, wuchs in der Heßstraße 5 (ab 1907: Nr. 9) auf und wohnte, nachdem die Familie Anfang Oktober 1910 in die Trautenwolfstraße 6 umgezogen war, noch bis 1914 zeitweilig bei den Eltern. Bechers große Probleme während seiner Adoleszenz, seine massiven Konflikte mit dem Vater und der Schule, kulminierten im April 1910 beim Versuch, seine damalige Freundin und sich selbst umzubringen. Diese literarisch inszenierte und inspirierte Katastrophe – unschwer läßt sich der Tod des Dichters Heinrich von Kleist mit seiner Freundin Henriette Vogel 1811 am Berliner Wannsee als Vorbild erkennen – führte zum Tod der Freundin; Becher überlebte. Die Bedingungen für dieses Drama hat Becher in seinem Roman *Abschied* dargestellt, den er 1940 in der Sowjetunion beendete und 1945 in Berlin erscheinen ließ. Eine steile literarische Karriere machte Becher schon 1916 zum Autor des *Insel*-Verlags in Leipzig, aus dem er in den zwanziger Jahren aufgrund seiner kommunistischen Parteiarbeit wieder ausschied. Im Jahr 1954 wurde Johannes R. Becher zum ersten Kulturminister der DDR berufen. Von Becher stammt auch die *Nationalhymne der Deutschen Demokratischen Republik* (1949) mit dem hochherzigen und erst am Ende der DDR so dramatisch aktuell gewordenen Beginn: *Auferstanden aus Ruinen / Und der Zukunft zugewandt, / Laß uns dir zum Guten dienen, / Deutschland, einig Vaterland.*

Heinrich F. S. Bachmair kam aus Pasing; dort besuchte er als junger Mann 1907 den Dichter Otto Julius Bierbaum. Im Kreis um den Verleger und Dichter Waldemar Bonsels (1880-1952), den späteren Erfolgsautor der *Biene Maja* (1912), war Bachmair mit Becher bekannt geworden. Im August 1912 zog Bachmair mit seinem Verlag von Berlin nach München in die Kurfürstenstraße 39/IV und im Oktober 1913 in die Horscheltstraße 4/0 um. Hier entwickelte er rege Aktivitäten, die leider im geschäftlichen Desaster endeten. So organisierte Bachmair die Uraufführung des Schauspiels *Die Welle* von Franz Blei unter der Regie von Hugo Ball am 10. Dezember 1913 in den Münchner Kammerspielen. Mit dieser aus Zensurgründen nur einmaligen Veranstaltung der Zeitschrift *Die neue Kunst* handelte sich Bachmair, wie er selbst schrieb, den *teuerste(n) Theaterplatz meines Lebens* ein. Ein Versuch, die Kosten durch einen Kabarettabend im Januar 1914 wieder einzuspielen, scheiterte; der Verlag mußte im März 1914 versteigert werden.

Anders als für Hugo Ball war Revolution für Bachmair jedoch kein ästhetisches Schlagwort. Schon 1910 hatte er in Pasing Fortbildungskurse für Arbeiter organisiert. Sofort nach dem Krieg bezog er noch entschiedener Position und rief im November 1918 den *Pasinger Arbeiterrat geistiger Arbeiter* ins Leben. Anfang 1919 gründete er seinen zweiten Verlag – hier erschien im gleichen Jahr der Gedichtband *Amen und Anfang* von Oskar Maria Graf mit Holzschnitten von Georg Schrimpf – und eröffnete die Buchhandlung *Die Bücherkiste* in der Kurfürstenstraße 8. Im April 1919 half Bachmair aktiv bei der Verteidigung der Räterepublik. Er übernahm in Dachau von Ernst Toller das Kommando über die Artillerie der Roten Armee, wurde am 4. Juni verhaftet und wegen Beihilfe zum Hochverrat im August zu eineinhalb Jahren Festungshaft verurteilt. *Was danach kam* – so Bachmair 1958, [...] –*, das war ein Dasein in einem leeren Raum, in dem sich nur unwirkliche Gespenster tummelten. Schwabing war gestorben.*

Daher noch einmal zurück ins Café Stefanie 1913. In diesem Jahr trafen sich hier mit Hugo Ball auch der Dichter Klabund (eigtl. Alfred Henschke, 1890-1928) und die »Muse« Marietta di Monaco (eigtl. Maria Kirndörfer, 1893-1981); ihren gemeinsam verfaßten Nonsensversen gaben sie das Pseudonym *Klarinetta Klaball*.

Klabund war seit 1909 in München, für die Eltern als solider Student, in Wahrheit aber, um sich ehrgeizig und unermüdlich produktiv zum Dichter auszubilden. Er schloß sich dem Seminar des unorthodoxen Theaterprofessors Artur Kutscher an und fand so bald Zugang zur neuen literarischen Szene der Kunststadt; ein Grußwort vom 27. November 1914 aus der *Kutscherkneipe* im Hotel Union, Barerstraße 7, an den ins Feld eingerückten Kutscher ist, neben dem Verfasser Erich Mühsam und anderen »Studenten«, sowohl von Klabund als auch von Alfred Henschke unterzeichnet.

Mit Marietta verband den heute mehr als Übersetzer aus dem Chinesischen bekannten Dichter – der Brecht mit dem Schauspiel *Der Kreidekreis* (1925) die Vorlage zu *Der kaukasische Kreidekreis* (1943/45) lieferte – 1913 eine kurze knisternde Liebesgeschichte zwischen literarischer und erotischer Ausbeutung. In *Marietta. Ein Liebesroman aus Schwabing* (1920) hat Klabund seiner Freundin selbst die Stimme geliehen; sie selbst wiederum schildert 1962 in *Klabund* ihre eigene Version. Erkennbar wird, daß Marietta von Henschke gefragt wurde, ob sie für Klabund Verse auf der Schreibmaschine abtippen wolle. Sie holt sich die Manuskripte bei Henschke in der Kaulbachstraße 58/0 ab, bekommt rote Nelken geschenkt und geht zum Schreiben in den Verlag von Heinrich F. S. Bachmair in die Horscheltstraße 4/0. Sie weiß, wo der Schlüssel liegt, wenn Bachmair, wie jetzt, abwesend ist. Allerdings kommt ihr Becher in die Quere; er verlegt den Schlüssel – Marietta klettert durchs Fenster. Becher kommt mit seiner Geliebten und tobt erst recht – doch Marietta kann ihre Arbeit beenden. So erstellt sie das Typoskript für den ersten Gedichtband Klabunds *Morgenrot! Klabund! Die Tage dämmern!* (1913). Sie verdient daran nicht viel, gehört aber jetzt dazu.

Dann kommt der Krieg. Marietta: *Die gewissenhaften Jungen aus dem Café Stefanie schwiegen oder schwankten zwischen vaterländischer Heldenromantik und Dostojewskischem Christentum.* Und Erich Mühsam?

ANFANG VOM ENDE – 1914-1919

Bei Kriegsausbruch überträgt sich die anfangs euphorische Stimmung sogar auf Mühsam. Irritiert vertraut er seinem Tagebuch in der Nacht zum 4. August 1914 mit dem Blick auf den Himmel über der Akademie an, sogar er, *der Anarchist, der Antimilitarist, der Feind der nationalen Phrase, der Antipatriot und hassende Kritiker einer Rüstungsfurie* fühle sich *irgendwie ergriffen von dem allgemeinen Taumel*. Doch bald hat er sich wieder gefangen, nimmt Kontakt zu Karl Liebknecht und anderen linken sozialdemokratischen Politikern auf, um Kräfte für einen Aktionsbund gegen den Krieg zu sammeln. Das Erscheinen des *Kain* wird von Mühsam eingestellt, um der erwarteten Zensur zuvorzukommen.

Insgeheim spekuliert der Anarchist in dieser Zeit auf eine kräftige bürgerliche Unterstützung seiner Lebensform, entweder durch eine reiche Erbschaft beim Tod seines Vaters oder durch die gute Partie mit seiner Verlobten, der ostpreußischen Bankierstochter Jenny Brünn, die er in der Gruppe *Tat* kennengelernt hatte. Doch diese Verbindung wird von Jennys Eltern verhindert, und als Mühsam nach dem Tod seines Vaters nur einige persönliche Gegenstände erbt, entschließt er sich zu einem pragmatischen Schritt, der ihm wirkliches privates Glück beschert. Seit 1913 kannte Mühsam die fränkische Bauerstochter Kreszentia, genannt Zenzl Elfinger (1884-1962) als eine warm-

Erich Mühsam und seine Frau Zenzl

herzige und mütterliche Freundin. Zenzl Elfinger hatte zu diesem Zeitpunkt bereits einen größeren Sohn Siegfried (1902-1969) und war liiert mit dem Bildhauer Ludwig Engler (1875-?). Mühsams Heirat mit Zenzl Elfinger im September 1915 machte die ledige Mutter »ehrlich« und wurde für beide zu einem großen Glück, das sich besonders in den schweren Gefängnisjahren Mühsams bewährte. *Meine Gefährtin ist ein Prachtkerl* – das war Mühsam schon am 7. Juli 1915 in einem Brief an den Schriftsteller René Schickele klar. Ihre gemeinsame Wohnung in der Georgenstraße 105/IV, die sie ab November 1915 beziehen, hatte drei Zimmer; sie bildete den Schauplatz einer auf den ersten Blick vielleicht ungewöhnlichen Ehe, deren Band gerade durch die Gegensätze immer fester wurde. Eine Erinnerung des dänischen Arbeiterdichters Martin Andersen Nexö (1869-1954) hält 1936 das Leben in dieser Wohnung etwas idealisierend fest:

In dem hohen Mietshaus in der Georgenstraße hausten hoch unter dem Himmel mit weiter Aussicht über Gärten und lehmige Bauplätze als zwei freie Vögel Erich und Zenzl Mühsam. [...] Ein prächtiges Ehepaar! Von außen waren sie so verschieden wie überhaupt möglich: sie durch und durch Land und freier Himmel, er die Großstadt mit Ästhetik und Bücherluft. Und dennoch paßten sie zusammen, bildeten ein seltenes Beispiel der Kameradschaft. Sie verließ die Küche ebenso ungern wie er sein Studierzimmer; ihre Mahlzeiten waren ebenso anregend und würzreich wie seine Anmerkungen; ihr Geist war ebenso revolutionär wie seiner. Aus der Küche warf sie wie helle Funken ihre Bemerkungen in die Diskussion, deren Teilnehmer waren revolutionäre

Künstler, revolutionäre Arbeiter, dieser und jener aufrührerische Soldat. Wie die Zukunft aussehen müsse, damit sie allen ein menschliches Dasein böte, wußte Erich Mühsam nicht: in revolutionärer Politik war er ein Kind. Aber unbewußt hatten er und Zenzl sich eine Welt geschaffen, in der man die Luft einer neuen Zeit atmete.

Diese neue Zeit läßt jedoch noch auf sich warten. In einer Demonstration der hungernden Bevölkerung auf dem Marienplatz am 17. Juni 1916 sieht Mühsam emphatisch verfrüht bereits *den Auftakt der Revolution* (Tagebuch, 18.VI.1916). Mit Nachdruck will Mühsam diesen Auftakt dann selbst herbeiführen. Dabei kämpft er mutig mit offenem Visier gegen die Reaktion. Ein Flugblatt vom September 1917 zeigt seine Intentionen unverhüllt. Zu Mühsams Gedicht *Die lustige Witwe. Marschlied zum Polterabend* gestaltet Arnold Faßbender einen deutlichen Holzschnitt: Kaiser Wilhelm II. und Kaiser Karl I. auf dem Weg zur Guillotine, wo sie der deutsche Michel mit Zipfelmütze und Pfeife erwartet. Mit voller Namensnennung der beiden Künstler geht dieses Flugblatt vom Druckort in Genf Ende 1917 auf die Briefreise nach Deutschland und wird Anfang 1918 in München von der militärischen Überwachung aufmerksam registriert.

Das erste wirklich revolutionäre Signal in München ist im Januar 1918 der von Eisners USPD angeregte Streik der Munitionsarbeiter. Ernst Toller muß für seinen agitatorischen Einsatz ins Gefängnis. Erich Mühsam bleibt zunächst unbehelligt, verweigert aber im März seine Einberufung zum *Vaterländischen Hilfsdienst* und wird dafür nach Traunstein *nach bayerisch Sibirien in (die) Verbannung* geschickt, wie er am 1. Mai 1918 seinem Freund von Maassen schreibt. Diesen Zwangsaufenthalt beendet Mühsam eigenmächtig im Oktober; am 1. November sieht er richtig in einem Brief an den gleichen Freund, daß der *Krieg (...) nur noch eine Frage von Tagen (ist)*. Dann endlich schlägt Mühsams große Stunde.

Revolution der Worte

Das letzte halbe Jahr der Schwabinger Epoche um 1900 beginnt Anfang November 1918 in gespannter Erwartung der Revolution. Alles wartet offenbar auf die entscheidende Aktion. Aufschlußreich für diese Stimmung ist eine Versammlung im Hotel Wagner an der Sendlinger Straße am Montag, dem 3. November. Dort sprechen nacheinander unter anderen der Soziologe und Nationalökonom Max Weber (1864-1920), Erich Mühsam und Oskar Maria Graf. Beobachter ist dabei auch der Dichter Rainer Maria Rilke, der am folgenden Donnerstag seiner Frau den Eindruck von dieser Versammlung schildert:

Unter Tausenden auch war ich Montagabend in den Sälen des Hotel Wagner, Professor Max Weber aus Heidelberg, Nationalökonom, der für einen der besten Köpfe gilt, sprach, nach ihm in der Diskussion der anarchistisch überanstrengte Mühsam und weiter Studenten, Leute, die vier Jahre an der Front gewesen waren, – alle so einfach und offen und volkstümlich. Und obwohl man um die Biertische und zwischen den Tischen so saß, daß die Kellnerinnen nur wie Holzwürmer durch die dicke Menschenstruktur sich durchfraßen, – wars gar nicht beklemmend, nicht einmal für den Atem; der Dunst aus Bier und Rauch und Volk ging einem nicht unbequem ein, man gewahrte ihn kaum, so wichtig wars und so über alles gegenwärtig klar, daß die Dinge gesagt werden konnten, die endlich an der Reihe sind, und daß die einfachsten und gültigsten von diesen Dingen, soweit sie eingermaßen aufnehmlich gegeben waren, von der ungeheueren Menge mit einem schweren massiven Beifall begriffen wurden.

Rilke sieht zwar das erstmals mögliche Gespräch von Professoren und Arbeitern als glücklichen Moment an, gibt aber über den genauen Inhalt der Reden keine Auskunft.

Das holt später Oskar Maria Graf in seinem Buch *Wir sind Gefangene* (1927) ausführlich nach. Er weiß noch genau, daß Max Weber über die politische Neuordnung Deutschlands gesprochen hat, gegen den bayerischen Alleingang war und der Revolution skeptisch gegenüberstand; man solle, so Weber, zum einen eher das Ende des Krieges erwarten und zum anderen sich nicht darüber täuschen, daß eine sozialistische Revolution nicht auf einer reaktionären Basis bestehen könne. Diese nur zu richtige Einschätzung der Lage hätten die versammelten Revolutionäre, laut Graf, nur höhnisch ausgelacht; Erich Mühsam habe die Frauen zu Friedensdemonstrationen aufgefordert, und er, Graf selbst, habe die Soldaten zur Befehlsverweigerung aufgerufen (Kap. *Es geht an,* 2, XVII).

Ein dritter Beobachter der Versammlung war der Schriftsteller und Jean-Paul-Biograph (1925) Fritz Burschell (1889–1970). In der Pariser Exilzeitschrift *Die neue Weltbühne* sah er 1935 Mühsams Auftritt etwas anders. Max Webers Vorschlag, doch erst das Ende des Kriegs abzuwarten, anstatt die Revolution auszurufen, habe vor allem bei den versammelten Frontsoldaten Ablehnung erfahren; das *Wort vom Schwindel des imperialistischen Kriegs* macht die Runde und wird für Mühsam zum Anlaß für eine Brandrede: *Es waren nicht so sehr seine Worte, die wirkten, obwohl sie, geboren im furchtbaren Augenblick, unmittelbar zu Herzen gingen. Was die Versammlung hinriß, war das Gefühl der ungeheuren Empörung, das ihm mit den Worten zugleich über die Lippen sprang. Die Revolution war schon da, während Mühsam sprach. Auf diese Rede hatte er die ganzen Jahre hindurch gewartet. Er hatte ein Recht, so zu sprechen. Er hatte von Anfang an gegen den Wahnsinn des Krieges gekämpft. Jetzt war seine Stunde gekommen. So mußten die französischen Jakobiner gesprochen haben. [...]*

Die Wirkung dieser Rede war gewaltig. Ich werde nie vergessen, wie in dem Tumult, der sich erhob, Rainer Maria Rilke von seinem Sitz aufsprang, wie er, der stillste und unpolitischste aller Dichter, immer ängstlich bedacht, jeder Öffentlichkeit aus dem Weg zu gehen, unter dem Eindruck von Mühsams Worten lebhaft erklärte, daß er auch zu der Versammlung sprechen wolle, da diese Zeit wie Wachs sei, das man bilden und formen könne. Freilich kam er über die Absicht nicht hinaus.

Rilke verfügte nicht über die Ellenbogen, um sich zu dem umlagerten Rednerpult durchzudrängen.

Drei Zeugen, drei verschiedene Perspektiven. Für Burschells Version spricht vor allem der entscheidende Einsatz Erich Mühsams drei Tage später, am Donnerstag, dem 7. November, als Mühsam mit einer noch wichtigeren Rede Kurt Eisner im übertragenen Sinn die Bahn ebnete. Mühsam brachte es nach einer Demonstration auf der Theresienwiese in der Türkenstraße fertig, das dort in der Türkenkaserne stationierte Leibregiment des bayerischen Königs auf seine Seite zu bringen. Mühsams eigenen Bericht über diese Aktion in einem Brief an Johann Heinrich Knief vom 1. Dezember 1918 bestätigt einige Jahre später als Augenzeuge Harry Kahn, der als Dramaturg Max Reinhardts besonders die schauspielerische Qualität der Rede Mühsams erkannte:

Ich persönlich sehe ihn immer, wie er am 7. November 1918, an der Seite seiner ebenso handfesten wie herzensgütigen Frau, an der Ecke der Münchner Theresienstraße aus dem Tramwagen springt und geschwungenen Regenschirms zur Türkenkaserne rennt, um die vor den geschlossenen Toren der Hochburg des königlich bayrischen Militarismus stockenden Revolutionäre anzufeuern, die erst lachenden, dann nachdenklich werdenden Soldaten zum Anschluß an seine Leute aufzufordern. Ich glaube keine Geschichtsklitterung zu treiben, wenn ich sage, daß ohne Erich Mühsams Eingreifen in jener Minute die Sache des Münchner und damit des gesamten deutschen Umsturzes zumindest auf das Verhängnisvollste verzögert worden wäre; denn es kam damals alles darauf an, diese letzte und wichtigste Machtposition der alten Gewalten auszuschalten. Das aber ist der ganze Mensch: mit einem Regenschirm auf die Barrikade! (Die Weltbühne, 8. Mai 1928)

Auf verlorenem Posten

Die alten Gewalten gewannen jedoch alsbald wieder die Oberhand; die Morde an Rosa Luxemburg, Karl Liebknecht und Kurt Eisner beraubten die Revolution ihrer entscheidenden Führer. Trotz der Grußadresse Lenins nach der Ausrufung der Räterepublik war dieses Unternehmen schon durch die unterschiedlichen Auffassungen innerhalb der Linken gefährdet; dazu kam die mangelnde Akzeptanz der Bevölkerung, der *Riß* in dieser Revolution, den Oskar Maria Graf in einem Gespräch mit Rainer Maria Rilke zwischen den meuternden Arbeitern und Soldaten in der Stadt und den gleichgültigen, ja revolutionsfeindlichen Bauern auf dem Land feststellte.

Wie sehr sich die blinde Wut der reaktionären Truppen schon jetzt gegen Mühsams Existenz richtete, zeigt die völlige Zerstörung und Plünderung der Wohnung in der Georgenstraße 105/IV als Ersatzhandlung dafür, daß der bereits festgenommene Mühsam nicht gleich ermordet werden konnte. Am 29. Mai 1919 berichtete Mühsam seinem Freund von Maassen aus der Haft: *Sonderlich angenehm sind ja die Nachrichten nicht, die mir hier zum Wiederkäuen in den Schlund geschoben werden: meine Wohnung total zerschossen und alles, was wir an Kleidern, Wäsche, Silber- und sonstigen Wertsachen hatten, ausgeräumt: von den Wiederherstellern der öffentlichen Sicherheit. Ich verschmerze das ja, aber meine arme Frau tut mir schrecklich leid bei der Geschichte. Sie ist doch eine rechte Hausfrau alten Schlages und hängt mit Zärtlichkeit an jedem Stück Leinen. Jedes Kleid hat sie nach eigenen Entwürfen selbst genäht und war stolz drauf, und jetzt ist das alles mit einem Schlage alles hin! Aber daß wir beide überhaupt mit dem Leben davon gekommen sind, ist ja wunderbar genug. Wie wir wieder aus dem Elend herauskommen werden, ist am Ende cura posterior.* Obwohl er an der zweiten Räterepublik der Kommunisten nicht teilgenommen haben konnte, weil er schon seit dem 13. April im Gefängnis saß, wurde Erich Mühsam im Juli 1919 zu 15 Jahren Festung verurteilt. Über Ansbach kam er, wie die meisten verurteilten Räterepublikaner, ebenfalls in die Festung Niederschönenfeld. Von dort aus konnte er 1920 den Gedichtband *Brennende Erde. Verse eines Kämpfers* und *Judas. Ein Arbeiterdrama in fünf Akten* (1921) erscheinen lassen. Schikaniert von bittersten Repressalien, beugt sich Mühsam jedoch nicht; seine Maxime bleibt der Refrain im Gedicht *Der Gefangene: Sich fügen heißt lügen!* Er schreibt statt dessen einen persönlichen Rechenschaftsbericht über die Revolution in München unter dem Titel *Von Eisner bis Leviné* (1920; Druck erstmals 1929) sowie eine genaue Darstellung der bayerischen Willkürjustiz nach der Zerschlagung der Räterepublik: *Das Standrecht in Bayern* (1923).

❋

Ein Opfer dieser Willkürjustiz wäre beinahe auch der Schriftsteller Ret Marut (1882-1969) geworden, der nur knapp einem Erschießungskommando entfliehen konnte. Marut gab in München zwischen 1917 und 1921 die pressekritische, an Karl Kraus' *Fackel* orientierte Zeitschrift *Der Ziegelbrenner* heraus. Sitz der Redaktion war die Clemensstraße 84/III. Nach der Ausrufung der Räterepublik leitete Marut vom 7. bis 13. April 1919 die Presseabteilung des Zentralrats und gehörte dem Propagandaausschuß der Räteregierung an. Nach seiner Festnahme und Flucht am 1. Mai tauchte Marut vollständig unter und äußerte sich, geschickt getarnt, nur noch über seine Zeitschrift. Nach deren Ende fragte Erich Mühsam 1926/27 in seiner Zeitschrift *Fanal*: *Wo ist der Ziegelbrenner?* und bat: *Ret Marut, Genosse, Freund, Kampfgefährte, Mensch, melde dich, rege dich, gib ein Zeichen daß du lebst, daß du der Ziegelbrenner geblieben bist* [...].

Marut lebte – als Autor in Mexiko und wurde unter dem Pseudonym B. Traven einer der wichtigsten und erfolgreichsten Schriftsteller der zwanziger Jahre. Seine Bücher wie die politische Parabel *Das Totenschiff* (1926), *Der Schatz der Sierra Madre* (1927) oder besonders *Die weiße Rose* (1929) gewannen viele vor allem junge, kritische Leser. Einer dieser Leser, der Travens

Totenschiff außerordentlich schätzte, war Hans Scholl (1918-1943). Der Name der Widerstandsgruppe *Die Weiße Rose* scheint jedoch, entgegen einer bisherigen Vermutung, nicht auf den Roman B. Travens zurückzugehen. Trotz vielfacher Korrespondenzen vor allem in der Imperialismuskritik zwischen dem Roman und den Flugblättern der *Weißen Rose* ist der Name, nach der Aussage von Hans Scholl in den erst vor kurzem bekannt gewordenen Protokollen der Gestapo-Vernehmung (Bundesarchiv, Abt. Potsdam), angeblich willkürlich gewählt und, wenn überhaupt, dann – laut Protokoll – auf die *spanischen Romanzen von Brentano ›Die Rosa Blanca‹* beziehbar. Dennoch: Eine Tafel am Vorderhaus der Franz-Joseph-Straße 13 erinnert in München an die Wohnung von Hans und Sophie Scholl 1942/43 im heute noch existierenden Rückgebäude. Völlig verschwunden ist das einstige Atelier des Architekten Manfred Eickemeyer in der Leopoldstraße 38a, wo sich die Studenten zu Gesprächskreisen etwa mit dem Religionsphilosophen Theodor Haecker (1879-1945) oder dem Professor für Philosophie und Musikwissenschaft Kurt Huber (1893-1943) trafen; im Kellerraum dieses Ateliers wurden die Flugblätter hergestellt. Ein Bodendenkmal des Berliner Künstlers Robert Schmidt (geb.1954) vor dem Haupteingang der Universität erinnert seit dem 22. Juni 1988 eindringlich an den hohen Mut der Gruppe, sich mit Flugblättern gegen ein Vernichtungsregime zu stellen.

Im Zug der zwischen München und Berlin ausgehandelten sogenannten Hindenburg-Amnestie für politische Gefangene – besser »Lex Hitler« - wird Erich Mühsam Ende Dezember 1924 auf Bewährung aus der Haft entlassen. In Berlin unterstützt der mittlerweile in die KPD eingetretene Mühsam aktiv die Rote Hilfe. Zwischen Oktober 1926 und Juli 1931 gibt er zudem die Monatsschrift *Fanal* heraus. Der *Dichter und Kämpfer*, so der Titel eines Gedichts, tritt weiter entschieden gegen alle Formen politischer und juristischer Repression ein. Zusätzlich zeigen seine *Unpolitischen Erinnerungen* (1931) Mühsams hellsichtigen und warmherzigen Blick auf Menschen seines Lebenswegs.

Mit allen Mitteln stemmt er sich gegen das heraufziehende Unheil des Naziterrors. Mühsams letzte Schrift zu Lebzeiten erscheint als *Fanal*-Sonderheft unter dem Titel *Die Befreiung der Gesellschaft vom Staat. Was ist kommunistischer Anarchismus?* Doch für die Stellungnahme sowohl gegen den Privat- wie gegen den Staatskapitalismus ist es bereits zu spät. Auf der letzten Versammlung der Berliner Ortsgruppe des Schutzverbandes Deutscher Schriftsteller am 20. Februar 1933 ergreift Mühsam ein letztes Mal öffentlich das Wort. Selbst in der Resignation leistet er noch Widerstand: *Und ich sage euch, daß wir, die wir hier versammelt sind, uns alle nicht wiedersehen. Wir sind eine Kompanie auf verlorenem Posten. Aber wenn wir hundertmal in den Gefängnissen verrecken werden, so müssen wir heute noch die Wahrheit sagen, hinausrufen, daß wir protestieren.*

Der von den Nazis ausgenutzte Reichstagsbrand in der Nacht zum 28. Februar 1933 wird auch Mühsam zum Verhängnis. Das nötige Geld für seine schon geplante Ausreise nach Prag kommt zu spät. Sein furchtbarer Leidensweg durch Gefängnisse und Konzentrationslager mit grauenhaften Mißhandlungen beginnt. Am 2. Februar 1934 wird er ins Konzentrationslager Oranienburg gebracht. Dort löst bayerische SS am 30. Juni die bisherige SA-Standarte ab. Seinen Mitgefangenen sagt Erich Mühsam, wie Wilhelm Girnus berichtet, das bedeute für ihn den Tod. Tatsächlich fordert der neue Lagerleiter Mühsam auf, er solle sich umbringen, andernfalls werde dem nachgeholfen. Da Mühsam sich diesem absurden Befehl nicht fügt, wird er in der Nacht zum 10. Juli 1934 ermordet und unter Vortäuschung eines Selbstmords an einen Balken ins Klosett gehängt. So stirbt der in den Augen des Festungsdirektors von Niederschönenfeld 1927 *schlimmste Feind des Staates*, dessen Leben der beste Beweis dafür wurde, wie sich radikale politische Ansichten mit großer Humanität verbinden lassen. Seine *Pflicht* war, wie er im gleichnamigen Gedicht 1924 schrieb, das unmittelbare kämpferische Wirken, war *Gegenwart!* Seine Kritik ging immer um die Sache, richtete sich vehement gegen die Dummheit und das Böse. *Er liebte trotzdem alles, was Menschenantlitz trug;* so Stefan Szende, der mit Mühsam bis März 1934 in Oranienburg zusammen war und dem Mühsam zum Abschied sagte: ›*Glaube daran: die Menschlichkeit wird Siegen.*‹

Zenzl Mühsam ging nach der Ermordung ihres Mannes erst nach Prag, später, auf Einladung der Roten Hilfe, nach Moskau. Dort wurde sie 1937 als »trotzkistische Agentin« verhaftet und lange Jahre in sibirischen Lagern interniert. Erst 1956 konnte sie nach Ost-Berlin ausreisen.

Einen Ernst-Toller-Platz sucht man in München seit 1996 nicht mehr vergebens; und auch Erich Mühsam ist in Schwabing nicht vergessen: Seit 1989 gibt es an der Ecke Clemens-, Siegfried- und Wilhelmstraße einen Erich-Mühsam-Platz.

Café Stefanie, 7. IX. 1943

LITERATURHINWEISE

Einleitung

GUILLAUME APOLLINAIRE, Alcools (1913), in: Guillaume Apollinaire, Poetische Werke/Oeuvres Poétiques. Ausgewählt und hg.v. Gerd Henniger. Neuwied und Berlin (Luchterhand) 1969

GUILLAUME APOLLINAIRE, Der gemordete Dichter (Le poète assassiné, 1916). Aus dem Französischen von Walter Widmer und Paul Noack. Wiesbaden (Limes) 1967

GERHART HAUG, Auf den Spuren Apollinaires in München, in: Antares 3, H.7, November 1955, S.62-70

FRANZ BLEI, Vorwort, in: Willy Hallstein, 10 Intermezzi aus der Münchner Bohème. München (Bavaria-Verlag) o.J. (1922)

RENÉ PRÉVOT, Seliger Zweiklang. Schwabing/Montmartre. München (Bernhard Funck Verlag) 1946

SCHWABING. Vom Dorf zur Künstlerfreistatt. Mosaik eines Münchner Stadtteils, zusammengefügt von Hanns Vogel. München (Buchverlag Franz Fackler) 1958

JOSEF RUEDERER, München. Bierheim und Isar-Athen. Satiren und Erzählungen. Hg.v. H.-R. Müller. München (Süddeutscher Verlag) 1987

DAS VALENTIN-BUCH. Von und über Karl Valentin in Texten und Bildern. Hg.v. Michael Schulte. München/Zürich (Piper) ^{9}1991

Frank Wedekind

FRANK WEDEKIND, Werke in zwei Bänden. Hg.mit Anmerkungen und einem Nachwort von Erhard Weidl. München (Winkler) 1990

FRANK WEDEKIND, Gesammelte Briefe. Hg.v. Fritz Strich. 2 Bde. München (G.Müller) 1924. Bd.1:1880-1899; Bd.2: 1899-1918.

FRANK WEDEKIND, Die Tagebücher. Ein erotisches Leben. Hg.v. Gerhard Hay. Frankfurt am Main (Athenäum) 1986

FRANK WEDEKINDS MAGGI-ZEIT, Reklamen / Reisebericht / Briefe. Mit e. Essay v. R. Kieser. Hg., komm.u.m.e. Studie »Das Unternehmen Maggi« versehen v. H. Vinçon. Darmstadt (Häusser) 1992

FRANK WEDEKIND, An Tilly. Stadtbibliothek München, Handschriftenabteilung, Signatur L. 3476/6/4

KARL KRAUS, Die Büchse der Pandora, in: *Die Fackel* 7, 1905, S.1-14

ARTUR KUTSCHER, Frank Wedekind. Sein Leben und seine Werke. Bd.1-3. München (G.Müller) 1922; 1927; 1931

TILLY WEDEKIND, Lulu. Die Rolle meines Lebens. München,Bern,Wien (Rütten & Loening bei Scherz) 1969

HEINRICH MANN, Erinnerungen an Wedekind, in: *Die Neue Rundschau* 38,1927,Bd.1,S.585-599

WALTER KIAULEHN, Chansons von Frank Wedekind, München (K. Desch) 1951

GÜNTER SEEHAUS, Frank Wedekind, mit Selbstzeugnissen und Bilddokumenten dargestellt (1974). Reinbek bei Hamburg (Rowohlt) 1989

HARTMUT VINÇON, Frank Wedekind. Stuttgart (Metzler) 1987 (Sammlung Metzler Bd.230)

OTTO FALCKENBERG, Mein Leben – Mein Theater. Nach Gesprächen und Dokumenten aufgezeichnet von Wolfgang Petzet. München, Wien, Leipzig (Zinnen-Verlag) 1944

ERICH MÜHSAM, Unpolitische Erinnerungen (1931). Düsseldorf (Brücken Verlag) 1961

Simplicissimus

HELGA ABRET/ALDO KEEL, Im Zeichen des Simplicissimus. Briefwechsel Albert Langen/ Dagny Björnson 1896-1908. München/Wien (Langen Müller) 1987

DAS KOPIERBUCH KORFIZ HOLMS (1899-1903). Ein Beitrag zur Geschichte des Albert Langen Verlags und des Simplicissimus. Hg.v. Helga Abret und Aldo Keel. Bern u.a.(P.Lang) 1989. Contacts. Série III. Études et Documents Vol. 7

KORFIZ HOLM, ich – kleingeschrieben. Heitere Erlebnisse eines Verlegers. München (Langen Müller) 1932

THOMAS THEODOR HEINE, Ich warte auf Wunder. Roman (1945). Berlin- (Rütten & Loening) 1984

THOMAS THEODOR HEINE. Hg.v. Lothar Lang. München (Rogner & Bernhard) 1970

OLAF GULBRANSSON, Es war einmal. München (Piper) 1934; Ders., Und so weiter. München (Piper) 1954

OLAF GULBRANSSON. Sein Leben erzählt von Dagny Gulbransson-Björnson. Pfullingen (Neske) 1967

OLAF GULBRANSSON, *Wie göttlich verrückt du bist*. Gezeichnete Briefe. Hg.v. Dagny Björnson Gulbransson und Ludwig Veit. München/Wien (Langen Müller) 1989

ERNST ROWOHLT, ›Unter uns Seehunden‹, in: *Sonntagsblatt*, Hamburg, 31.V.1953

KARL ARNOLD. Leben und Werk des großen *Simplicissimus*-Zeichners. Hg.v. Fritz Arnold. Einleitung Wieland Schmied. Reinbek bei Hamburg (Rowohlt) 1979

LUDWIG THOMA, Gesammelte Werke. Erweiterte Neuausgabe. 6 Bde. München (Piper) 1968

RICHARD LEMP, LUDWIG THOMA. Bilder, Dokumente, Materialien zu Leben und Werk. München (Süddeutscher Verlag) 1984

KORFIZ HOLM, Farbiger Abglanz. München (Nymphenburger Verlagshandlung) 1947, darin: Ludwig Thoma, wie ich ihn erlebte, S.157-173

GUSTAV MEYRINK, Des Deutschen Spießers Wunderhorn. Gesammelte Novellen. Nachwort von F.A. Schmid Noerr. Berlin (Ullstein) 1956

GUSTAV MEYRINK, Das Haus Zur Letzten Latern. Nachgelassenes und Verstreutes. Hg.v. Eduard Frank. München/Wien (Langen Müller) 1973

GUSTAV MEYRINK, Fledermäuse. Erzählungen, Fragmente, Aufsätze. Hg.v. Eduard Frank. München/Wien (Langen Müller) 1981

Kathi Kobus und Joachim Ringelnatz

SIMPLICISSIMUS KÜNSTLER-KNEIPE UND KATHI KOBUS. Herausgegeben vom Hausdichter Hans Bötticher. München (Selbstverlag) o.J. [Mai 1909].

SIMPLICISSIMUS KÜNSTLER-KNEIPE. Gegründet 1902 [!] von Kathi Kobus. München (Eigenverlag) o.J. [1932].

FREISTAAT SCHWABING. Erinnerungen des Simplwirts Theo Prosel. München (Süddeutscher Verlag) 1951

WALTHER DIEL, Die Künstlerkneipe *Simplicissimus*. Geschichte eines Münchner Kabaretts 1903-1960. München (Buchendorfer) 1989

JOACHIM RINGELNATZ, Das Gesamtwerk in sieben Bänden. Hg.v. Walter Pape. Berlin (K.H.Henssel) 1982-1985.

JOACHIM RINGELNATZ, Briefe. Hg.v. W. Pape. Berlin (K.H.Henssel) 1988

HERBERT GÜNTHER, Joachim Ringelnatz in Selbstzeugnissen und Bilddokumenten (1964). Reinbek bei Hamburg (Rowohlt) (romono 96) ²1977

Thomas Mann

THOMAS MANN, Gesammelte Werke in dreizehn Bänden. Hg. v. Hans Bürgin u. Peter de Mendelssohn. Frankfurt/M.(S.Fischer) 1988

THOMAS MANN, Briefe an Otto Grautoff 1894-1901 und Ida Boy-Ed 1903-1928. Hg.v. Peter de Mendelssohn. Frankfurt/M. (S.Fischer) 1975

THOMAS MANN, Briefe 1889-1936, hg.v. Erika Mann. Frankfurt am Main (S.Fischer) 1961

ARTHUR HOLITSCHER, Lebensgeschichte eines Rebellen. Meine Erinnerungen. Berlin (S. Fischer) 1924

KLAUS MANN, Kind dieser Zeit (1932). Reinbek b. Hamburg (Rowohlt) 1989

VIKTOR MANN, Wir waren fünf. Bildnis der Familie Mann (1949). Frankfurt/M. (Fischer Taschenbuch Verlag) 1988

PETER DE MENDELSSOHN, Der Zauberer. Das Leben des deutschen Schriftstellers Thomas Mann. Erster Teil 1875-1918. Frankfurt/M. (S. Fischer) 1975

PETER DE MENDELSSOHN, Der Zauberer. Das Leben des Schriftstellers Thomas Mann. Jahre der Schwebe. 1919 und 1933. Nachgelassene Kapitel. Gesamtregister. Hg.v. Albert von Schirnding. Frankfurt/M. (S. Fischer) 1992

HANS BÜRGIN/HANS OTTO MAYER, Thomas Mann. Eine Chronik seines Lebens. Frankfurt/M. (Fischer Taschenbuch Verlag) ²1980

PETER-KLAUS SCHUSTER, »München leuchtete«. Karl Caspar und die Erneuerung christlicher Kunst in München um 1900. München (Prestel) 1984.

JÜRGEN KOLBE (Mitarbeit: Karl Heinz Bittel), Heller Zauber. Thomas Mann in München 1894-1933. Berlin (Siedler) 1987

Heinrich Mann

HEINRICH MANN, Ein Zeitalter wird besichtigt (1945). Düsseldorf (Claassen) 1985

HEINRICH MANN, Die Jagd nach Liebe. Roman (1903). Frankfurt/M. (Fischer Taschenbuch Verlag) 1987

HEINRICH MANN, Macht und Mensch. Essays (1919). Frankfurt/M. (Fischer Taschenbuch Verlag) 1989

THOMAS MANN/HEINRICH MANN, Briefwechsel 1900-1949. Frankfurt/M. (Fischer Taschenbuch Verlag) 1978

ERICH MÜHSAM, Unpolitische Erinnerungen (1931). Düsseldorf (Brücken Verlag) 1961

KLAUS SCHRÖTER, Heinrich Mann in Selbstzeugnissen und Bilddokumenten. Reinbek b. Hamburg (Rowohlt) 1967

WILFRIED F. SCHOELLER, Heinrich Mann. Bilder und Dokumente. München (edition spangenberg) 1991

Die Insel

KLAUS SCHÖFFLING, Die ersten Jahre des Insel Verlags 1899-1902. Begleitband zur Faksimileausgabe der Zeitschrift *Die Insel*. Frankfurt am Main (Insel) 1981

OTTO JULIUS BIERBAUM, Gesammelte Werke in zehn Bänden, hg.v. Michael Georg Conrad und Hans Brandenburg. Bd. 1-7. München (G. Müller) (1912)-1921

OTTO JULIUS BIERBAUM ZUM GEDÄCHTNIS. München (G. Müller) 1912. Darin u.a.: M.G.Conrad, Der Starnberger See. Einiges aus meinen Erinnerungen an Otto Julius Bierbaum, S.16-34; Alois Wohlmuth, Bierbaums erster Aufenthalt in München, S.35-37; Heinrich Franz Bachmair, Meine Erinnerungen an Otto Julius Bierbaum, S.265-269

RUDOLF ALEXANDER SCHRÖDER, Gesammelte Werke in fünf Bänden. Dritter Band. Die Aufsätze und Reden. Frankfurt a. M. (Suhrkamp) 1952

RUDOLF BORCHARDT. ALFRED WALTER HEYMEL. RUDOLF ALEXANDER SCHRÖDER. Kat. Ausst. Marbach am Neckar 1978

FRANZ BLEI, Erzählung eines Lebens. Leipzig (Paul List) 1930

HEINRICH VOGELER, Erinnerungen. Hg.v. Erich Weinert. Berlin (Rütten & Loening) 1952

Stefan George

STEFAN GEORGE, Werke. Ausgabe in zwei Bänden. München/Düsseldorf (Helmut Küpper vormals Georg Bondi) 1958

STEFAN GEORGE 1868/1968. Der Dichter und sein Kreis. Kat. Deutsches Literaturarchiv, Marbach am Neckar 1969

STEFAN GEORGE/ FRIEDRICH GUNDOLF, Briefwechsel. Hg.v. Robert Boehringer mit Georg Peter Landmann. München/Düsseldorf (Helmut Küpper vormals Georg Bondi) 1962

ROBERT BOEHRINGER, Mein Bild von Stefan George. Text/Tafeln. München/Düsseldorf (Helmut Küpper vormals Georg Bondi) 1951

HERBERT STEINER, Begegnung mit Stefan George, in: H.S. Begegnungen mit Dichtern. Hamburg (Trajanus-Presse) 1957,S.5-17

H.-J. SEEKAMP/R.C.OCKENDEN/M.KEILSON, Stefan George/ Leben und Werk. Eine Zeittafel. Amsterdam (Castrum Peregrini) 1972

CARL EINSTEIN, Die Verkündigung (1911), in: Carl Einstein, Werke Band 1, 1908-1918. Hg.v.R.-P. Baacke unter Mitarbeit v. Jens Kwasny, Berlin (Medusa) 1980,S.60-65

THOMAS MANN, Beim Propheten (1904), in: Das Wunderkind. Novellen von Thomas Mann. Berlin (S.Fischer) 1914,S.45-62

KARL WOLFSKEHL, Gesammelte Werke. Hg.v.Margot Ruben und Claus Victor Bock. Bd.I/II. Hamburg (Claassen) 1960

KARL WOLFSKEHL, Zehn Jahre Exil. Briefe aus Neuseeland. 1838-1948. Hg.u.eingel.v. Margot Ruben. M.e.Nachw.v. Fritz Usinger. Heidelberg/Darmstadt (Lambert Schneider) 1959

KARL WOLFSKEHL 1869-1969. Leben und Werk in Dokumenten. Darmstadt (Agora Verlag) 1969. Katalog und Konzept Manfred Schlösser

MANFRED SCHLÖSSER, Karl Wolfskehl. Eine Bibliographie. Darmstadt (Erato Presse) 1971

Franziska Gräfin zu Reventlow

FRANZISKA GRÄFIN ZU REVENTLOW, Ellen Olestjerne. Roman. M.e. Nachwort von Gisela Brinker-Gabler. Frankfurt/M. (Fischer Taschenbuch Verlag) 1986

FRANZISKA ZU REVENTLOW, Von Paul zu Pedro/ Herrn Dames Aufzeichnungen. Zwei Romane. Hg.v. Else Reventlow. Frankfurt a.M./Berlin (Ullstein) 1987

FRANZISKA ZU REVENTLOW, Autobiographisches. Novellen. Schriften. Selbstzeugnisse. Hg.v. Else Reventlow. M.e.Nachwort v. Wolfdietrich Rasch. Frankfurt a.M./Berlin (Ullstein) 1986

FRANZISKA GRÄFIN ZU REVENTLOW, Tagebücher 1895-1910. Hg.v. Else Reventlow. Frankfurt/M.(Fischer Taschenbuch Verlag) 1976

FRANZISKA GRÄFIN ZU REVENTLOW, Briefe 1890-1917. Hg.v. Else Reventlow. M.e.Nachwort v. Wolfdietrich Rasch. Frankfurt/M. (Fischer Taschenbuch Verlag) 1977

FRANZISKA GRÄFIN ZU REVENTLOW, Der Selbstmordverein. Zwei kleine Romane und drei Aufsätze. Hg.v. Ursula Püschel. Berlin (Verlag der Nation) 1991

DER SCHWABINGER BEOBACHTER. Als Manuskript gedruckt in 100 Exemplaren für einen Freundeskreis. Einleitung: Rolf von Hoerschelmann. Druck R.Oldenbourg, München o.J

FRANZISKA GRÄFIN ZU REVENTLOW/SCHWABING UM DIE JAHRHUNDERTWENDE. Marbacher Magazin 8/1978. Bearbeitet von Hans Eggert Schröder

HELMUT FRITZ, Die erotische Rebellion. Das Leben der Franziska Gräfin zu Reventlow. Frankfurt/M. (Fischer Taschenbuch Verlag) 1980

ROLF REVENTLOW, Kaleidoskop des Lebens. Typoskript. Stadtbibliothek München, Handschriftenabteilung, NL Reventlow

Alfred Kubin

ANNEGRET HOBERG (Hg.), Alfred Kubin 1877-1959. Kat. Ausst. München/Hamburg 1990/91. München (edition spangenberg) 1990; darin u. a.: Dirk Heißerer, Wort und Linie. Kubin im literarischen München zwischen 1898 und 1909, S. 67–90

ALFRED KUBIN, Die andere Seite. Ein phantastischer Roman. München: Georg Müller 1909. Reprint der Originalausgabe München (edition spangenberg) 1990
ALFRED KUBIN, Aus meiner Werkstatt. Gesammelte Prosa mit 71 Abbildungen. Hg.v. Ulrich Riemerschmidt. München (dtv) 1976
ALFRED KUBIN, Aus meinem Leben. Gesammelte Prosa mit 73 Zeichnungen. Hg.v. Ulrich Riemerschmidt. München (dtv) 1977
OSCAR A.H.SCHMITZ, Brevier für Einsame. Fingerzeige zu neuem Leben. München (G. Müller) 1923, darin: Die Beschwörung der Dämonen oder Alfred Kubin, der magische Mensch, S.29-152
FRANZ KAFKA, Tagebücher 1910-1923. Hg.von Max Brod. Frankfurt am Main (Fischer Taschenbuch Verlag) November 1976

Der Blaue Reiter

WASSILY KANDINSKY, Rückblicke (München Juni 1913), in: Kandinsky, Die Gesammelten Schriften. Band 1. Hg.v. Hans K. Roethel u. Jelena Hahl-Koch. Bern (Benteli) 1980, S.27-50
KANDINSKY, Essays über Kunst und Künstler. hg. u. komm.v. Max Bill (1955). Bern (Benteli) ^{3}1973
KANDINSKY UND MÜNCHEN. Begegnungen und Wandlungen. 1896-1914. Hg.v. Armin Zweite. Kat.Ausst. München (Prestel) 1982
GISELA KLEINE, Gabriele Münter und Wassily Kandinsky. Biographie eines Paares. Frankfurt am Main (Insel) 1990
GABRIELE MÜNTER. 1877-1962. Retrospektive. Hg.v. Annegret Hoberg und Helmut Friedel. Kat.Ausst. München (Prestel) 1992
LEONHARD FRANK, Links wo das Herz ist (1952). München (dtv) 1963
WEGE ZUR MODERNE UND DIE AŽBÉ-SCHULE IN MÜNCHEN. Kat.Ausst. Wiesbaden. Bearbeitet von Katarina Ambrozic. Recklinghausen (Bongers) 1988
CARL EINSTEIN, Die Kunst des 20. Jahrhunderts. Berlin (Propyläen) 1926, ^{3}1931. Neuausgabe der dritten Auflage Leipzig (Reclam) 1988
REINHARD PIPER, Mein Leben als Verleger. Vormittag. Nachmittag. (1947;1950). München/Zürich (Piper) 1991
FRANZ MARC. 1880-1916. Kat.Ausst. München (Prestel) 1980
FRANZ MARC, Briefe aus dem Feld. München (List) 1966
AUGUST MACKE/FRANZ MARC, Briefwechsel. Köln (Du Mont Schauberg) 1964
RUDOLF REISER, Alte Häuser – Große Namen. München (Bruckmann) ^{2}1988

HUGO BALL. (1886/1986). Leben und Werk. Kat.Ausst.Primasens, München,Zürich. Berlin (publica) 1986

OTTO FALCKENBERG, Die Münchener Kammerspiele in der Augustenstraße. Ein Vortrag, in: O.F., Mein Leben – Mein Theater. Nach Gesprächen und Dokumenten aufgezeichnet von Wolfgang Petzet. München,Wien,Leipzig (Zinnen-Verlag) 1944, S.285ff.

MARCEL DUCHAMP. Ed. by. Anne D'Harnoncourt & Kynaston McShine. Kat.Ausst. Philadelphia. New York 1989. München (Reprint) 1989

Paul Klee

PAUL KLEE, Das Frühwerk. 1883-1922. Kat.Ausst. München, Städt. Galerie im Lenbachhaus 1979/80; darin u.a.: Jürgen Glaesemer, Paul Klees persönliche und künstlerische Begegnung mit Alfred Kubin, S.63-79

PAUL KLEE, Briefe an die Familie. 1893-1940. Bd.1: 1893-1906; Bd.2: 1907-1940. Hg.v. Felix Klee.Köln (DuMont Buchverlag) 1979

PAUL KLEE, Tagebücher 1898-1918. Textkritische Neuedition. Hg.v.d. Paul-Klee-Stiftung, Kunstmuseum Bern. Bearbeitet von Wolfgang Kersten. Stuttgart (Verlag Gerd Hatje); Teufen (Verlag Arthur Niggli) 1988

WILHELM HAUSENSTEIN, Kairuan oder Eine Geschichte vom Maler Klee und von der Kunst dieses Zeitalters. Mit 43 Abb. München (Kurt Wolff Verlag) 1921

FELIX KLEE, Paul Klee. Leben und Werk in Dokumenten, ausgewählt aus den nachgelassenen Aufzeichnungen und den unveröffentlichten Briefen. Zürich (Diogenes) 1960

GABRIELE MÜNTER, Mein Bild ›Mann im Sessel‹, in: Die Kunst und Das schöne Heim, 51 Jg.,H.2,November 1952,S.53

CHRISTINE HOPFENGART, Klee. Vom Sonderfall zum Publikumsliebling. Stationen seiner öffentlichen Resonanz in Deutschland 1905-1960. Mainz (Philipp von Zabern) 1989

MICHAEL SCHATTENHOFER, Schloss Suresnes in Schwabing. München/Zürich (Schnell&Steiner) ²1990

ALFRED KUBIN, Kollege Großmann. Eine Plauderei mit Bildern, in: Münchner Neueste Nachrichten, 13.III.1932.

Rainer Maria Rilke

RAINER MARIA RILKE, Sämtliche Werke (Bd.1-6), hg. v. Ernst Zinn. Wiesbaden (Insel) 1956–1966

RAINER MARIA RILKE, Briefe in zwei Bänden. Erster Band 1896 bis 1919. Hg.v. Horst Nalewski. Frankfurt/M./Leipzig (Insel) 1991

RAINER MARIA RILKE/KATHARINA KIPPENBERG, Briefwechsel. Wiesbaden (Insel) 1954

KATHARINA KIPPENBERG, Rainer Maria Rilkes Duineser Elegien und Sonette an Orpheus, o.O. (Insel) 1958

INGEBORG SCHNACK, Rainer Maria Rilke. Chronik seines Lebens und seines Werkes. 2 Bde. o.O. (Insel) 1975

INGEBORG SCHNACK, Rilkes Leben und Werk im Bild. Wiesbaden (Insel) 1956

WILHELM HAUSENSTEIN, Erinnerung an Rilke, in: Drinnen und Draussen. Ein Tagebuch über Landschaften und Städte, Tiere und Menschen, von W. Hausenstein. München (Knorr & Hirth) 1930, S. 308-314

ERNST TOLLER, Eine Jugend in Deutschland (1933). Reinbek b. Hamburg (Rowohlt) ³1978

LOU ALBERT-LASARD, Wege mit Rilke. Frankfurt/M. (S. Fischer) 1956

LOU ANDREAS-SALOMÉ, Lebensrückblick. Aus dem Nachlaß hg. v. Ernst Pfeiffer. Frankfurt /M. (Insel) 1974

OSKAR MARIA GRAF, Rainer Maria Rilke und die Frauen. Rede zu seinem 25. Todestag, New York 1951, in: O.M.Graf, An manchen Tagen, Reden, Gedanken und Zeitbetrachtungen. Mit einem Nachwort von Ernst Loeb. München (Süddeutscher Verlag) 1985, S. 172-210

CLAIRE GOLL, Ich verzeihe keinem. Eine literarische chronique scandaleuse unserer Zeit (1976). München (Knaur) o.J.

HANS EGON HOLTHUSEN, Rainer Maria Rilke in Selbstzeugnissen und Bilddokumenten. Reinbek bei Hamburg (Rowohlt) 1974

Orte der Gewalt

GERHARD SCHMOLZE (Hg.), Revolution und Räterepublik in München 1918/19 in Augenzeugenberichten. Mit einem Vorwort von Eberhard Kolb. München (dtv) Juni 1978

HANSJÖRG VIESEL, Literaten an der Wand. Die Münchner Räterepublik und die Schriftsteller. Frankfurt/M. (Büchergilde Gutenberg) 1980

FRIEDRICH HITZER, Anton Graf Arco. Das Attentat auf Kurt Eisner und die Schüsse im Landtag. München (Knesebeck & Schuler) 1988

RUDOLF HERZ/ DIRK HALFBRODT, Fotografie und Revolution. München 1918/19. Berlin (Verlag Dirk Nishen) 1988

HERMANN WILHELM, Dichter Denker Fememörder. Rechtsradikalismus in München von der Jahrhundertwende bis 1921. Berlin (Transit) 1989

HEINRICH MANN, Macht und Mensch. Essays (1919). Frankfurt am Main (Fischer Taschenbuch Verlag) 1989

GUSTAV LANDAUER. Sein Lebensgang in Briefen. Unter Mitwirkung von

Ina Britschgi-Schimmer hg.v. Martin Buber. Bd. 1 u.2. Frankfurt am Main (Rütten & Loening Verlag) 1929

ERNST TOLLER, Eine Jugend in Deutschland (1933). Reinbek bei Hamburg (Rowohlt Verlag) ³1978

ERNST TOLLER, Prosa,Briefe,Dramen,Gedichte. Mit einem Vorwort von Kurt Hiller. Reinbek bei Hamburg (Rowohlt) März 1989

AKTE »ERNST TOLLER«, Staatsanwaltschaften 2242/I, Bl.126, Staatsarchiv, München

Erich Mühsam

ERICH MÜHSAM, In meiner Posaune muß ein Sandkorn sein. Briefe 1900-1934. Hg.v.Gerd W. Jungblut. Bd.1 u.2. Vaduz (Topos Verlag) 1984

ERICH MÜHSAM, Gesamtausgabe, hg. v. Günter Emig. Bd.1 Gedichte, 1983. Bd.3 Prosaschriften I, 1978. Berlin (Verlag europäische ideen)

Färbt ein weißes Blütenblatt sich rot ... Erich Mühsam. Ein Leben in Zeugnissen und Selbstzeugnissen. Herausgabe und Nachwort Wolfgang Teichmann. Berlin (Buchverlag Der Morgen) 1978

ERICH MÜHSAM, Zur Psychologie der Erbtante. Satirisches Lesebuch 1900-1933. Berlin (Eulenspiegel Verlag) ²1985

MARTIN ANDERSEN NEXÖ, Die braune Bestie. In memoriam Erich Mühsam (erstveröffentlicht 1936), in: Ders., Kultur und Barbarei, Berlin (Dietz) 1957, S.190-200

ANDREAS W. MYTZE (Hg.) europäische ideen 1974, H.5/6. Erich Mühsam zum 40. Todestag, darin u.a.: Stefan Szende, Mit Mühsam in Oranienburg (S.7-9); Wilhelm Girnus, Brandenburg, Oranienburg (S.10f.)

HEINZ HUG, Erich Mühsam. Untersuchungen zu Leben und Werk. Glashütten im Taunus (D.Auvermann) 1974

CHRIS HIRTE, Erich Mühsam: ›Ihr seht mich nicht feige‹. Biografie. Berlin (Verlag Neues Leben) 1985

HANSJÖRG VIESEL, Der Verleger Heinrich F.S. Bachmair. 1889-1960. Expressionismus, Revolution und Literaturbetrieb. Kat. Ausst. Berlin (Akademie der Künste) 1989

JOHANNES R.Becher, München in meinem Gedicht. Starnberg am See (Heinrich F.S. Bachmair) 1946

MARIETTA DI MONACO, Ich kam – ich geh. Reisebilder – Erinnerungen – Porträts. Mit Silhouetten von Ernst Moritz Engert. München (Süddeutscher Verlag) 1962

DIRK HEISSERER, Der Name der Weißen Rose. Mutmaßungen über einen Roman von B. Traven und die Flugblätter der Widerstandsgruppe, in: Börsenblatt für den Deutschen Buchhandel Nr. 43, vom 31. Mai 1991, Beilage: Aus dem Antiquariat 5, S.A169-A177

Bildnachweis

Stadtarchiv München: Vorsatz vorne und hinten, 27, 57, 61, 68, 103, 118, 164, 185, 190, 249, 267, 305
Stadtbibliothek München, Handschriftenabteilung: 42 rechts, 186
Dirk Heißerer: 20, 42 links, 54, 104, 109, 119 a/b, 126, 137, 202, 270, 274
Thomas-Mann-Archiv, Zürich: 112
Akademie der Künste, Berlin (Ost): 127
Städtische Galerie im Lenbachhaus, München: 226; Kubin-Archiv: 140
Deutsches Literaturarchiv, Marbach am Neckar: 130
Robert Boehringer, Mein Bild von Stefan George. Zweite ergänzte Auflage. Düsseldorf, München (Helmut Küpper, vormals Georg Bondi) 1969: 146, 156, 158 unten, 170
Karl Wolfskehl 1869–1969. Leben und Werk in Dokumenten. Konzeption und Katalog: Manfred Schlösser. Darmstadt (Agora) 1969: 158 oben
Gabriele Münter- und Johannes Eichner-Stiftung, München: 215, 218, 220, 247
Paul-Klee-Stiftung, Bern: 243, 254, 255
Archiv Valentin Musäum, München: 296
Library of Congress, Washington, D. C.: 281 rechts
VG Bild-Kunst, Bonn: 49, 59, 138
Dagny Björnson Gulbransson, Tegernsee: 56, 72, 79, 123, 134
Karl Arnold, Erben, München: 70, 96
Hans-Peter des Coudres: 91 (mit freundlicher Genehmigung der Erbin)
edition spangenberg, München: 140, 205

Register

STRASSEN und PLÄTZE

Adalbertstraße 13, 25, 27, 32, 217, 290
Ainmillerstraße 116, 139, 168, 217f., 239ff., 245f, 248, 255, 269ff.
Akademiestraße 14, 26, 28, 279, 290
Amalienstraße 12, 231, 236, 238, 290
Amortstraße 55, 70
Arcisstraße 9, 89, 178, 237
Augustenstraße 72, 230
Barerstraße 43, 59, 74, 104, 232, 238, 262, 294
Beichstraße 82
Belgradstraße 154, 229
Biedersteinerstraße 59
Brienner Straße 12, 28, 257, 280
Clemensstraße 302
Destouchesstraße 163f.
Dietlindenstraße 183
Elisabethplatz 66
Elisabethstraße 267
Feilitzschstraße 108f., 243f., 249
Finkenstraße 213, 258, 264, 266
Franz-Joseph-Straße 35, 48, 63, 75, 116, 162, 303
Friedrichstraße 69, 214f., 223
Gabelsbergerstraße 89,169
Georgenstraße 13, 66, 180, 209, 211, 237, 296, 301
Gerner Straße 138
Giselastraße 108, 113, 208
Habsburgerplatz 48
Haimhauserstraße 104
Helmtrudenstraße 190
Hermann-Schmid-Straße 148
Hermannstraße (heute: Wehnerstraße) 139
Herzogstraße 104, 183, 190
Herzog-Wilhelm-Straße 39
Heßstraße 146f., 178f., 292
Hohenzollernstraße 59, 181, 213, 226, 230, 242f.
Horscheltstraße 293f.
Hubertusstraße 53, 68
Jakob-Klar-Straße 67
Johann-von-Werth-Straße 70f.
Josephsplatz 226
Kaiserstraße 213
Kaufingerstraße 73
Kaulbachstraße 15, 48, 51f., 184f., 188, 199, 222, 262, 294
Keferstraße 60, 236
Kirchenstraße 60
Klugstraße 56f.
Königinstraße 222
Konradstraße 113, 163
Kreuzstraße 119
Kurfürstenstraße 66, 293
Landwehrstraße 222
Leonrodstraße 279
Leopoldstraße (s. a. Schwabinger Landstraße) 11ff., 13, 15, 51, 117, 123, 126f., 132, 135f., 142, 149, 153ff., 169, 190, 202, 236f., 236f., 272, 303,
Lerchenfeldstraße 73
Lindenalle 275
Ludwigshöherstraße 190
Ludwigstraße 10
Luisenstraße 25, 148, 236
Mandlstraße 48, 53f., 60, 202f., 244
Maria-Josepha-Straße 251
Marienplatz 72, 160, 297
Marktstraße 19, 100, 104f., 108
Martiusstraße 36
Mauerkircherstraße 117
Maximilianstraße 231
Neuturmstraße 9
Nikolaiplatz 13, 152
Nikolaistraße 152, 214
Nordendstraße 104
Occamstraße 19
Odeonsplatz 10, 13, 72
Ohmstraße 60
Ottostraße 269
Pappenheimstraße 145
Poschingerstraße (heute: Thomas-Mann-Allee) 117ff., 139
Prinz-Ludwig-Straße 132
Prinzregentenstraße 41
Promenadeplatz 73

Promenadestraße (heute: Kard.-Faulhaber-Straße) 275f.
Pündterplatz 188
Rambergstraße 99
Richildenstraße 162
Römerstraße 157, 160, 169,
Rottmannstraße 130
Rückertstraße 81
Schackstraße 51, 72, 110, 215
Schellingstraße 23, 90f., 179, 200, 223f., 230, 260
Schwabinger Landstraße 11, 155, 190
Schwanthalerstraße 222
Sendlingerstraße 289, 298
Siegfriedstraße 213
Steinsdorfstraße 51
Terlandstraße 162
Theresienstraße 55, 66, 101f., 111, 122, 177, 189, 196ff.
Trautenwolfstraße 204, 292
Trogerstraße 262
Türkenstraße 12f., 29f., 32, 36f., 39, 85, 87, 89, 110, 177, 231, 280, 300
Ungererstraße 59, 113, 155
Veterinärstraße 135
Viktor-Scheffel-Straße 169
Von-der-Tann-Straße 114
Wedekindplatz 19, 97
Weißenburger Platz 86
Werneckstraße 13, 168, 171, 182, 249
Widenmayerstraße 264f.
Wilhelmstraße 36, 222
Wotanstraße 138
Zieblandstraße 55, 66

PERSONEN

Albert-Lasard, Lou 248, 263f.
Althaus, Peter Paul 10f., 204
Andreas-Salomé, Lou 260-263
Apollinaire, Guillaume 9f.
Arnold, Karl 48, 55, 57, 62, 64ff., 113
Ažbé, Anton 177, 209, 211f.
Bachmair, Heinrich F.S. 140 f., 292ff.
Ball, Hugo 229ff., 291, 293f.
Becher, Johannes R. 140, 291f., 294
Bernus, Alexander v. 168
Bierbaum, Otto Julius 29, 36, 50, 60, 131-142, 200, 206, 293
Björnson, Björnstjerne 50, 58, 278
Björnson, Dagny (Ehefrau von Albert Langen) 51
Björnson, Dagny (dritte Ehefrau von Olaf Gulbransson) 51, 63f.
Blei, Franz 12, 60, 132ff., 139, 168, 197, 199f., 203, 229, 245, 291, 293
Bötticher, Hans (s. Ringelnatz)
Brakl, Franz Joseph 224, 226
Brecht, Bertolt 21, 46
Caspar, Karl 64, 245, 267
Conrad, Michael Georg 29, 100,134, 141, 177
Corinth, Lovis 208f.
Dauthendey, Max 199, 206
Delvard, Marya 37f.
Derleth, Ludwig 147, 163, 205
Dombart, Theodor 14f., 251
Duchamp, Marcel 231f.
Einstein, Carl 96, 143, 207, 221, 236
Eisner, Kurt 126, 271, 275, 277, 279f., 300f.
Eliasberg, Alexander v. 244
Endell, August 114, 260
Engl, Josef Benedix 47
Falckenberg, Otto 37, 45, 230
Feininger, Lionel 233, 255
Frank, Leonhard 211, 291
Fürmann, Heinrich 154
Furtwängler, Adolf (und Wilhelm) 251
Geheeb, Reinhold 74, 78
George, Friedrich 145
George, Stefan 9, 143-163, 167, 169, 174, 182, 205, 272
Goll, Claire 270
Goltz, Hans 229, 253, 255
Graf, Oskar Maria 93, 264, 271f., 274, 288, 293, 298f., 301
Graf, Willi 202f.
Grétor, Willy 30, 34, 49f.
Grosz, George 49, 66, 248
Gulbransson, Inga Liggeren- (erste Frau von Olaf Gulbransson) 59
Gulbransson, Olaf 41, 55, 58-65, 75, 118

Gundolf, Friedrich 154, 159
Halbe, Max 35, 39, 51, 208, 290
Hamsun, Knut 30, 50
Hausenstein, Wilhelm 67, 242, 253, 266, 269, 273
Heine, Thomas Theodor 33f., 41, 51, 53, 55-58, 64, 68, 88
Heiseler, Henry v. 153, 155
Hellingrath, Norbert v. 160, 265
Hennings, Emmy 231, 291
Henry, Marc 37
Hessel, Franz 153, 183f., 185, 187f., 192f.
Heuss, Theodor 53f., 197
Heymel, Alfred Walter 123, 130-142
Hitler, Adolf 69, 278, 283f.
Hoerschelmann, Rolf v. 15, 92, 168
Hoffmann, Heinrich 69
Holitscher, Arthur 108, 110, 199
Holm, Korfiz 34, 51, 54, 60, 71, 73f., 110, 176, 182
Huch, Friedrich 157, 182
Huch, Roderich 157, 183
Huelsenbeck, Richard 231, 291
Jaffé, Edgar 267, 271
Jawlensky, Alexej v. 211, 216, 221, 233, 255
Jehly, Grete (zweite Frau von Olaf Gulbransson) 60ff.
Kaiser Wilhelm II. 33, 43, 110, 297
Kandinsky, Wassily 66, 198, 207-235 (passim), 241, 245f.
Kippenberg, Anton 141, 268, 273
Kippenberg, Katharina 141, 267
Klabund 43, 292, 294
Klages, Ludwig 11, 147,ff., 154, 167, 173, 181ff., 192
Klee, Lily 237-240
Klee, Felix 240, 253
Klee, Paul 12, 66, 201, 208, 212, 221, 233, 235-255, 265, 269
Kleine, Gisela 215, 217
Kobus, Kathi 85-98 (passim), 287
Koehler, Bernhard sen. 226f.
Koenig, Hertha 264ff., 271f.
König Ludwig II. 23, 251
Kraepelin, Emil 251, 279

Kraus, Karl 31, 37, 286, 302
Kronberger, Maximilian 151, 154f.
Kubin, Alfred 10, 80, 114, 138, 166, 195-206, 208f., 221, 244f., 252
Kutscher, Artur 19, 43, 279, 290, 294
Landauer, Gustav 276, 279, 286, 288
Langen, Albert (und Verlag) 13, 30, 32ff., 41, 47-54, 58f., 60, 72ff., 75ff., 87, 93, 110, 178f., 183, 193
Lautensack, Heinrich 45
Lenin 183, 213f., 301
Leybold, Hans 231, 291
Loeb, James 251
Maassen, Carl Georg v. 92, 168, 290, 301
Macke, August 208, 224ff., 247
Manheimer, Victor 168, 170ff.
Mann, Carla 122f.
Mann, Golo 17, 116f.,
Mann, Heinrich 38, 50, 75, 83, 99, 121-129, 276, 284f., 291
Mann, Julia (Mutter) 99, 104f., 152
Mann, Katia 116
Mann, Klaus 117f.
Mann, Thomas 14, 19, 34, 46, 64, 66, 99-122, 140, 143, 162, 163-166, 278f., 285f.
Mann, Viktor 11, 99, 105, 118
Marc, Franz 207-234 (passim)
Marc, Maria 223f., 228
Marchlewski, Julian (Verlag) 183
Marietta 294f.
Martens, Kurt 45, 108
Marut, Ret (s. Traven, B.)
Mendelssohn, Peter de 101, 116
Meyrink, Gustav 49, 78-84
Mühsam, Erich 14, 43, 45f., 83, 86f., 92, 127, 176, 191, 194, 203, 271, 276f., 284-305
Mühsam, Zenzl 295f., 305
Müller, Georg (Verlag) 41, 226
Münter, Gabriele 201, 207-234 (passim), 246f.
Ney, Elisabeth 251
Panizza, Oskar 29
Paul, Bruno 48, 71
Permaneder, Walburga 102, 122

Picasso, Pablo 256, 264f.
Piper, Reinhard (Verlag) 208, 223, 226, 228
Prévost, Marcel 50
Prévot, René 11
Pringsheim, Alfred 116
Pringsheim, Hedwig 166
Pritzel, Lotte 262f.
Prosel, Theo 87
Rechenberg-Linten, Baron Alexander v. 191
Reichel, Hans 252f., 281f.
Reinhardt, Max 37, 39f., 229, 300
Reiser, Rudolf 16, 215
Reventlow, Franziska Gräfin zu 11, 15, 149, 153, 157, 168, 174-194, 202, 205, 285
Reventlow, Rolf 180, 185
Reznicek, Ferdinand v. 47f., 67, 76
Rilke, Rainer Maria 60, 62, 82, 140, 150, 179, 248, 253, 257-274, 279, 298f., 301
Ringelnatz, Joachim 15, 69, 85-98 (passim), 179, 287
Roda Roda, Alexander 11, 78, 81, 290
Rowohlt, Ernst 64
Rudinoff (d.i. Willy Morgenstern) 29
Ruederer, Josef 14, 208, 261
Schilling, Erich 48
Schmitz, Oscar A.H. 153, 183, 186, 188, 202, 204
Schnür, Marie 223
Scholl, Hans und Sophie 303
Scholz, Wilhelm v. 258
Schönberg, Arnold 207
Schrimpf, Georg 272, 288f., 293
Schröder, Rudolf Alexander 131-142 (passim)
Schuler, Alfred 147-150, 153, 155, 163, 167, 205, 265
Schuster, Peter-Klaus 114
Sinsheimer, Hermann 15, 57, 63, 171

Stuck, Franz v. 66, 208, 212, 235, 238
Suchocki, Bogdan v. 183, 185
Thannhauser, Heinrich 224, 228, 235, 245, 264
Thoma, Ludwig 41, 47, 49f., 53, 60, 62, 71-78
Thoma, Marion 75f.
Thöny, Eduard 48, 63f., 68, 74
Toller, Ernst 172, 253, 273f., 276-283
Traven, B. 302
Tucholsky, Kurt 77f.
Valentin, Karl 69
Vallée, Josef 39
Vogeler, Heinrich 133, 135, 137, 261
Wassermann, Jakob 258, 260
Weber, Hans von (Verlag) 117, 200f., 203, 206
Weber, Max 271, 279, 298
Wedekind, Frank 14f., 19-46, 49ff., 73, 75, 80, 86, 127, 133, 184, 208, 278
Wedekind, Tilly 19, 31, 40, 44, 80
Weinhöppel, Hans Richard 29, 37
Weisgerber, Albert 66f.
Werefkin, Marianne v. 212, 216, 221
Wilke, Rudolf 47f., 63, 74, 76
Woerner, Roman 264, 272
Wolff, Kurt (Verlag) 128, 245
Wolfskehl, Karl 146ff., 150, 152ff., 157, 160f., 167-172, 174, 182ff., 187f., 202, 269, 290
Wolzogen, Ernst von 37, 74

CAFÉS
Café Elite 198
Café Heck 72
Café Luitpold 12, 83, 127, 258
Café Minerva 14, 208
Café Noris 12, 182, 190
Café Wittelsbach 39
Wiener Café Stefanie 12, 198, 200, 211, 231, 284, 290ff., 294f.

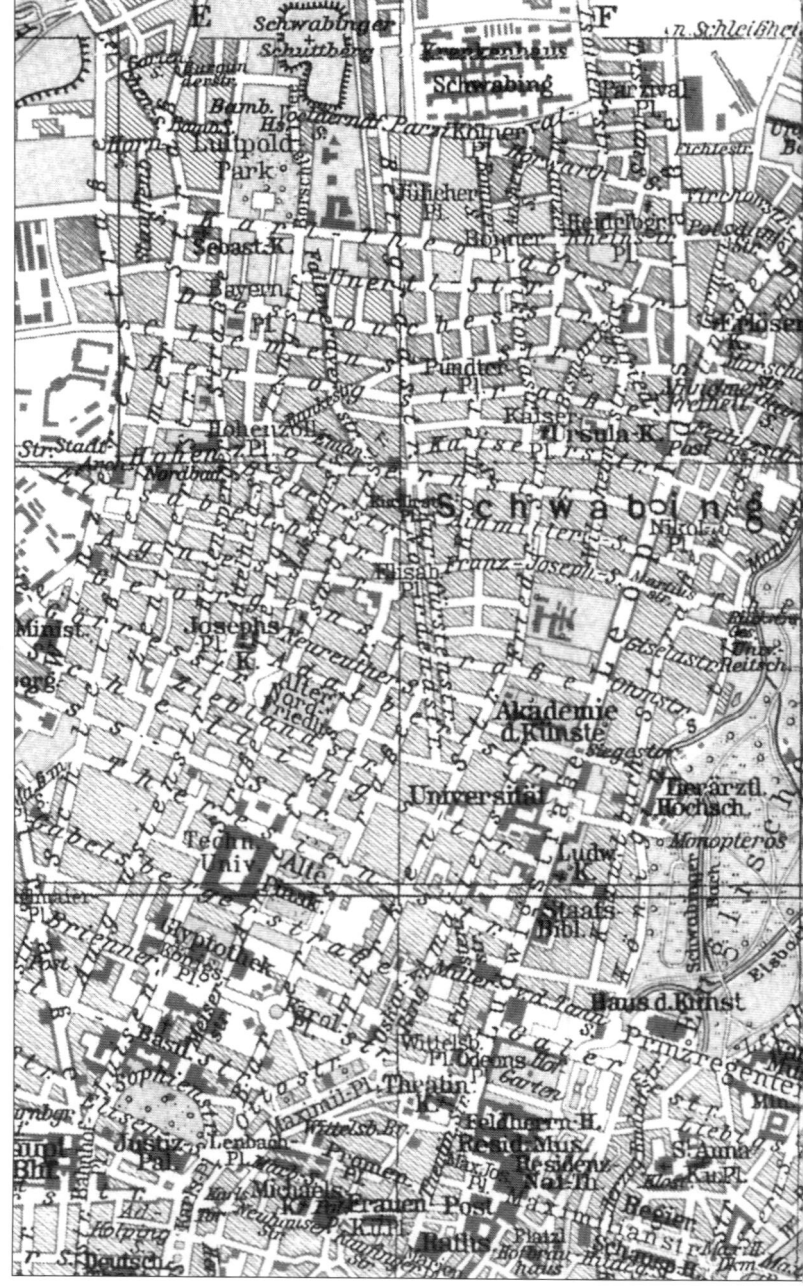

Schwabing 1979